李艳婷 ◎ 著

考虑市场入侵的
企业研发投资
和渠道选择策略研究

中国财经出版传媒集团

经济科学出版社
Economic Science Press

·北京·

图书在版编目（CIP）数据

考虑市场入侵的企业研发投资和渠道选择策略研究 /
李艳婷著 . -- 北京 ： 经济科学出版社，2025. 9.
ISBN 978 - 7 - 5218 - 6623 - 0

Ⅰ. F272

中国国家版本馆 CIP 数据核字第 20254F773T 号

责任编辑：梁含依　胡成洁
责任校对：刘　娅
责任印制：范　艳

考虑市场入侵的企业研发投资和渠道选择策略研究

KAOLÜ SHICHANG RUQIN DE QIYE YANFA TOUZI
HE QUDAO XUANZE CELÜE YANJIU

李艳婷　著

经济科学出版社出版、发行　新华书店经销
社址：北京市海淀区阜成路甲 28 号　邮编：100142
经管中心电话：010 - 88191335　发行部电话：010 - 88191522
网址：www. esp. com. cn
电子邮箱：espcxy@ 126. com
天猫网店：经济科学出版社旗舰店
网址：http：// jjkxcbs. tmall. com
北京季蜂印刷有限公司印装
710 × 1000　16 开　12 印张　220000 字
2025 年 9 月第 1 版　2025 年 9 月第 1 次印刷
ISBN 978 - 7 - 5218 - 6623 - 0　定价：60. 00 元
（图书出现印装问题，本社负责调换。电话：010 - 88191545）
（版权所有　侵权必究　打击盗版　举报热线：010 - 88191661
QQ：2242791300　营销中心电话：010 - 88191537
电子邮箱：dbts@ esp. com. cn）

　　本书得到河北省高等学校科学研究项目"ESG 投资激励河北省制造业研发创新与高质量发展研究"（项目编号：QN2025672）的支持。

序

随技术的发展和市场体系的完善，许多行业的进入壁垒有所降低，这使市场入侵成为一种常见现象。供应链中在位企业可以通过建立新的直销、代销、转售或混合渠道向现有市场的消费者销售产品，供应链外部企业可以通过开发和销售自有品牌进入已有市场，在位企业市场入侵和潜在企业市场入侵成为两种常见的市场入侵类型。为了应对入侵或增强竞争优势，许多企业采用新兴技术对其产品进行研发投资。此外，由于线上和线下渠道的固有差异以及在线渠道中的多种销售模式，最优销售渠道的选择亦是企业面临的难题。国内外众多学者围绕市场入侵、研发投资和渠道选择展开了深入研究，然而，已有研究大多基于单一入侵模式，探讨企业运营决策、市场入侵策略以及渠道结构变化的影响，较少基于在位企业和潜在企业的角度，针对多种入侵模式，研究研发投资和渠道选择问题。本书针对不同企业差异化市场入侵场景，探讨企业研发投资和渠道选择策略。

本书共 8 章。第 1 章介绍了市场入侵背景下企业研发投资与渠道选择策略问题，阐述了研究背景、目标、内容、思路与方法，并概述了章节结构和创新点。第 2 章综述了市场入侵、研发投资、渠道选择等领域的现有研究，评述了研究现状，归纳了已有研究贡献、研究不足及对本书的启示。第 3 章界定了市场入侵和研发投资的相关概念，并详细描述了效用理论和 Stackelberg 博弈理论，为后续研究提供理论支撑。对于制造商市场入侵下的渠道选择问题，第 4 章探讨了制造商在直销、代销和双渠道入侵模式下的渠道选择，考虑了在线渠道对线下渠道销售的影响，分析了最优定价与利润，并为现实中的管理者提供了管理启示。对于潜在制造商市场入侵下的研发投资与渠道选择问题，第 5 章考虑潜在制造商是否入侵在位制造商市场以及是否开放其研发技术，探讨企业的渠道选择策略，并分析相关参数对决策的影响。对于供应商市场入侵下的研发投资与渠道选择问题，第 6 章探讨供应商可以引入自有品牌并设计不入侵、直销渠道、代销渠道和转售渠道入侵四种情形，对比不同情形下供应商、制造商和平台的最优决策与利润，并给出管理启示。对于潜在供应商市场入侵下的研发投资与渠道选择问题，第 7 章考虑潜在供应商可以入侵和在位供应商可以进行研发投资，并设计不入侵不投资、不入侵投资、入侵不投资、入侵投资四种情形，对比不同情形下潜在供应商、在位供应商和制造商的最优定价、研发投资决策和利润，探讨企业的渠道选择策略。第 8 章总结了研究成果与贡献，分析了研究的局限性，并对未来工作进行了展望。

本书基于在位企业和潜在企业市场入侵的视角，探索了企业定价、研发投资和渠道选择问题。研究工作和成果丰富了市场入侵、研发投资和渠道选择的相关理论，为不同复杂入侵情境下企业研发投资及定价提供决策依据，为企业的渠道选择提供理论指导，为未来相关研究奠定了坚实的基础。

本书主要是作者在攻读博士学位期间的研究成果。在此，谨向导师张翠华教授致以深深的谢意。在本书的编写过程中，笔者参考了国内外有关文献和资料，亦谨向这些资料和文献的作者表示诚挚的谢意。同时，感谢河北省高等学校科学研究项目（QN2025672）的支持。

此外，对给予我支持、关怀和帮助的管理学院领导、各位老师表示由衷感谢。

由于作者知识和能力有限，书中研究内容难免有不当之处，敬请读者批评指正。

李艳婷

2025 年 8 月

目　录

第1章 引　言

本章首先介绍研究背景，提炼出科学问题；其次围绕考虑市场入侵的企业研发投资和渠道选择问题，提出本书的研究目标和研究意义，明确研究内容、研究思路和研究方法；最后给出本书的章节安排，描述本书的创新性工作，并对章节中的数学符号及用语进行说明。

1.1　研究背景

考虑市场入侵的企业研发投资和渠道选择策略研究是一个值得关注的学术课题，其拥有广泛的现实背景，且具有较强的理论意义和实际价值。本节将从企业实际背景和学术理论背景两个方面进行介绍和阐述。

1.1.1　市场入侵现象日渐普遍且多种入侵模式涌现

随着网络信息技术的快速发展和电子商务的兴起，越来越多的消费者开始通过电子渠道购物来满足自己的需求。截至 2022 年 6 月，我国网民规模达 10.51 亿人，较 2021 年 12 月新增网民 1919 万人，互联网普及率达到 74.4%。欧洲跨境电商市场的营业额在 2021 年增长了 18%，达到了 1410 亿欧元（国家邮政局，2022 - 10 - 14）。为了适应消费者购物方式的转变，许多企业开始建立新的渠道或生产自有品牌产品进入到已有市场，这被称为"市场入侵"（Arya，Mittendorf and Sappington，2007；Chen，Liang and Yao，2019；Cui，2019；Ha，Long and Nasiry，2016；Huang，Guan and Chen，2018；Li，Gilbert and Lai，2014；Sun，Tang，Zhang，et al.，2021；Yang，Luo and Zhang，2018；Zhang，Li，Zhang，et al.，2019；Zhao and Li，2018）。

通过建立官方网站或向第三方平台特许经营，企业可以很容易地实现入侵

（Liu，Guan，Wang，et al.，2019）。具体而言，企业可以配置直销、代销、转售和多渠道入侵的模式。在直销模式下，企业通过自己的官方网站或直接渠道将产品销售给消费者（Dong，Yang and Zhao，2018；Huang，Guan and Chen，2018；Sun，Tang，Zhang，et al.，2021；Wang，Leng and Liang，2018；Yang，Luo and Zhang，2018）。在代销模式下，企业通过京东或亚马逊等第三方平台向消费者销售产品，后者作为在线市场并向企业收取单位交易费（Zhang and Zhang，2020；Zhang and Hezarkhani，2021；Zhong，Shen，Zhang，et al.，2022）。在转售模式下，第三方平台作为转售商，从企业那里购买产品然后出售给消费者（Pu，Sun and Shao，2020；Wang，Zhao and Ji，2022）。在多种渠道共存模式下，企业采用直销、代销或转售的混合模式销售产品（Abhishek，Jerath and Zhang，2016；Zhang，Li and Ma，2021）。

在现实中可以观察到上述多种市场入侵模式。例如，IBM、惠普、苹果、索尼和三星等许多传统企业在其电子渠道中采用多渠道销售，不仅建立直接渠道，如企业专卖店或网上商店，还在直接面向消费者的平台上建立网店（Huang，Guan and Chen，2018；Yang，Luo and Zhang，2018；Zhang，Li，Zhang，et al.，2019；Zhang，Zhang and Zhu，2019）。此外，海尔作为中国最大的家电制造商，不仅通过自己的海尔商城销售产品，而且还是苏宁和国美的主要供应商（Shen，Willems and Dai，2019）。还有一些企业在其电子渠道中采用转售或代理销售，例如，魅族通过转售模式在京东销售魅族18Pro手机，康佳通过代理模式在京东销售康佳BCD-453WD4EBLP洗衣机（邵同、魏杰、常美静等，2022）。此外，还有一些企业采用直销，例如，戴尔通过建立自己的直接渠道将产品销售给消费者。

针对多样化的入侵模式，有必要了解影响市场入侵策略的因素有哪些。已有研究考虑信息不对称、顾客忠诚度、服务投资、公平关切、消费者退货、假货入侵等因素，对市场入侵问题进行研究，取得了丰硕的研究成果（黄甫、宋华明、杨慧等，2022；李荣耀、李朝柱、何益欣，2021；浦徐进、覃熙焙、刘燃，2021；邵同、魏杰、常美静等，2022；余明珠、高琦、弋泽龙等，2021；赵骓、张晗、李志国，2022；Huang，Guan and Chen，2018；Li，Gilbert and Lai，2014；Tong，Lu，Li，et al.，2023；Zhang，Li，Zhang，et al.，2019；Zhang，Li，Liu，et al.，2021），但也探索出一些研究空白亟待解决。

综上可知，现实中市场入侵现象普遍存在，已受到企业界和学术界的高度关注。

1.1.2　研发投资在供应链管理中具有重要作用

在当今快速发展的时代，企业面临着日益激烈的市场竞争。同时，随着生活质量的提高，消费者不再仅仅关注产品价格，而是更多地关注产品质量、个性化、多样化以及对产品的体验和感受等。例如，随着智能手机的普及，消费者对手机的功能性、操作性、易用性等方面提出了更高的要求。因此，随着市场环境和消费者需求的不断变化，企业必须不断调整产品的设计和功能，在产品质量、技术创新、成本控制、市场营销等方面，采用物联网、人工智能和大数据等技术对产品进行研发投资，从而提升用户体验和适应市场需求。例如，小米公司自主研发电子产品的充电芯片、中央处理器等核心部件，不断降低产品的生产成本；苹果和华为也纷纷研发自己产品的图形处理器（Graphic Processing Unit，GPU），以应对激烈的市场竞争（夏晶和牛文举，2022）。

随着科技的发展，企业研发投资在供应链管理中扮演着越来越重要的角色。研发投资不仅可以提高企业的效率，而且可以改善供应链性能，例如可以有效减少产品的生产成本、提高产品的质量和产品生产能力等（杨善学、刘红卫、周学君等，2022），从而能够提高企业竞争强度和客户满意度。此外，企业对关键部件的研发可以提高该部件的质量和性能，从而可能有助于扩大最终产品的市场需求（Menke，1997；Parast，2020）。已有众多学者对企业研发投资决策进行了研究。关于该部分的研究，部分学者假定企业从生产工艺角度进行研发投资活动，即研究了以降低生产成本为目的的研发投资（洪定军、范建昌、付红，2021；Li，2020；Liu，Wang and Shao，2023；Yoon，2016）；还有学者假定企业从新产品设计角度进行研发投资活动，即研究了以产品创新或提升产品质量为目的的研发投资（王超发和杨德林，2023；Hagspiel，Huisman，Kort，et al.，2020；Jing，Lin，Zhang，et al.，2022；Shi and Shen，2019；Sun and Ji，2022）；此外，还有学者对产品绿色技术研发（Shen，Zhu，Li，et al.，2020；Yang，Tang and Zhang，2021）、专利研发（翟东升、李梦洋、何喜军等，2021；王梦迪、郭菊娥、晏文隽，2022）和再造品零部件研发（高鹏、聂佳佳、陆玉梅，2018）等进行了研究。

由此可知，研发投资已经成为企业应对市场竞争的重要利器，且受到了企业和学者们的关注。企业如何确定最优的研发投资决策是供应链管理中需要进一步探讨的重要课题。

1.1.3 供应链中渠道选择策略研究受到广泛关注

随着市场竞争加剧，企业经营管理的效率和效果受到了极大的影响。产品销售渠道的选择作为企业经营管理的一部分，已经成为企业管理者关注的焦点。实际上，企业不仅可以通过传统的线下渠道销售产品，还可以开辟在线渠道或以代理或转售的形式加入在线平台销售产品（Li, Gilbert and Lai, 2014; Zhang, Li, Liu, et al., 2021）。在线渠道能够帮助消费者了解多样化产品，使消费者在短时间内获得产品信息，然而，在线渠道只能采用图片、文字或视频的方式对产品进行展示，而实体渠道能够让消费者对现实的产品进行体验，从而获得更真实的产品价值（鲁芳、吴健、罗定提，2020）。因此，考虑在线渠道和实体渠道的优劣，以及在线渠道中转售、代理等不同的渠道经营模式，企业应该慎重地选择最优的渠道策略。

销售渠道多样化激发了学者们研究产品销售渠道选择策略的兴趣（曹宗宏、张成堂、赵菊等，2019; 范丹丹、徐琪、程方正，2019; 金亮，2022; 梁喜、聂思英、杨茜，2022; 鲁芳、吴健、罗定提，2020; 孙自来、王旭坪、詹红鑫等，2021; Ha, Tong and Wang, 2022; Li, Zhang, Li, et al., 2022; Nie, Zhong, Yan, et al., 2019; Ow and Wood, 2011; Shen, Willems and Dai, 2019; Wang, Li and Cheng, 2016; Zhang and Hezarkhani, 2021; Zheng, Li, Guan, et al., 2021）。企业有必要权衡建立新渠道的成本和收益。对企业而言，建立新的渠道有很多好处，比如增强定价灵活性和分销控制（Huang, Guan and Chen, 2018），相对于传统渠道可以降低运营成本（Alba, Lynch, Weitz, et al., 1997），获得更多的消费者（Forman, Ghose and Goldfarb, 2009）。然而，建立一个新的渠道会产生额外的成本，且保留多个渠道可能会导致渠道冲突（Tsay and Agrawal, 2004）。因此，销售渠道的选择是值得企业关注的重要课题。现有研究从多种视角探究了渠道选择问题，包括供应商视角（Li, Gilbert and Lai, 2014; Li, Gilbert and Lai, 2015; Zhang and Zhang, 2020）、制造商视角（曹宗宏、张成堂、赵菊等，2019; Pu, Sun and Shao, 2020; Shen, Willems and Dai, 2019; Zhang and Hezarkhani, 2021）和零售商视角（Ha, Tong and Wang, 2022; Nie, Zhong, Yan, et al., 2019）等。此外，也有学者将产品进行分类，研究不同类别产品的最优渠道销售策略。例如，有学者将产品分为搜索型产品（例如图书、音像品）和体验型产品（例如服装、珠宝首饰），研究产品的渠道选择策略（Nelson, 1970）；还有学者考虑企业销售一种产品的多代产品以满足不同层级消费者的需求，研究新旧产品的渠道运营策略（孙自来、王旭坪、詹红鑫等，2021）。

综上可知，多种销售渠道和销售模式的出现，使得供应链中企业的运作管理更加复杂。其中，渠道选择策略问题已经成为亟待解决的重要课题。

1.1.4　考虑市场入侵的企业研发投资和渠道选择具有必要性

市场入侵已经成为一种常见现象且多种入侵模式已经涌现（余明珠、高琦、弋泽龙等，2021；Chen，Liang and Yao，2019；Li，Yi，Shi，et al.，2021；Tong，Lu，Li，et al.，2023；Zhang，Li，Liu，et al.，2021）。为了应对入侵加剧的市场竞争或增强自身竞争优势，许多企业采用新兴技术对其产品进行研发投资，此外，由于线上和线下渠道的固有差异以及在线渠道中的多种销售模式，最优销售渠道策略的选择亦是企业面临的难题。针对不同企业差异化的市场入侵情境，企业研发投资和渠道选择策略势必存在差异。已有关于市场入侵、研发投资和渠道选择的研究成果提供了必要的理论依据和管理启示，然而缺少同时考虑上述三种因素的研究。鉴于此，本书考虑市场入侵的企业研发投资和渠道选择问题的必要性主要体现在以下三个方面。

（1）研究不同企业差异化市场入侵具有必要性。已有研究探讨了企业是否引入新渠道或新品牌，并分析渠道建立对供应链中成员的影响，为市场入侵策略提供了指导（Arya，Mittendorf and Sappington，2007；Chen，Liang and Yao，2019；Nie，Wang，Shi，et al.，2022；Xing，Zhang，Zhao，et al.，2019；Zhao and Li，2018）。然而，现有文献对渠道引入的各种形式考虑甚少。因此，作为已有研究成果的延伸，并结合多种企业的实际做法，本书考虑多种不同的市场入侵情境，包括在位企业引入自有品牌和建立直销、代销、转售等新渠道的情形，以及潜在企业引入新品牌进入现有市场的情形。

（2）市场入侵情形下考虑研发投资具有必要性。已有关于市场入侵的研究有很多，但缺乏考虑企业研发投资决策的影响（Chen，Liang and Yao，2019；Huang，Guan and Chen，2018；Nie，Wang，Shi，et al.，2022；Tong，Lu，Li，et al.，2023；Yang，Luo and Zhang，2018；Zhang and Zhang，2022；Zhao and Li，2018）；相应地，探讨研发投资的现有研究很少基于市场入侵视角（翟东升、李梦洋、何喜军等，2021；Jing，Lin，Zhang，et al.，2022；Shi and Shen，2019）。完善已有研究并基于企业实际情况，本书考虑了不同企业差异化市场入侵情境下在位企业和潜在企业的研发投资决策。对于潜在企业而言，为了能够入侵现有市场并吸引消费者，有必要对自有品牌产品的质量和功能等方面进行优化。对于在位企业而言，有必要采取有效的措施应对入侵，例如采用新兴技术来改进已有产品。

（3）市场入侵情形下考虑渠道选择具有必要性。在搜索已有文献的过程中，发现关于渠道选择的研究有很多，但部分研究没有基于市场入侵视角（Abhishek，Jerath and Zhang，2016；Pu，Sun and Shao，2020；Zhang and Hezarkhani，2021）。企业通过开发新品牌或建立新渠道入侵到现有市场已经成为一种常见现象，在此情形下，不仅需要考虑最优入侵策略，还有必要从供应链中单个成员或整个供应链的角度，探讨最优的渠道选择策略，从而提高供应链整体的效率，维持整个供应链的长期发展与稳定。

综上所述，如何依据现实情况构建企业定价和研发投资决策模型，并针对不同企业差异化市场入侵情境解决企业研发投资和渠道选择问题是依据现实背景和已有研究提炼出的一个重要研究课题。

1.2　问题的提出

基于上述分析，本书考虑不同企业差异化市场入侵情境，针对企业研发投资和渠道选择策略问题进行研究，主要提炼出以下四个研究问题：制造商市场入侵下考虑跨渠道效应的渠道选择问题、潜在制造商市场入侵下企业研发投资和渠道选择问题、供应商市场入侵下企业研发投资和渠道选择问题以及潜在供应商市场入侵下企业研发投资和渠道选择问题。

针对研究问题一，本书着重关注企业的定价和渠道选择策略，不考虑制造商对其品牌的研发投资。因为对于该问题，本书基于完全垄断市场，考虑制造商通过建立多种在线渠道入侵到其已有的线下市场，该情形下多个渠道销售的产品均为制造商品牌，即市场中不存在其他品牌与之竞争，因此，独家垄断制造商能够控制整个行业的生产和市场销售，故不考虑制造商对其品牌的研发投资。而对于其余三个研究问题，本书分别考虑了潜在制造商、供应商和潜在供应商通过引入自有品牌入侵到已有市场的情形，这种情况下市场中存在多个品牌竞争，因此，为增强竞争能力，企业会对其自有品牌进行研发投资，故本书除研究企业的定价和渠道选择策略外，还研究了企业的研发投资策略。

1.2.1　制造商市场入侵下考虑跨渠道效应的渠道选择问题

电子商务的蓬勃发展促使企业根据消费者的购物需求设计不同的销售渠道结构，因此，对渠道配置与选择的研究已成为一个重要的研究课题。为了深入研究制造商市场入侵下考虑跨渠道效应的渠道选择策略，本书考虑了渠道竞争、平台服务和跨渠道效应三个重要的影响因素。具体原因如下所述。首先，当产品被多个渠道同时销售时，渠道竞争强度是影响企业渠道选择策略的关键因素（Abhishek，Jerath and Zhang，2016）。其次，天猫、国美、京东等大多数平台不仅为企业提供在线市场，也开始为消费者提供服务，如信息服务、咨询服务或营销服务等（Shen，Willems and Dai，2019；Zhang and Zhang，2020）。由于平台服务对消费者的渠道选择和市场需求有显著影响，因此，平台服务也可能会影响企业的利润和整个供应链的绩效，从而影响企业的渠道选择策略。最后，由于跨渠道效应的存在，在线渠道的增加必然会对传统渠道的销售产生影响（Abhishek，Jerath and Zhang，2016；Nie，Zhong，Yan，et al.，2019）。现有研究表明，跨渠道效应在服装行业是消极的（Brynjolfsson，Hu and Rahman，2009），但在媒体行业是积极的（Mortimer，Nosko and Sorensen，2012；Smith，2010）。此外，也有学者发现在图书零售行业中，在线渠道和传统渠道可以互补（Yan，Zhao and Liu，2018）。因此，跨渠道效应的多样性可能会影响企业的渠道选择策略。

基于研究背景中所提出的直销、代销和多渠道等入侵模式，本书针对已有传统渠道的供应链，提出了三种在线渠道结构：直销、代销和双渠道，研究制造商在线渠道入侵下企业的渠道选择策略。具体而言，本书将试图回答以下几个研究问题：在三种不同的渠道情形下，制造商的最优定价决策和平台的最优单位交易费用决策是什么？从单个成员和整个供应链的角度来看，企业应该选择哪种渠道情形？渠道竞争、跨渠道效应和平台服务如何影响企业均衡决策和渠道选择策略？

1.2.2　潜在制造商市场入侵下企业研发投资和渠道选择问题

随着科技的发展，基于新兴技术的研发投资已经成为企业发展的重要组成部分。例如，中国手机制造商小米采用物联网技术，研发了智能洗衣机、智能冰箱和无线漏气传感器等自有品牌的智能产品，迅速入侵智能家电市场。2020年9月3日，英特尔研发出了第11代智能酷睿处理器，该处理器在人工智能性能方面是上一代的 5 倍，在 CPU 性能方面提升了约 20%，此后，联想、惠普和戴尔等下游制造商采用这款处理器推出了 150 多款具有高响应速度和领先性能的轻薄型笔记本，迅速占领高端笔记本市场（杨善学、刘红卫、周学君等，2022）。

由于资金有限、研发水平低等原因，部分企业可能无法进行研发投资（Sun and Ji，2022）。因此，越来越多的高科技公司，尤其是以技术为基础的公司，通过授权技术文档或源代码向竞争对手开放其专有技术（Wei，Ding，Nan，et al.，2022）。例如，小米开放了物联网嵌入式软件平台小米 Vela，吸引了多家企业接入。OPPO 已于 2019 年 7 月将其专有的快速充电技术 VOOC 授权给 14 家行业合作伙伴。此外，在汽车行业，特斯拉 CEO 在 2014 年正式宣布将其专利开放给任何人和任何公司，使其成为第一家开放技术的汽车制造商；2018 年 6 月，比亚迪在全球开放电动汽车研发平台。然而，尽管开放技术可能给企业带来额外收入，但多家企业并存势必会加剧竞争，这有可能使得技术企业失去优势。

鉴于此，考虑潜在制造商能够生产自有品牌并拥有产品研发投资所需的新兴技术，研究潜在制造商是否入侵，如果是，潜在制造商是否开放其技术以及在位制造商是否采用该技术。具体而言，本书将试图回答以下几个研究问题：潜在制造商是否以及何时入侵一个新的市场？潜在制造商的入侵对在位制造商有何影响？当潜在制造商入侵一个新的市场时，其是否开放技术以及在位制造商是否采用该技术，从而保持竞合关系？技术嵌入成本、技术许可费和产品可替代性如何影响企业研发投资水平和生产决策？当潜在制造商入侵多个产品领域时，上述结果将如何变化？

1.2.3　供应商市场入侵下企业研发投资和渠道选择问题

在过去的几十年里，外包成为许多公司的重要战略（Jain and Hazra，2019；Lai，Liu and Xiao，2020）。从 20 世纪 80 年代开始，制造商开始将部分或全部生产外包给供应商（Chen，Karamemis and Zhang，2021）。然而，在合作过程中，制造商不可避免地将有价值的知识转移给供应商（Hu，Mai and Pekeč，2020）。因此，为了赚取零售收入，许多供应商开始蚕食制造商的领土，即不仅为制造商提供零部件，同时还生产和销售自有品牌，在终端市场与制造商竞争（Chen，Liang and Yao，2019；Cui，2019）。这种竞合的供应链结构的例子有很多，尤其是在高科技行业（Hu，Mai and Pekeč，2020；Niu，Li，

Zhang，et al.，2019）。例如，谷歌将 Pixel 智能手机的生产外包给宏达国际，后者也生产和销售自有品牌的智能手机。三星和夏普虽然是苹果的主要零部件供应商，但为了在消费市场上与苹果竞争，他们也自行设计和生产产品。

随着科学技术的飞速发展，许多制造商开始追求产品创新，并与拥有技术研发能力的供应商合作。例如，供应商 ARM 是一家全球领先的芯片研发公司，其主要业务是设计 ARM 架构芯片，制造商苹果和高通购买了其芯片框架 ARMv7、ARMv8 授权许可之后，设计出了更有创新性的高通 Krait 和苹果 Swift 芯片（杨善学、刘红卫、周学君等，2022）。英特尔发布了新研发的第 11 代智能酷睿处理器后，制造商联想和惠普基于该处理器推出更具创新性的轻薄型笔记本，提高了市场竞争力，扩大了市场需求。

鉴于此，针对单一制造商将部分或全部生产外包给供应商，考虑供应商具有技术研发能力，能够生产自有品牌并可以通过直销、代销或转售渠道向已有市场中的消费者进行销售，研究供应商市场入侵下企业研发投资和渠道选择策略。具体而言，本书将试图回答以下几个研究问题：供应商会推出自有品牌产品吗？如果推出，供应商应该通过何种方式入侵现有市场？不同入侵情形对企业最优定价、研发投资和渠道选择策略有何影响？供应链中其余成员是受益还是受害于供应商入侵？入侵情形下帕累托（Pareto）改进能实现吗？

1.2.4　潜在供应商市场入侵下企业研发投资和渠道选择问题

随着精益生产和经济全球化的日益发展，为降低劳动力成本和保持核心竞争力，外包变得越来越普遍。制造商可以从一家供应商或多家供应商采购关键零部件，即单一采购或双重采购（Dong，Tang，Zhou，et al.，2021）。一方面，制造商倾向于选择单一采购，目的是通过减少供应商数量来增加规模经济，降低成本和方便管理。另一方面，制造商也可能采用双重采购，特别是当其中一个供应商由于中断而无法交付时。例如，1999 年，微处理器核心供应商摩托罗拉的生产能力不足，导致苹果股价大幅下跌（Tan，Feng and Chen，2016），因此，双重采购成为避免上述损失的重要策略。值得一提的是，双重采购的实现需要满足两个条件：第一，制造商倾向于双采购；第二，潜在供应商选择向制造商提供零部件。当制造商由采用单一采购变为采用双采购时，潜在供应商的入侵为在位供应商带来了新的挑战，使其被迫面临新的竞争。为了保持竞争优势，在位供应商不仅要不断创新和改进技术，还应注重零部件或产品的研发，从而获得制造商的青睐。

鉴于此，考虑单一制造商可以将部分或全部生产外包给潜在或在位供应商，针对潜在供应商是否入侵以及拥有先进技术的在位供应商是否进行研发投资，探索了不入侵不投资、不入侵投资、入侵不投资和入侵投资四种情形，研究了潜在供应商市场入侵下企业研发投资和渠道选择策略。具体而言，本书将试图回答以下四个研究问题：潜在供应商是否以及何时会入侵在位供应商的市场？考虑潜在供应商入侵和不入侵情形，在位供应商何时会对其品牌进行研发投资？针对不同情形，如何确定在位供应商、潜在供应商和制造商的最优定价、研发投资决策和利润？消费者对潜在供应商品牌的估值、研发投资成本系数和投资效率如何影响企业研发投资和渠道选择策略？

1.3 研究目标与研究意义

基于前文中凝练的研究问题，针对不同企业差异化市场入侵情境，本书旨在优化企业研发投资决策、探讨企业最优渠道选择策略。下面，阐述本书的研究目标和研究意义。

1.3.1 研究目标

本书针对考虑市场入侵的企业研发投资和渠道选择策略进行研究，总体目标为：基于企业的现实状况，借鉴已有研究成果，明确本书的研究方向，提炼出考虑市场入侵的企业研发投资和渠道选择的科学问题，形成研究范式和体系；构建企业决策优化模型，求得企业最优定价和研发投资决策，并确定最优渠道选择策略；通过分析，得到有价值的研究结论和管理启示。具体研究目标如下。

（1）理论研究层面。对国内外相关研究进行梳理，找出影响企业决策的主要因素，提炼出具体的研发投资和渠道选择问题，明确相对应的研究框架。针对制造商建立多种在线渠道的入侵模式，给出企业最优定价和渠道选择策略的理论解；进一步，分别针对潜在制造商、供应商和潜在供应商引入自有品牌入侵现有市场的情形，给出企业最优定价、研发投资决策和渠道选择策略的理论解。获得不同渠道情形被选择的理论条件，并试图给出各企业获得 Pareto 改进的条件，为进一步深入探讨考虑市场入侵的企业研发投资和渠道选择策略及相关问题提供理论支撑和方向指导。

（2）实践应用层面。分析企业所面临的市场环境并考虑企业差异化入侵情境，深入挖掘本书的理论结果，分析结果揭示的现象和产生的机理，给出管理启示，为企业管理者的投资决策和模式选择以及供应链运营提供实际参考，并为现实中企业的入侵策略提供借鉴。从 ARM 和英特尔等芯片研发供应商，IBM、惠普、苹果、华为、联想、小米和海尔等制造商的实际运营角度，通过数值模拟和仿真，对研究结果和企业运营进行交叉分析，为企业提供具有可行性和有效性的指导。

1.3.2　研究意义

考虑市场入侵的企业研发投资和渠道选择策略研究是一个具有前瞻性和挑战性的研究课题。本书成果可以为现实中市场入侵、研发投资决策和渠道选择策略等运作管理问题提供理论支撑和实际指导，具体研究意义包含如下两个方面。

（1）理论意义。针对考虑市场入侵的企业研发投资和渠道选择策略进行研究，有助于给出企业最优定价决策、研发投资决策和利润的具体理论均衡解，为企业的决策制定和策略选择提供理论依据。探究影响企业渠道选择策略的主要因素，为改善企业收益和供应链绩效提供理论支撑。考虑复杂入侵情形，拓展了关于市场入侵、研发投资和渠道选择的研究，使理论研究更贴近实际，凸显研究的理论价值。

（2）实际意义。本研究考虑了研发投资效率、平台服务、渠道竞争强度和跨渠道效应等因素对企业决策的影响，更详细地分析了供应链的渠道运营问题，接近现实中企业的实际决策情况。有助于指导制造商选择最优的入侵策略，指导潜在制造商、供应商和潜在供应商选择合适的研发投资决策和渠道选择策略，以及指导平台选择合适的服务水平和最优的运营模式。从多个角度判断多种渠道模式对企业和供应链的影响，为改善企业收益和供应链绩效提供有意义的管理启示。

1.4　研究内容、研究思路与研究方法

基于前文提出的研究问题、研究目标和研究意义，本节明确了本书的研究内容、研究思路和研究方法。

1.4.1　研究内容

本书的研究内容主要包含以下四个方面。

（1）制造商市场入侵下考虑跨渠道效应的渠道选择策略。首先，针对制造商直销、代销和双在线渠道入侵的三种模式，构建包含线下渠道的三种渠道情形；其次，考虑在线渠道对线下渠道需求的溢出效应，构建不同情形下与价格和平台服务相关的市场需求函数；再次，构建不同情形下的企业优化模型，并采用逆向求解方法进行求解；然后，对比不同情形对制造商和平台最优定价决策和利润的影响，探讨企业的渠道选择策略，并分析相关参数对最优策略的影响；进一步，考虑具有需求驱动的数据价值，对基础模型的研究进行扩展。最后，对所构建的模型进行深入的理论分析，挖掘所得到的命题和定理，为现实中的研究者以及供应链管理者提供一定的管理启示。

（2）潜在制造商市场入侵下企业研发投资和渠道选择策略。首先，针对潜在制造商不入侵、入侵和入侵且开放技术三种情形，构建三种渠道情形；其次，构建与价格和研发投资水平相关的代表性消费者效用函数，推导出消费者对不同品牌的逆向需求；再次，构建不同渠道情形下的企业优化模型，采用逆向求解方法进行求解；然后，对比不同情形对在位制造商和潜在制造商最优定价、研发投资和利润的影响，探讨企业的渠道选择策略，并分析相关参数对最优策略的影响；进一步，考虑到潜在制造商可以同时入侵多个产品领域，对基础模型的研究进行扩展；最后，对所构建的模型进行深入的理论分析，挖掘所得到的命题和定理，为现实中的研究者以及供应链管理者提供一定的管理启示。

（3）供应商市场入侵下企业研发投资和渠道选择策略。首先，考虑供应商可以引入自有品牌并针对其不入侵、直销、代销和转售渠道入侵的四种模式，构建包含原有外包渠道的四种渠道情形；其次，构建与价格和研发投资水平相关的代表性消费者效用函数，推导出消费者对不同品牌的需求；再次，构建不同渠道情形下的企业优化模型，采用逆向求解方法进行求解；然后，对比不同情形对供应商、制造商和平台最优定价、研发投资和利润的影响，探讨企业的渠道选择策略，并分析相关参数对最优策略的影响；进一步，考虑供应商对不同品牌产品进行差异化研发投资，对基础模型的研究进行扩展；最后，对所构建的模型进行深入的理论分析，挖掘所得到的命题和定理，为现实中的研究者以及供应链管理者提供一定的管理启示。

（4）潜在供应商市场入侵下企业研发投资和渠道选择策略。首先，考虑潜在供应商可以入侵和在位供应商可以进行研发投资，针对不入侵不投资、不入侵投资、入侵不投资和入侵投资四种情形，构建包含下游制造商的四种渠道情形；其次，构建与价格和研发投资水平相关的消费者效用函数，推导出消费者对不同品牌的需求；再次，构建不同渠道情形下的企业优化模型，采用逆向求解方法进行求解；然后，对比不同情形对潜在供应商、在位供应商和制造商最优定价、研发投资和利润的影响，探讨企业的渠道选择策略，并分析相关参数对最优策略的影响；最后，对所构建的模型进行深入的理论分析，挖掘所得到的命题和定理，为现实中的研究者以及供应链管理者提供一定的管理启示。

1.4.2　研究思路

考虑市场入侵的企业研发投资和渠道选择策略研究工作遵循的基本思路如图 1-1 所示，具体思路如下：

（1）对研究背景进行分析，有根据地提出并确定研究问题；

（2）根据所确定的研究问题，明确本书的研究内容并提出研究思路；

（3）查阅相关文献，对市场入侵、研发投资、渠道选择、战略外包和供应链竞合等概念进行界定，并对已有研究成果的贡献与不足进行综述；

（4）阐述与研究内容相关的概念与理论，为后续研究提供坚实的理论基础；

（5）针对制造商、潜在制造商、供应商和潜在供应商市场入侵下企业研发投资和渠道选择问题构建博弈论模型并进行求解与分析，为供应链决策者提供可借鉴的管理启示；

（6）对本书的研究成果进行总结，指出本书的主要贡献与局限之处，并对后续研究工作进行展望。

1.4.3　研究方法

本书涉及的研究方法包括文献调查方法、逻辑归纳方法、数学建模方法、Stackelberg 博弈方法、数值仿真方法和归纳推理方法等，具体如下。

（1）文献调查方法。通过搜索已有文献对研究背景进行分析并确定研究问题，参考已有文献明确本书的研究内容与思路，并对本书所涉及的概念和理论进行阐述。

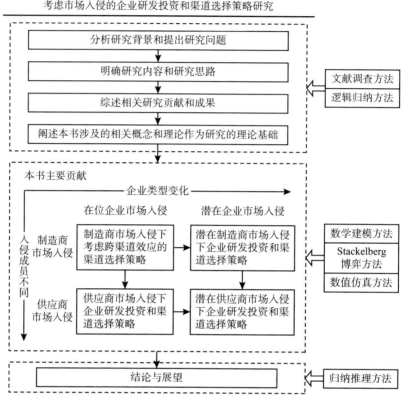

图 1 - 1   本书的研究思路

（2）逻辑归纳方法。对所搜集到的文献进行归纳、分类和整理，总结与市场入侵、研发投资、渠道选择、战略外包和供应链竞合相关文献的贡献与不足，从而确定已有研究对本书的启示。

（3）数学建模方法。针对本书第4章至第7章中的研究问题，参考已有研究，使用符号、数学函数和关系式构建代表性消费者效用、市场需求、企业利润等数学模型，从而描述各企业之间的联系。

（4）Stackelberg 博弈方法。针对已构建的数学模型，依据 Stackelberg 博弈方法，逆向求得企业的最优决策；进一步，通过对比各企业的利润，获得企业最优价格、研发投资和渠道选择策略。

（5）数值仿真方法。为直观展示各企业的均衡决策与策略，对数学模型中的相关符号进行赋值，采用 Matlab R2016b 或 Mathematics 软件对不同情形下的均衡结果进行仿真模拟分析，描述不同参数与企业决策或利润之间的关系，进一步给出管理启示。

（6）归纳推理方法。总结主要研究内容的贡献和不足，并进一步推导出未来可进一步研究的相关工作。

1.5 本书章节安排

本书共 8 章，其结构框架如图 1 – 2 所示。章节安排的具体说明如下。

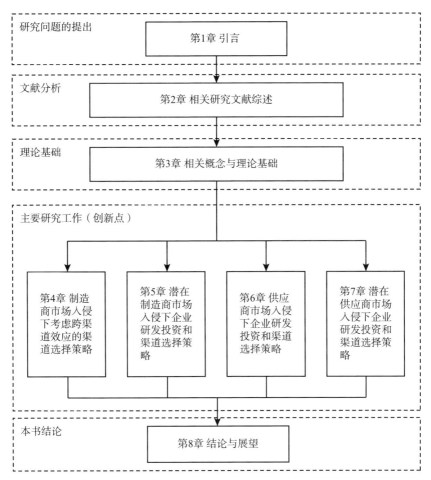

图 1 – 2 本书结构框架

第 1 章：引言。首先，介绍考虑市场入侵的企业研发投资和渠道选择策略问题的研究背景，并基于实践和理论背景凝练出科学问题；其次，明确研究目标和研究意义，确定研究内容、思路和方法；最后，介绍章节结构并对本书的创新性工作进行说明。

第2章：相关研究文献综述。首先，明确文献检索范围，对文献检索情况和学术趋势进行分析；其次，从市场入侵、研发投资、渠道选择、战略外包和供应链竞合等角度对已有文献进行综述；最后，对已有文献进行评述，总结已有研究的贡献、不足及对本书的启示。

第3章：相关概念与理论基础。首先，对市场入侵和研发投资的相关概念进行界定；其次，对效用理论和 Stackelberg 博弈理论进行详细描述，为后续研究提供理论支撑。

第4章：制造商市场入侵下考虑跨渠道效应的渠道选择策略。首先，对本章的研究问题进行描述并对相关符号进行说明；其次，针对制造商直销、代销和双渠道入侵的三种模式，考虑在线渠道对线下渠道销售的溢出效应，构建市场需求函数和企业优化模型并进行求解；再次，对比不同入侵情境下制造商和平台的最优定价决策和利润，探讨企业的渠道选择策略，并分析相关参数对决策的影响；最后，挖掘所得到的命题和定理，为现实中的研究者以及供应链管理者提供一定的管理启示。

第5章：潜在制造商市场入侵下企业研发投资和渠道选择策略。首先，对本章的研究问题进行描述并对相关符号进行说明；其次，针对潜在制造商不入侵、潜在制造商入侵和潜在制造商入侵且开放技术的三种情形，构建代表性消费者效用和企业优化模型，并进行求解；再次，对比不同情形下在位制造商和潜在制造商的最优定价、研发投资决策和利润，探讨企业的渠道选择策略，并分析相关参数对决策的影响；最后，挖掘所得到的命题和定理，为现实中的研究者以及供应链管理者提供一定的管理启示。

第6章：供应商市场入侵下企业研发投资和渠道选择策略。首先，对本章的研究问题进行描述并对相关符号进行说明；其次，考虑供应商可以引入自有品牌并针对其不入侵、直销渠道入侵、代销渠道入侵和转售渠道入侵四种情形，构建代表性消费者效用和企业优化模型，并进行求解；再次，对比不同情形下供应商、制造商和平台的最优定价、研发投资决策和利润，探讨企业的渠道选择策略，并分析相关参数对决策的影响；最后，挖掘所得到的命题和定理，为现实中的研究者以及供应链管理者提供一定的管理启示。

第7章：潜在供应商市场入侵下企业研发投资和渠道选择策略。首先，对本章的研究问题进行描述并对相关符号进行说明；其次，考虑潜在供应商可以入侵和在位供应商可以进行研发投资，针对不入侵不投资、不入侵投资、入侵不投资、入侵投资四种情形，构建消费者效用和企业优化模型，并进行求解；再次，对比不同情形下潜在供应商、在位供应商和制造商的最优定价、研发投资决策和利润，探讨企业的渠道选择策略，并分析相关参数对决策的影响；最后，挖掘所得到的命题和定理，为现实中的研究者以及供应链管理者提供一定的管理启示。

第 8 章：结论与展望。总结本书的研究成果与结论，给出研究贡献；分析局限性并对未来工作进行展望。

1.6　创新性工作说明

本书对考虑市场入侵的企业研发投资和渠道选择策略进行了深入的研究和探讨，相比已有研究，开展了以下创新性工作。

（1）给出了制造商市场入侵下供应链成员的渠道选择策略。现有的研究聚焦分析在位企业仅直销或仅代销的单一模式入侵，忽略了多种入侵模式共存的情形。不同于现有研究，本书结合电子家电行业中多种企业的实际运营情况，考虑了制造商直销、代销和双在线渠道入侵模式，通过对比分析给出了供应链成员的渠道选择策略。此外，现有研究大多只考虑渠道之间的竞争，很少考虑平台服务和代理费之间的关系。本书不仅考虑了渠道竞争，还考虑了跨渠道效应，并将可控的平台服务水平建模为平台代理费的函数。

（2）提炼出潜在制造商市场入侵下企业研发投资和渠道选择策略问题。现有研究大多只考虑了在位企业市场入侵与否的问题，很少针对潜在企业市场入侵进行研究，且鲜有研究探讨企业对产品进行研发以及对技术是否进行开放的问题。不同于现有研究，本书结合高新技术行业多种企业的实际运营情况，构建了潜在制造商不入侵、潜在制造商入侵和潜在制造商入侵且开放技术三种情形下的企业研发投资决策模型，给出了在位制造商和潜在制造商的定价、研发投资决策以及最优渠道选择策略。此外，现有研究大多只考虑企业之间的竞争，很少考虑竞争企业之间通过技术许可进行合作的问题。本书综合考虑了技术嵌入成本、技术许可费和产品可替代性等因素，为高新技术企业的入侵、研发投资、技术开放和竞合等策略提供有价值的指导。

（3）构建了供应商市场入侵下企业研发投资和渠道选择策略模型。现有研究聚焦分析企业的单一模式入侵，探讨了入侵与否的问题，忽略了多种入侵模式，且未基于外包供应链对研发投资和渠道选择问题进行深入探索。不同于现有研究，本书从高科技行业多种企业的实际运营情况出发，针对单一制造商将产品生产外包给单一供应商的情形，考虑供应商不入侵、直销渠道入侵、代销渠道入侵和转售渠道入侵四种模式，构建企业优化模型，分析不同入侵模式对企业决策的影响，并着重探讨了供应商的研发投资和供应链成员的渠道选择策略。本书填补了供应商入侵对外包供应链中研发投资和渠道选择策略影响研究的空白，完善了供应链竞合的研究缺口。

（4）分析了潜在供应商市场入侵和在位供应商研发投资之间的策略互动问题。现有研究大多探讨了在位企业市场入侵与否的问题，忽视了潜在企业市场入侵的影响；少数研究分析了在位企业应对入侵的问题，然而鲜有研究基于外包供应链进行深入探讨，也没有分析潜在企业市场入侵与在位企业研发投资之间的策略互动。不同于现有研究，本书基于单一制造商将产品生产外包给单一或多个供应商的情境，考虑潜在供应商可以入侵和在位供应商可以进行研发投资下不入侵不投资、不入侵投资、入侵不投资、入侵投资四种情形，分析了不同情形对潜在供应商、在位供应商和制造商最优定价、研发投资和利润的影响，着重探讨了潜在供应商入侵和在位供应商研发投资之间的策略互动。本书填补了潜在竞争者威胁对企业研发投资和渠道选择策略的影响这一研究的空白。

1.7　数学符号及用语的说明

由于本书使用的变量、参数和符号较多，因此，在撰写过程中，对每章中所使用的决策变量、参数和函数进行了界定。值得进行说明的是，同一章节中使用的符号含义一致，但不同章节中的符号并无关联。

第 2 章　相关研究文献综述

考虑市场入侵的企业研发投资和渠道选择策略研究是一个具有理论意义和实际价值的研究课题。近年来，众多学者针对市场入侵、研发投资和渠道选择策略等问题进行了研究，取得了丰硕的研究成果，这为本书的学术思想、研究思路、模型构建与理论分析等方面提供了参考与理论指导。本章针对国内外的重要学术数据库，主要围绕市场入侵、研发投资、渠道选择、战略外包和供应链竞合等文献进行综述，阐述已有研究的贡献与不足，并给出已有研究对本书的启示。

2.1　文献检索情况概述

针对考虑市场入侵的企业研发投资和渠道选择策略问题，本节分析了文献检索范围、相关文献检索情况及学术趋势。

2.1.1　文献检索范围分析

为明确与本书相关的文献综述范围，首先对考虑市场入侵的企业研发投资和渠道选择策略研究的发展脉络进行分析，其次确定本书的研究主体、检索范围及所需文献。

许多企业已经建立了各种不同的销售渠道或生产自有品牌入侵现有市场。当多种品牌共存于市场中时，为增强竞争优势，企业会进行研发投资以改进产品质量或降低成本，从而通过提升质量或降低价格吸引更多的消费者。此外，由于线上和线下渠道存在差异，且线上渠道包含直销、代销和转售等多种模式，因此，销售渠道的选择受到企业界和学术界的广泛关注。进一步，入侵行为在外包供应链中也屡见不鲜，外包供应链中供应商入侵会导致供应商和制造商之间同时存在竞争与合作的状态，即他们在终端市场上竞争，在上游生产过程中合作。

综上所述，与本书相关的文献主要涉及以下几个方面：一是市场入侵的相关研究；二是企业研发投资的相关研究；三是有关渠道选择策略的研究；四是关于战略外包和供应链竞合的相关研究。接下来，基于以上主题详细分析已有文献的检索情况。

2.1.2　相关文献检索情况分析

关于考虑市场入侵的企业研发投资和渠道选择策略方面的相关文献，本书以"market encroachment""R&D investment（research and development investment）""channel selection""strategic outsourcing"和"supply chain co-opetition（competition and cooperation）"等为英文关键词，以"市场入侵""研发投资""渠道选择""战略外包""供应链竞合"等为中文关键词，在 Elsevier Science Direct 数据库、INFORMS 数据库、Wiley online library 数据库、Springer Link 数据库、Taylor & Francis Online 数据库、CNKI 数据库（中国知网）和中国优秀硕/博士学位论文全文数据库进行检索，具体检索情况如表 2-1 所示。

表 2-1　　　　　　　　　相关文献的检索情况

检索源	检索条件	检索词	篇数	有效篇数	时间
Elsevier Science Direct	Title/ Keywords	market encroachment	1202	26	1997.01 ~ 2022.12
		R&D investment	503	82	
		channel selection	867	54	
		strategic outsourcing	474	49	
		supply chain co-opetition	32	7	
INFORMS	Title/ Keywords/ Abstract	market encroachment	1023	20	1997.01 ~ 2022.12
		R&D investment	825	57	
		channel selection	904	22	
		strategic outsourcing	133	21	
		supply chain co-opetition	53	9	
Wiley online library	Title/ Abstract	market encroachment	1034	48	1997.01 ~ 2022.12
		R&D investment	412	24	

续表

检索源	检索条件	检索词	篇数	有效篇数	时间
Wiley online library	Title/Abstract	channel selection	831	37	1997. 01 ~ 2022. 12
		strategic outsourcing	546	40	
		supply chain co-opetition	102	12	
Springer Link	Anywhere	market encroachment	883	61	1997. 01 ~ 2022. 12
		R&D investment	534	27	
		channel selection	713	29	
		strategic outsourcing	584	36	
		supply chain co-opetition	89	11	
Taylor & Francis Online	Title/Abstract	market encroachment	1162	22	1997. 01 ~ 2022. 12
		R&D investment	249	41	
		channel selection	164	19	
		strategic outsourcing	259	16	
		supply chain co-opetition	5	2	
CNKI	主题	市场入侵	126	12	1997. 01 ~ 2022. 12
		研发投资	7495	78	
		渠道选择	2821	125	
		战略外包	450	86	
		供应链竞合	187	65	
中国优秀硕/博士学位论文	主题	市场入侵	4	3	1997. 01 ~ 2022. 12
		研发投资	334	36	
		渠道选择	765	23	
		战略外包	153	17	
		供应链竞合	10	4	

通过文献检索，可知已有的相关重要研究成果主要发表在 *Management Science*、*Production and Operations Management*、*Manufacturing & Service Operations Management*、*Omega*、*European Journal of Operational Research*、*International Journal of Production Economics*、《中国管理科学》《管理工程学报》和《系统工程理论与实践》等国内外权威期刊上。

2.1.3　学术趋势分析

为了确定考虑市场入侵的企业研发投资和渠道选择策略问题的研究趋势，对国际期刊中相关文献进行检索，并使用 ISI Web of Knowledge 提供的 Web of Science 检索工具，分别以"market encroachment""R&D investment""channel selection""strategic outsourcing"和"supply chain co-opetition（competition and cooperation）"为关键词，有针对性地创建了引文报告，如图2-1至图2-5所示。

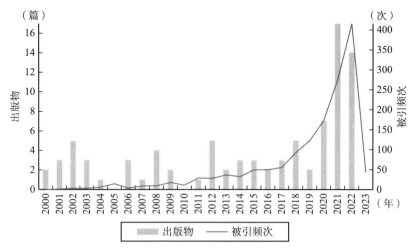

图2-1　以市场入侵为研究主题的文献出版情况和文献引用情况

资料来源：使用 Web of Science 检索工具，以"market encroachment"为关键词，针对性地创建引文报告。

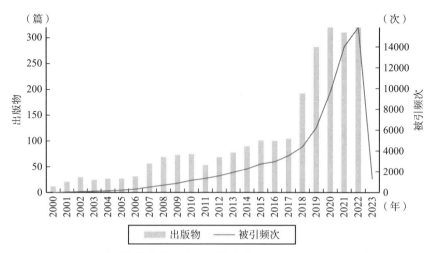

图2-2　以研发投资为研究主题的文献出版情况和文献引用情况

资料来源：使用 Web of Science 检索工具，以"R&D investment"为关键词，针对性地创建引文报告。

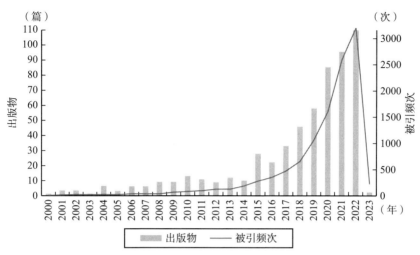

图 2-3 以渠道选择为研究主题的文献出版情况和文献引用情况

资料来源：使用 Web of Science 检索工具，以"channel selection"为关键词，针对性地创建引文报告。

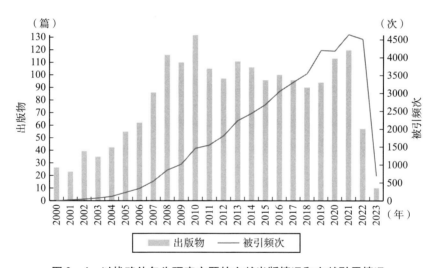

图 2-4 以战略外包为研究主题的文献出版情况和文献引用情况

资料来源：使用 Web of Science 检索工具，以"strategic outsourcing"为关键词，针对性地创建引文报告。

由图 2-1 至图 2-5 可知，以市场入侵、研发投资、渠道选择、战略外包和供应链竞合为关键词的相关研究成果比较丰硕，出版文献数和被引频次呈逐年上升的趋势，这说明这些问题已经受到学者们的深入研究和广泛关注，同时也表明考虑市场入侵的企业研发投资和渠道选择策略具有重要的理论价值和实践价值。

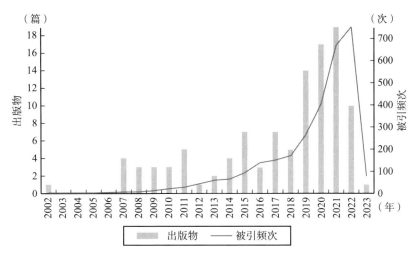

图 2 - 5　以供应链竞合为研究主题的文献出版情况和文献引用情况

资料来源：使用 Web of Science 检索工具，以"supply chain co-opetition（competition and cooperation）"为关键词，针对性地创建引文报告。

2.2　关于市场入侵的研究

企业可以通过建立新的渠道或生产自有品牌入侵已有市场。本节将对市场入侵的相关研究进行综述，包括在位企业市场入侵和潜在企业市场入侵。

在位企业市场入侵是指供应链中企业建立新的渠道或加入第三方平台进入已有市场向消费者销售产品的行为。这一主题已经引起了学者的广泛关注，主流研究调查了在位企业市场入侵的影响（金亮，2023；任廷海、周茂森、曾能民，2024；Arya，Mittendorf and Sappington，2007；Chen，Liang and Yao，2019；Ha，Long and Nasiry，2016；Huang，Guan and Chen，2018；Li，Gilbert and Lai，2014；Li，Gilbert and Lai，2015；Nie，Wang，Shi，et al.，2022；Tong，Lu，Li，et al.，2023；Zhang，Li，Zhang，et al.，2019；Zhang and Zhang，2022；Zhao and Li，2018），也有学者探讨了某些因素如何影响在位企业的入侵策略（张雪峰、李果、郑鸿，2023；Sun，Tang，Zhang，et al.，2021；Yang，Luo and Zhang，2018）或入侵行为发生时其余在位企业的应对策略（Cui，2019；Wang and Zhuo，2020；Zhang，Zhang and Zhu，2019）。随着研究的深入，近期文献探讨

了多种新的市场入侵模式（Li and Zhou，2016；Li，Hu，Shi，et al.，2021；Li，Yi，Shi，et al.，2021；Zhang，Li，Liu，et al.，2021）。

潜在企业市场入侵是指供应链外部企业通过开发和销售自有品牌产品进入现有市场的行为（金亮和郭萌，2018；金亮和温煜，2020；周艳菊和陈惠琴，2023；Sarah Y. Gao，Wei Shi Lim and Tang，2017）。已有学者从多个角度对这一主题进行了探讨。主流学者研究了潜在企业进入已有市场或其进入时机对供应链成员的影响，并探讨了潜在企业进入市场的条件（金亮和武倩，2021；许前、吕一帆、黄甫等，2021；Xing，Zhang，Zhao，et al.，2019；Yenipazarli，2021；Zhang and Wu，2022）。部分学者探索了潜在企业进入市场与在位企业战略决策之间的互动问题，并分析在位企业是否能够抵制潜在进入者（Liu，Shao and Lang，2020；Liu，Gupta and Zhang，2006；Xu and Xiao，2021）。还有学者基于企业差异化视角，考虑拥有高端产品或低端产品的企业进入市场或非创新性的模仿者进入市场，对各企业的战略性决策进行研究（Du，Xu，Chen，et al.，2018；Zhang，Nan，Li，et al.，2022）。

2.3　关于研发投资的研究

为了满足新产品的要求，许多制造商或供应商愿意向自身或合作企业进行研发投资，以提高零部件或最终产品的生产技术。研发投资有很多好处，如可以提高生产质量、降低产品成本、加强参与者之间的合作等（Liu，Wang and Shao，2023）。

有学者研究了企业在第一阶段生产和销售正常产品，而在第二阶段进行研发投资以生产和销售升级产品的策略，并发现当升级后产品的需求不确定性低于某个阈值时，采用产品升级策略是有益的（Shi and Shen，2019）。还有学者探讨了市场下滑时企业进行技术研发创新的最佳时间，发现即使技术创新在短期内没有显著改进，企业在需求饱和情况下仍可能进行研发创新（Hagspiel，Huisman，Kort，et al.，2020）。此外，有研究将渠道成本作为智能供应链技术投资的决策变量，分析了不同供应链结构下企业投资的条件，发现即使平台不承担渠道成本，也可能会进行投资以降低整体成本（Li，2020）。

在绿色技术和环境政策方面，有学者研究了绿色技术研发投资和环境税对纺织品和服装供应链的影响，指出在垄断市场中提高环境税率可以促进制造商对绿色技术的投资；而在双寡头市场中，绿色投资水平则取决于市场份额和环境税率的互动（Shen，Zhu，Li，et al.，2020）。有学者通过构建博弈模型，分析了两个对称企业在绿色技术改进中的策略，发现当技术改进成本高昂时，企业可能更倾向于维持现有技术，但在市场扩张收益较大时，企业会采取技术改进策略（Yang，Tang and Zhang，2021）。

进一步的研究还涉及制造商与供应商或平台之间的互动。有研究探讨了供应商的技术引进策略和制造商的产品更新决策，得出在不同技术改进水平和生产能力下供应商的最佳销售策略（Jing，Lin，Zhang，et al.，2022）。还有研究探讨了制造商物联网技术研发投资与平台定价模式的关系，发现采用批发定价模式的制造商更倾向于投资物联网技术（Sun and Ji，2022）。此外，还有学者分析了制造商对在位供应商或进入供应商进行投资的决策，发现上游进入可能会激励制造商对在位者进行更多投资，特别是在高投资成本的情况下（Liu，Wang and Shao，2023）。

2.4 关于渠道选择的研究

电子商务的发展促使许多企业建立了多种不同的销售渠道结构。供应链中企业之间的渠道设计与选择问题已经成为研究者和企业管理者的重要课题，有学者总结了早期的研究成果（Ingene C A and Parry，2004）。近几年，许多学者对该课题进行了更深入的探讨。

主流学者研究了制造企业的渠道结构配置问题。例如，制造商是否开辟直销渠道（Liu，Guan，Wang，et al.，2019），选择通过一个零售商还是两个零售商销售产品（Shen，Willems and Dai，2019），选择直销、转售还是代理销售的在线渠道（Pu，Sun and Shao，2020），配置直销、零售还是直销与零售组成的双渠道（Zhang and Hezarkhani，2021），配置直销、代销或直销与代销组成的双渠道（Zhang，Li and Ma，2021），选择直销、代销或转售的新渠道还是不建立新渠道（Li，Zhang，Li，et al.，2022）等问题。部分学者探讨了零售商的渠道结构选择问题。例如，电子零售商应该采用代理销售还是转售形式的渠道结构（Abhishek，Jerath and Zhang，2016），占主导地位的零售商选择多渠道销售还是只选择低成本渠道（Wang，Li and Cheng，2016），零售平台选择代销、转售还是由代销和转售构成的双渠道（Ha，Tong and Wang，2022）等。还有学者分析了跨渠道效应对两家竞争的传统零售商分销渠道策略的影响（Nie，Zhong，Yan，et al.，2019）。此外，针对供应商与在线零售商之间的策略互动，有学者探讨了供应商是否开辟佣金渠道以及在线零售商是否共享需求信息的问题（Zheng，Li，Guan，et al.，2021）。

2.5　关于战略外包和供应链竞合的研究

在过去的几十年里，外包产业快速发展，成为许多公司的重要组成部分（Jain and Hazra，2019；Lai，Liu and Xiao，2020）。外包供应链中，供应商能够从制造商的产品外包中获得知识，从而可以投入其自有品牌生产中，进而入侵制造商市场，使得供应商和制造商之间形成竞合状态，即在终端市场上竞争，在上游生产过程中合作。本节对战略外包与供应链竞合的相关研究进行综述。

2.5.1　战略外包的相关研究

战略外包的早期研究主要探讨制造或购买问题，可以参考已有成果对这一问题进行充分的回顾（Balakrishnan and Cheng，2005）。此后，对战略外包的研究涉及多个方面，包括物流服务（Lou，Feng，He，et al.，2020）、信息技术（Jain and Hazra，2019）和生产制造或采购（Chen，Karamemis and Zhang，2021；Deng，Guan and Xu，2021；Dong，Tang，Zhou，et al.，2021；Hu，Mai and Pekeč，2020；Hu，Kouvelis，Xiao，et al.，2022；Lai，Liu and Xiao，2020；Niu，Chen and Xie，2020；Wang，Niu，Guo，et al.，2021）等外包。接下来，对与本书相关的生产制造或采购外包的研究进行综述。

有学者认为创新者将创新产品制造外包给竞争性的合同制造商时存在创新溢出，发现创新者可能会战略性地外包给竞争对手，以应对创新溢出风险（Hu，Mai and Pekeč，2020）。还有研究分析了国际税收对跨国公司外包战略的影响，发现跨国公司在地域税制下更倾向于通过其海外子公司采购材料，以保留低税收管辖区的利润，这可能导致企业选择更昂贵的材料供应商和过度生产（Lai，Liu and Xiao，2020）。在研究奢侈品牌外包决策时，有学者发现，即使消费者的原产地偏好不强，奢侈品牌仍倾向于将生产外包给海外的合同制造商（Niu，Chen and Xie，2020）。另有研究探讨了原始设备制造商与合同制造商在同一产品市场竞争时的外包关系，指出在某些情况下，由于利益冲突，外包关系可能无法形成（Chen，Karamemis and Zhang，2021）。在原始设备制造商将产品外包给同一合同制造商的供应链中，有研究分析了边做边学的合作竞争效应，发现这一效应可能加剧价格竞争，导致原始设备制造商整体利润下降

（Deng，Guan and Xu，2021）。此外，有学者研究了原始设备制造商在合同制造商入侵和可靠性改进情况下的战略采购选择，发现竞争水平和生产率对采购策略的选择有显著影响（Dong，Tang，Zhou，et al.，2021）。关于采购外包结构的研究则表明，讨价还价能力对采购外包结构具有关键影响，且外包结构取决于买方与供应商之间的谈判系数比较（Wang，Niu，Guo，et al.，2021）。还有学者探讨了两家竞争公司在产品包含共同组件时的横向外包决策，发现当在位者具有组件成本优势时，横向外包更有可能发生（Hu，Kouvelis，Xiao，et al.，2022）。

2.5.2　供应链竞合的相关研究

供应链竞合是指供应链中多个企业之间同时存在竞争与合作的状态，即竞争对手合作（Cohen and Zhang，2022；Niu，Li，Zhang，et al.，2019）。考虑企业在终端市场上激烈竞争，多数学者研究了竞争对手在原材料或产品采购（Gu，Wei and Wei，2021；Li，Tian and Zheng，2021；Li and Zhao，2022；Niu，Li，Zhang，et al.，2019；Yang，Wu，Gou，et al.，2023；Zhang，Li，Zheng，et al.，2021）中的合作，也有学者探讨了竞争对手在物流服务（Niu，Xie，Chen，et al.，2020；Qin，Liu and Tian，2020）、软件（Adner，Chen and Zhu，2020）、技术（Wei，Ding，Nan，et al.，2022）等方面的合作。

有学者考虑了一个竞争性供应商和一个面临不确定产量的非竞争性供应商，分析了原始设备制造商的采购策略。研究发现，原始设备制造商始终倾向于供应商多元化，且竞争性供应商终止部件销售不会对原始设备制造商产生威胁（Niu，Li，Zhang，et al.，2019）。在此基础上，有学者考虑了供应商发起和原始设备制造商发起的上游零部件生产过程改进，研究了原始设备制造商和合同供应商之间发生竞合的原因（Li and Zhao，2022）。还有学者通过考虑制造商是否从竞争对手处购买关键零部件，分析了制造商的战略采购和供应商的融资策略，结果表明，供应商资金的受限程度直接影响制造商的采购选择，从而形成竞合或横向竞争的结构（Gu，Wei and Wei，2021）。另外，一些学者探讨了两个竞争制造商在核心部件上的合作，发现最优生产策略取决于碳税率和低碳产品的单位成本（Zhang，Li，Zheng，et al.，2021）。与此同时，有研究者关注了竞合关系下制造商和经销商通过拥有优越信息的在线中间商销售产品时的中间商信息共享策略，指出均衡信息共享策略取决于竞争强度和需求可变性（Li，Tian and Zheng，2021）。

在物流服务领域，有学者研究了平台是否与竞争性卖家共享其物流服务体系的竞合关系，发现随着物流服务水平和市场潜力的提高，均衡模式将从无服务共享向服务共享演进（Qin，Liu and Tian，2020）。同样，还有学者研究了物流服务劣势企业是否应加入平台的物流共享联盟，发现该决策受产品竞争程度和交货时间承诺的影响（Niu，Xie，Chen，et al.，2020）。在软件领域，有学者探讨了两个竞争平台所有者之间的兼容性决策，发现当平台所有者利润差异足够大时，他们可以达成竞合关系（Adner，Chen and Zhu，2020）。在技术领域，有学者研究了在位企业开放其技术与进入企业采用该技术的动机，推导出形成竞合关系的条件，指出均衡技术策略依赖进入者技术开发能力和技术转化率（Wei，Ding，Nan，et al.，2022）。还有学者利用博弈模型分析了专利部件制造商和原始设备制造商之间的合作竞争策略，发现专利部件制造商的最优策略受到顾客耐心程度和竞争对手产品质量的影响（Yang，Wu，Gou，et al.，2023）。

2.6　对已有研究成果的评述

通过对市场入侵、研发投资、渠道选择、战略外包和供应链竞合的相关文献进行梳理，可以发现考虑市场入侵的企业研发投资和渠道选择策略研究是一个具有理论意义和实际价值的研究课题，已经受到学者们的关注，并取得了一些可借鉴的成果。然而，目前关于该课题的研究也存在一些不足。本节将详细评述现有研究成果，分析已有研究成果的主要贡献和不足之处，进而探讨已有文献对本书的启示。

2.6.1　已有研究成果的主要贡献

通过前几节对相关文献进行综述可知，已有研究成果为考虑市场入侵的企业研发投资和渠道选择策略研究提供了坚实的基础、丰富的研究范式、多样的研究方法和严谨的学术思想，同时，为解决现实中企业研发投资和渠道选择策略问题提供了管理启示和指导。接下来，总结已有研究成果的主要贡献。

（1）已有文献为本书提供了背景支撑与思路引导。许多企业建立了自己的销售渠道或生产自有品牌，为了有效解决渠道冲突与产品竞争，渠道设计与选择是企业亟待解决的问题。现有关于市场入侵和渠道选择的文献（Abhishek，Jerath and Zhang，2016；Chen，Liang and Yao，2019；Ha，Tong and Wang，2022；Liu，Guan，Wang，et al.，2019；Nie，Zhong，Yan，et al.，

2019；Shen，Willems and Dai，2019；Wang，Li and Cheng，2016；Zhang and Wu，2022）考虑了渠道设计和选择问题，与当前供应链运营的发展趋势相吻合，为本书提供了广泛的理论背景，帮助本书明确了所研究问题的实际价值及研究思路。

（2）已有文献为本书的渠道结构框架设计和供应链运营模式提供了理论基础。具体而言，参考现有文献中单一直销、代销或转售的入侵模式，以及多种类型的双渠道结构（Abhishek，Jerath and Zhang，2016；Liu，Shao and Lang，2020；Pu，Sun and Shao，2020；Shen，Willems and Dai，2019；Tong，Lu，Li，et al.，2023；Zhang，Li，Liu，et al.，2021），本书设计了在位企业建立直销、代销、转售和双渠道以及潜在企业引入新品牌下的渠道结构框架和供应链运营模式。

（3）已有文献为本书中的理论模型构建提供了参考和方法借鉴。首先，已有研究刻画和描述了消费者的购买行为，为本书消费者效用函数、市场需求函数和企业利润函数的构建奠定了坚实的理论基础（Abhishek，Jerath and Zhang，2016；Chen，Liang and Yao，2019；Nie，Zhong，Yan，et al.，2019；Sun and Ji，2022；Tong，Lu，Li，et al.，2023；Yan，Zhao and Liu，2018；Zhang，Zhang and Zhu，2019）。此外，已有研究考虑研发投资对消费者的影响，将此影响纳入消费者效用或市场需求函数中，进而影响了企业的定价、研发投资和渠道选择策略，这为本书中的模型构建提供了借鉴（Jing，Lin，Zhang，et al.，2022；Liu，Wang and Shao，2023；Sun and Ji，2022）。

（4）已有文献为现实中的企业揭示了丰富的经济学原理和管理启示。首先，考虑技术引进与改进策略，已有研究指导企业制定和调整产品定价及研发投资决策，以寻求利润最大化（Jing，Lin，Zhang，et al.，2022；Liu，Wang and Shao，2023；Sun and Ji，2022；Yang，Tang and Zhang，2021）。此外，针对供应链中多种渠道运营模式，已有研究为供应链中不同企业的渠道选择策略提供了有价值的管理启示（Abhishek，Jerath and Zhang，2016；Nie，Zhong，Yan，et al.，2019；Pu，Sun and Shao，2020；Shen，Willems and Dai，2019；Wang，Li and Cheng，2016；Zhang and Hezarkhani，2021；Zheng，Li，Guan，et al.，2021）。

2.6.2 已有研究成果的不足之处

虽然针对市场入侵、研发投资、渠道选择、战略外包和供应链竞合的相关研究已经取得了可借鉴的成果，但仍存在一些缺口和不足，未对考虑市场入侵的企业研发投资和渠道选择策略研究形成系统的思想、方法及理论体系。接下来，指出已有研究成果的不足之处。

（1）已有研究成果考虑的市场入侵情形比较单一，缺乏对现实环境的细致刻画，鲜有文献全面系统地研究在位企业和潜在企业市场入侵下的渠道选择问题。针对在位企业市场入侵的现有研究，大多考虑企业单一渠道入侵模式，且以直销入侵形式为主，忽略了多种渠道同时入侵的情形或多种不同入侵模式的对比（Arya，Mittendorf and Sappington，2007；Ha，Long and Nasiry，2016；Huang，Guan and Chen，2018；Li，Gilbert and Lai，2014；Li，Gilbert and Lai，2015；Sun，Tang，Zhang，et al.，2021；Tong，Lu，Li，et al.，2023；Yang，Luo and Zhang，2018；Zhang，Li，Zhang，et al.，2019；Zhang and Zhang，2022；Zhang，Zhang and Zhu，2019；Zhao and Li，2018）。针对潜在企业市场入侵的现有研究，大多考虑了新品牌进入市场后的正向或负向影响（Chen，Liang and Yao，2019；Cui，2019；Du，Xu，Chen，et al.，2018；Li and Zhou，2016；Liu，Shao and Lang，2020；Nie，Wang，Shi，et al.，2022；Xing，Zhang，Zhao，et al.，2019；Xu and Xiao，2021；Yenipazarli，2021；Zhang and Wu，2022；Zhang，Nan，Li，et al.，2022），有学者考虑了实体零售商应对电子零售商在线进入的策略（Liu，Gupta and Zhang，2006），然而，鲜有考虑在位者通过研发投资来应对潜在企业市场入侵的问题。

（2）缺少在市场入侵背景下研究企业研发投资决策问题，且有关研发投资决策的研究较少探讨供应链中企业之间的竞合关系。已有研究考虑企业对自身或其他企业的零部件或产品进行研发投资，很少有考虑潜在企业或新品牌进入市场对研发投资决策的影响（Hagspiel，Huisman，Kort，et al.，2020；Jing，Lin，Zhang，et al.，2022；Li，2020；Liu，Wang and Shao，2023；Shen，Zhu，Li，et al.，2020；Shi and Shen，2019；Sun and Ji，2022；Yang，Tang and Zhang，2021）。针对供应链中的竞合关系，现有研究大多考虑了企业在终端市场竞争但在原材料采购中合作的竞合情形（Gu，Wei and Wei，2021；Li，Tian and Zheng，2021；Li and Zhao，2022；Niu，Li，Zhang，et al.，2019；Yang，Wu，Gou，et al.，2023；Zhang，Li，Zheng，et al.，2021），仅有少数学者考虑了企业在终端市场竞争但在技术方面合作的竞合关系（Wei，Ding，Nan，et al.，2022）。

2.6.3 已有文献对本书的启示

已有研究为开展考虑市场入侵的企业研发投资和渠道选择策略研究提供了坚实的理论基础、可借鉴的学术经验和重要的研究结论，为本书的研究工作提供了有价值的启示，主要体现在以下四个方面。

（1）针对制造商市场入侵下考虑跨渠道效应的渠道选择问题。首先，基于已有的关于单一渠道入侵和双渠道中模式选择的文献，尝试构建了直销渠道入侵、转售渠道入侵和双渠道入侵情形下的企业优化决策模型（Ha, Tong and Wang, 2022；Huang, Guan and Chen, 2018；Shen, Willems and Dai, 2019；Tong, Lu, Li, et al., 2023）。其次，与假设新渠道与原有渠道竞争的研究不同，构建需求函数模型时，借鉴已有研究成果考虑了线上对线下渠道的溢出效应，这种溢出效应可以是正面的，也可以是负面的（Abhishek, Jerath and Zhang, 2016；Yan, Zhao and Liu, 2018）。最后，基于已有文献中的渠道选择策略和管理启示，策略性地描述本书的研究结果并给出管理启示（Nie, Zhong, Yan, et al., 2019；Wang, Li and Cheng, 2016）。

（2）针对潜在制造商市场入侵下企业研发投资和渠道选择问题。首先，基于已有的关于潜在企业市场入侵和供应链竞合的文献，尝试构建了无入侵、潜在制造商入侵和潜在制造商入侵且开放技术的三种情形下的企业优化决策模型（Liu, Shao and Lang, 2020；Wei, Ding, Nan, et al., 2022；Xu and Xiao, 2021；Zhang and Wu, 2022）。其次，借鉴现有研究成果中对代表性消费者效用的描述方式，基于潜在制造商的研发投资，构建了消费者效用和市场需求函数（Abhishek, Jerath and Zhang, 2016；Chen, Liang and Yao, 2019；Nie, Zhong, Yan, et al., 2019）。最后，借鉴已有文献中的博弈分析与求解方法以及所得的研究结果，获得最优的研发投资与渠道选择策略，并给出相应的管理启示（Wei, Ding, Nan, et al., 2022）。

（3）针对供应商市场入侵下企业研发投资和渠道选择问题。首先，基于已有的关于在位企业市场入侵的文献，尝试构建了供应商分别通过直销、代销和转售三种渠道销售自有品牌情形下的企业优化决策模型（Chen, Liang and Yao, 2019；Cui, 2019；Sun, Tang, Zhang, et al., 2021；Zhang, Li, Liu, et al., 2021）。其次，借鉴现有研究成果中对代表性消费者效用的描述方式，构建了考虑供应商研发投资的消费者效用和市场需求函数（Abhishek, Jerath and Zhang, 2016；Tong, Lu, Li, et al., 2023）。最后，借鉴已有文献中的博弈分析与求解方法以及所得的研究结果，获得最优的研发投资与渠道选择策略，并给出相应的管理启示（Arya，Mittendorf and Sappington，2007；Li，Gilbert and Lai，2015；Sun，Tang，Zhang，et al.，2021；Zhang，Li，Liu，et al.，2021）。

（4）针对潜在供应商市场入侵下企业研发投资和渠道选择问题。首先，基于已有的关于潜在企业市场入侵和研发投资的文献，考虑潜在供应商入侵与不入侵、在位供应商投资与不投资，尝试构建了四种组合情形下的企业优化决策模型（Jing，Lin，Zhang，et al.，2022；Liu，Shao and Lang，2020；Liu，Wang and Shao，2023；Xu and Xiao，2021）。其次，借鉴现有研究成果中对消费者效用和市场需求的描述方式，构建了考虑在位供应商研发投资的消费者效用和市场需求函数（Sun and Ji，2022；Zhang，Zhang and Zhu，2019）。最后，借鉴已有文献中的博弈分析与求解方法以及所得的研究结果，获得最优的研发投资与渠道选择策略，并给出相应的管理启示（Liu，Wang and Shao，2023；Wei，Ding，Nan，et al.，2022）。

2.7　本章小结

本章分别围绕市场入侵、研发投资、渠道选择、战略外包和供应链竞合的相关研究进行了文献检索和综述，指出已有研究的主要研究问题并总结研究结论；进一步地，对已有相关研究进行评述，指出现有研究的主要贡献与不足之处，并重点阐述了对本书有价值的启示。本章的工作为后续章节中工作的开展提供了坚实的理论基础。

第3章 相关概念与理论基础

本章对考虑市场入侵的企业研发投资和渠道选择策略研究的相关概念和理论进行深入剖析。具体而言,将从市场入侵的模式和影响,研发投资的含义、类型和特征,消费者效用理论以及 Stackelberg 博弈四个方面进行阐述,为后续章节的进一步研究奠定理论基础。

3.1 市场入侵

进行考虑市场入侵的企业研发投资和渠道选择策略的研究,有必要明晰市场入侵的相关概念。接下来,对市场入侵的模式和影响进行说明。

3.1.1 市场入侵的模式

市场入侵是指企业通过建立新的渠道或生产自有品牌进入已有市场的现象(金亮、熊婧、徐露,2021;李荣耀、李朝柱、何益欣,2021;Arya,Mittendorf and Sappington,2007;Chen,Liang and Yao,2019;Ha,Long and Nasiry,2016;Huang,Guan and Chen,2018)。具体而言,企业可分为在位企业和潜在进入企业(简称潜在企业)两种类型,新的渠道可以为直销、代销、转售或多渠道模式,销售的产品可以为原品牌产品或新品牌产品。市场入侵往往是由新的销售渠道、竞争者、产品、技术或服务的推出等因素引起的,其动机是基于对市场机会的认知和把握,以及为了在竞争市场中获得竞争优势。

本书将市场入侵划分为在位企业市场入侵和潜在企业市场入侵两种类型。在位企业市场入侵是指供应链中现有企业通过建立新的销售渠道进入已有市场并向消费者销售产品的行为,潜在企业市场入侵是指供应链外部企业通过开发和销售自有品牌产品进入现有市场的行为。在理论上,已有许多学者对在位企业市场入侵问题进行了研究（Chen，Liang and Yao，2019；Nie，Wang，Shi，et al.，2022），部分学者对潜在企业市场入侵问题进行了探讨（Liu，Shao and Lang，2020；Xu and Xiao，2021）。

在现实中，在位企业市场入侵和潜在企业市场入侵的实例均存在。一方面，互联网技术和物流的迅速发展吸引了供应链中在位企业开辟多种渠道销售产品（Zhang，Li and Ma，2021；Zhang and Zhang，2020）。例如，电子数码行业中苹果、三星和华为等企业不仅通过线下渠道还通过京东和他们自己的在线网站销售产品。此外，一些通过电子零售商销售产品的供应商已经进入实体店，例如，中国智能手机供应商小米之前通过京东销售产品，现已开设线下零售商店并直接向消费者销售产品，以使其所有产品更易于获取。另一方面，一些潜在的新兴企业通过创新的商业模式入侵在位市场，挑战传统行业巨头企业的实例也很常见（Liu，Shao and Lang，2020；Xu and Xiao，2021；Zhang，Nan，Li，et al.，2022）。例如，中国领先的本地生活服务平台美团，2015 年开始进军在线外卖市场，成为中国外卖市场的巨头；Uber 采用了一种新的方式提供出租车服务，通过智能手机应用程序将司机和乘客连接起来，这使得Uber 能够在出租车市场迅速崛起，并挑战传统出租车公司的地位；手机制造商小米企业已经生产了嵌入物联网技术的智能家居产品，入侵到智能家居市场。

3.1.2 市场入侵的影响

市场入侵对现有市场参与者的影响可能是积极的也可能是消极的（Arya，Mittendorf and Sappington，2007；Nie，Wang，Shi，et al.，2022）。市场入侵通常会导致市场份额和利润的重新分配，甚至会给市场参与者的生存和发展带来巨大的挑战。具体而言，市场入侵具有以下几方面的影响。

（1）增加市场竞争。市场入侵通常会导致新的渠道或产品加入市场，从而增强了企业之间的竞争，这可能会促使现有企业提高产品质量、降低价格、改进营销策略或提高服务质量等，以吸引更多的消费者。

（2）促进市场创新。新企业或新产品的进入能够激发现有企业改进自己的产品或服务，从而改变现有市场的竞争格局，促进市场创新。例如，苹果手机打破了传统手机的界限，创造了一个全新的智能手机市场，这推动了现有手机制造商改进自己的品牌。目前，智能手机市场已经成为一个充满创新和竞争的市场，这使得消费者可以选择更适合自身需求的产品和服务。

（3）重新分配市场份额和利润。新企业的成功入侵可能会使现有企业失去部分市场份额和利润，而新的进入者通过获得新的市场份额来获取更高的利润。此外，新企业的入侵也可能会吸引一些新的消费者进入市场，从而使得现有企业和新企业均获得更高的收益。

（4）带来挑战和机会。新企业进入市场，引入新的技术、产品或服务，可能会对现有企业构成威胁，但同时也带来了新的机会。现有参与者可以借此机会改善自身的业务，提高产品质量或服务质量，以应对新的竞争并吸引更多的消费者。

3.2　研发投资

研发投资对企业策略选择具有重要影响，本书在不同企业差异化市场入侵情境下对企业研发投资决策和渠道选择策略进行研究，因此，明确研发投资的相关概念是本书的关键。接下来，对研发投资的含义、类型和特征进行简要阐述。

3.2.1　研发投资的含义

研发不仅是企业内生性增长的重要因素，也会对供应链中其他战略伙伴或竞争者产生极大的影响（高鹏、聂佳佳、陆玉梅，2018）。作为企业的重要决策，研发投资是指企业投入一定的人力、物力或财力，用于获得新技术或新产品，从而提高企业的创新和发展能力以及在市场中的竞争能力。

在产品日益多样化和竞争趋势日趋激烈的背景下，进行研发投入已经成为企业获取竞争优势和实现长期发展的重要战略决策（冯利伟、李寅龙、赵景华，2019；夏晶和牛文举，2022）。随着市场竞争的加剧，许多企业已经投入了大量资源对自有品牌产品进行研发，例如，小米公司自主研发了中央处理器，苹果和华为自主研发了 GPU。核心部件的研发对产品质量和性能的提升以及市场需求的扩大具有重要作用（杨善学、刘红卫、周学君等，2022；Menke，1997；Parast，2020）。

3.2.2　研发投资的类型

随着科学技术的发展，知识密集型产业成为各国经济转型的重点领域（翟东升、李梦洋、何喜军等，2021）。在高科技产业中，技术竞争使得企业研发投资环境更为复杂，且企业研发投资动机和模式更为多样化。基于研发主体的不同，研发投资可以分为企业自主研发投资、政府助推研发投资、委托研发投资、多企业合作研发投资以及产学研合作研发投资等类型，本书主要关注企业自主研发投资和多企业合作研发投资。

基于企业规模和发展阶段，研发投资可以分为基础研发投资、战略研发投资和大规模研发投资。基础研发投资是指企业对研发设备、基础设施和基础技术等的资金投入，该部分投入可以为企业战略投资提供支撑，为企业高技术发展提供基础保障。战略研发投资是指企业对新技术研发、新产品研发或新服务研发的资金投入，该部分投资可以减少产品生产成本，增加产品质量水平，增强企业生产能力或增加企业市场占有率。大规模研发投资是企业发展到一定阶段，具有充足资金和研发需求时，对新技术、新产品或新服务进行大规模研发的资金投入，该部分投资用于企业的创新和发展，可以增加企业的市场占有率。上述三种研发投资类型均可以帮助企业在竞争市场中获得更多的优势，提高企业的技术水平和创新能力，能够有效改善企业经济效益，属于本书关注的研发投资范围。

3.2.3　研发投资的特征

企业研发投资能够推动科技进步，促进企业发展，提高企业效益和地位。然而，由于研发投资的固有特性，对企业而言，并不是每一次的研发投入都能获得想要的结果。因此，研发投资需要企业有足够的财务实力和正确评估投资风险的能力，从而确保研发投资的有效性。具体而言，研发投资具有以下特征。

（1）研发投资的不可逆性。作为增强企业竞争能力的重要手段，研发投资具有隐秘的特性，投入的资金固化后产生的形态差异很大；此外，研发投入的费用包含对研发活动人员的费用支出、消耗原材料的费用、研发活动所需设备和器具的折旧费以及用于研发活动的软件花销费用等，这些成本投入都是不可逆的。

（2）研发投资的不确定性。不确定性主要体现在技术和经济两个方面。技术不确定表现为新研发的技术可能成功，也可能失败；经济不确定主要表现为由于市场的不断波动和变化，研发出的产品不一定适应市场需要。

（3）研发投资的竞争性。企业研发投资不仅能够改变自身的发展状况，而且对竞争企业也有影响，因此，企业研发投资会受到业内企业的高度关注。研发投资的顺利实施能够增强企业的竞争能力，但研发投资的失败会使得企业被竞争对手压制，从而对企业发展不利。

3.3　消费者效用理论

　　消费者效用是指消费者从产品消费中获得的满意程度。效用具有主观性，没有客观标准，也不含伦理学的判断，可大可小，可正可负，是人的一种主观心理感觉。对同一个产品来说，不同的人感觉到的效用是不同的，同一个人在不同时间和不同地点表现出来的效用也可能有所不同。效用理论可分为基数效用论和序数效用论（郝海波，2011）。基数效用论认为消费者在消费产品时所感受到的心理满足程度可以直接计量并求和，即效用大小可以用基数表示；序数效用论认为效用作为一种心理现象，无法衡量也不能加总。与本书相关的是基数效用论，即本书中所构建的消费者效用受产品价格、内在质量等属性共同影响。

　　针对产品的多种属性或购买渠道的差异，已有研究常常通过构建线性函数来表示消费者效用。例如，有学者假设消费者从零售商处购买产品获得的效用为 v，从在线渠道购买产品获得的效用为 θv，其中，$\theta \in (0, 1)$，表示消费者对在线渠道的接受程度（Zhang, Zhang and Zhu, 2019）。还有学者将消费者分为隐私敏感型和隐私中立型，记嵌入到智能设备中的物联网技术给隐私中立型消费者带来的边际效应为 βa，a 表示物联网功能水平（Sun and Ji, 2022）。此外，也有部分研究从代表性消费者效用推导出需求函数，如构建消费者效用模型为 $U = A_1 q_1 + A_2 q_2 - (q_1^2 + q_2^2)/2 - \gamma q_1 q_2 - p_1 q_1 - p_2 q_2$，其中，$q_i$ 和 p_i 表示产品 i 的数量和价格，γ 表示产品可替代性，也表示产品之间的水平差异，A_i 表示产品的内在质量（Chung and Lee, 2017）。

　　综上可知，产品固有属性以及消费者对产品属性的偏好会影响消费者效用，因此，有必要基于效用理论构建相应的模型。

3.4　Stackelberg 博弈

　　博弈论，又称为对策论、赛局理论等，由约翰·冯·诺伊曼与奥斯卡·摩根斯特恩（John von Neumann and Oskar Morgenstern）在《博弈论与经济行为》（*Theory of Game and Economic Behavior*）中提出，是研究多人之间利用相关方策略来实施相应策略的理论（谢识予，2002）。博弈论可分为合作博弈和非合作博弈；依据参与者的行动顺序和掌握的信息水平，非合作博弈可分为完全信息静态博弈、完全信息动态博弈、不完全信息静态博弈和不完全信息动态博弈四种类型（张维迎，2004）。本书主要应用属于完全信息动态博弈的 Stackelberg 博弈。接下来，对 Stackelberg 博弈的理论和方法进行描述，并以一个简单模型为例对 Stackelberg 博弈模型进行说明。

实践中，许多企业之间的决策是存在先后顺序的，后决策的主体能够看到先决策主体的行动，故后决策者的行为会受到先决策者的影响（Shang and Aziz，2020）。因此，为描述上述博弈过程，德国经济学家斯坦克尔伯格（Stackelberg）在 1934 年给出了 Stackelberg 模型，并提出了主从博弈的概念（邓喜才和郭华华，2009）。在 Stackelberg 博弈中，领导者在博弈中先作出决策，且该决策无法更改，跟随者在领导者之后作决策。实际上，中央与地方政府之间的博弈、集团和子公司之间的博弈以及 CEO 和各项目团队之间的博弈都属于 Stackelberg 博弈。

假设市场上有两个竞争性企业 A 和企业 B，他们的边际生产成本均为 c。企业 A 作为领导者，选择生产量 q_1，企业 B 作为跟随者，在观察到企业 A 的决策之后，选择自己的生产量 q_2。线性的市场逆需求函数为 $p = a - q_1 - q_2$，其中，a 为潜在市场需求，因此，企业 A 和企业 B 的利润函数分别为 $\pi_A(q_1) = (a - q_1 - q_2 - c)q_1$ 和 $\pi_B(q_2) = (a - q_1 - q_2 - c)q_2$。采用逆向归纳法求解，首先求得企业 B 的最优反应函数 $q_2(q_1) = (a - c - q_1)/2$；然后将 $q_2(q_1)$ 代入企业 A 的利润函数中，求得企业 A 的最优生产量 $q_1^* = (a - c)/2$；最后，将 q_1^* 代入 $q_2(q_1)$ 中，求得企业 B 的最优生产量 $q_2^* = (a - c)/4$；因此，q_1^* 和 q_2^* 为 Stackelberg 博弈的子博弈精炼纳什均衡解。

3.5　本章小结

本章介绍了本书所涉及的相关概念与理论。首先，对市场入侵及其模式进行界定，并分析了市场入侵的影响；其次，介绍了研发投资的含义、类型与特征；最后，介绍本书的模型构建与求解中涉及的相关理论，包括消费者效用理论和 Stackelberg 博弈理论。本章内容为后续章节中研究工作的开展提供了重要的理论支撑，为深入研究考虑市场入侵的企业研发投资和渠道选择策略问题奠定了坚实的基础。

第4章 制造商市场入侵下考虑跨渠道效应的渠道选择策略

  制造商开始开辟多种在线渠道以满足消费者多渠道购物的需求。现实中，企业建立新的销售渠道已经非常常见，例如，海尔通过建立自己的线上商城和线下体验店，让消费者更方便地购买和体验其产品；松下电器通过与电商平台合作，扩大其产品的销售渠道；海信通过在全球范围内建立自己的销售网络和代理商渠道，拓展海外市场；三星通过建立自己的品牌店和线上商城，提高品牌知名度和销售收益。建立新的销售渠道能为企业带来很多益处，例如拓展市场、增强竞争力、提高品牌知名度和客户满意度等。然而，新渠道的建立也可能给企业带来一些损害，例如，增加成本、增加管理难度或导致渠道冲突等。此外，由于跨渠道效应的存在，新渠道的建立也会对原有渠道的销售产生影响。因此，企业有必要权衡引入新渠道的利弊，配置合适的销售策略，才能获得最大的利益。故在制造商市场入侵背景下，对企业渠道选择策略进行研究具有一定的理论意义和实践意义。

  本章针对制造商直销、代销和双渠道入侵的三种模式，配置包含线下渠道的三种渠道情形，构建与价格和平台服务相关的市场需求函数，以企业利润最大化为目标，应用 Stackelberg 博弈理论，采用逆向求解方法求得不同情形下制造商和平台的最优定价决策和利润。对比不同情形下的均衡结果，探讨制造商和平台的渠道选择策略，并分析渠道竞争强度、跨渠道效应和交易费用影响因子等相关参数对最优策略的影响，得到有价值的结论和管理启示。

4.1 问题描述、符号说明和模型假设

  本节首先对制造商市场入侵下考虑跨渠道效应的渠道选择策略问题进行详

细描述；然后对本章涉及的符号进行说明并给出研究模型的基本假设。

4.1.1　问题描述

考虑一个制造商可以在在线渠道中通过直销、代销或直销和代销组成的双渠道向消费者销售产品，其中，直销渠道中的单位销售价格为 p_m，代销渠道中的单位销售价格为 p_e。代销渠道中，平台向制造商收取单位交易费用 ρ，并为商家和消费者提供服务，包括广告营销服务、信息服务或销售服务等。

除在线渠道外，制造商已经在一个传统渠道以单位价格销售产品。标准化单位价格为 1，基础市场需求为 $\bar{Q}$。引入在线渠道，传统渠道的基础市场需求变为 $\bar{Q} + \tau Q$，其中，$Q = Q_m + Q_e$ 表示在线渠道的总体市场需求，$\tau \in [-1, 1]$ 表示跨渠道效应。换句话说，τ 表明了单位在线渠道需求对传统渠道销售的影响。

由于跨渠道效应的不同取值可能影响最优渠道选择策略，本书将跨渠道效应设置为模型中的一个外生参数，并定义其为负、零和正三种情况：负跨渠道效应（$\tau < 0$）、无跨渠道效应（$\tau = 0$）和正跨渠道效应（$\tau > 0$）。这一描述与已有文献类似（Abhishek，Jerath and Zhang，2016）。此外，需要强调的是，无论 τ 取区间 $[-1, 1]$ 中的任意值，传统渠道中的需求 $\bar{Q} + \tau Q$ 总是正的，这是因为基础市场需求 $\bar{Q}$ 比跨渠道效应程度要高很多，这可以由电子零售额只占总零售额的 9% 这一事实来证实。

基于上述描述，市场中存在三种潜在的渠道情形，如图 4-1 所示。

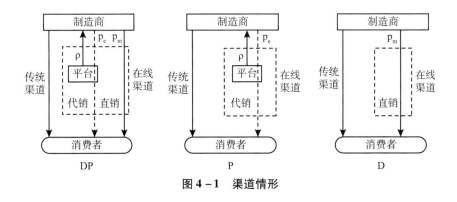

图 4-1　渠道情形

● 情形 DP：除传统渠道外，制造商还在在线渠道中通过直销和代销组成的双渠道销售产品。具体而言，制造商在直销渠道中以单价 p_m 向消费者销售产品，在代销渠道中以单价 p_e 向消费者销售产品，并向平台支付单位交易费用 ρ，获得在线渠道需求 $Q_m + Q_e$ 和传统渠道需求 $\overline{Q} + \tau(Q_m + Q_e)$。

• 情形 P：除传统渠道外，制造商还在在线渠道中以单价 p_e 通过代销渠道销售产品。制造商向平台支付单位交易费用 ρ，并获得在线渠道需求 Q_e 和传统渠道需求 $\overline{Q} + \tau Q_e$。

• 情形 D：除传统渠道外，制造商还在在线渠道中以单价 p_m 通过直销渠道销售产品，获得在线渠道需求 Q_m 和传统渠道需求 $\overline{Q} + \tau Q_m$。

本章的研究问题是，研究制造商和平台的最优定价决策以及渠道情形选择策略。具体的研究问题如下。

（1）不同渠道情形下，制造商的最优定价决策、平台的最优单位交易费用决策和企业利润分别是什么？

（2）从制造商和整个供应链的角度来看，制造商应该选择哪种渠道情形？平台偏好哪种渠道情形？

（3）渠道竞争强度、跨渠道效应和交易费用影响因子如何影响均衡结果和最优渠道选择策略？

4.1.2 符号说明

为便于清晰描述问题，下面对本章所涉及的符号进行定义和说明，见表4-1。

表 4-1　　　　　　　　　　　符号说明

符号		定义
决策变量	p_m^j	情形 j 中，直销渠道的单位销售价格，j = DP，D
	p_e^j	情形 j 中，代销渠道的单位销售价格，j = DP，P
	ρ^j	情形 j 中，平台设定的单位交易费用
参数	j	渠道情形，$j \in \{DP, P, D\}$，分别表示线上双渠道入侵、线上代销渠道入侵和线上直销渠道入侵的情形
	a	基础市场需求
	θ	在线渠道竞争强度，$\theta \in (0, 1)$
	r	单位交易费用对需求的影响，即交易费用影响因子
	τ	在线渠道对传统渠道的溢出效应，亦称跨渠道效应，$\tau \in [-1, 1]$
	$\overline{Q}$	传统渠道中的基础市场需求

	符号	定义
参数	k	平台服务水平对代销渠道需求的影响
	s	平台的服务水平
函数	Q_m^j	情形 j 中，直销渠道的市场需求
	Q_e^j	情形 j 中，代销渠道的市场需求
	Q_t^j	情形 j 中，传统渠道的市场需求
	π_m^j	情形 j 中，制造商的利润
	π_e^j	情形 j 中，平台的利润
	π_o^j	情形 j 中，整个供应链的利润
	π_{me}^j	情形 j 中，制造商从在线渠道获得的利润

4.1.3　模型假设

不失一般性，在本章的研究中，做出的相关假设如下。

1. 市场需求

本节对在线渠道中的市场需求函数进行描述。假设制造商在总体潜在市场规模为 2a 的在线区域提供产品。当产品价格为零且平台不提供服务时，总体市场规模均匀分布在两个渠道，也就是说，面对相同的消费群体，两个渠道的潜在市场规模相等，均为 a。此外，需求函数需要捕获需求随自身渠道中产品的销售价格减少、随竞争性渠道中产品的销售价格增加的事实。进一步，如果平台投资于服务，无形的平台服务将对市场需求产生积极的影响。平台服务水平越高，代销渠道的需求越大。因此，定义直销和代销渠道中的市场需求函数 Q_m 和 Q_e 如下：

$$Q_m = a - p_m + \theta p_e \qquad (4-1)$$
$$Q_e = a - p_e + \theta p_m + ks \qquad (4-2)$$

上述敏感于价格和服务的线性需求曲线在入侵和分销渠道设计的文献中已有广泛应用（Dan，Zhang and Zhou，2017；Ingene and Parry，1995；Jin，Hu，Kim，et al.，2019；Pi，Fang and Zhang，2019；Raza，2015；Xue，Hu and Chen，2018）。线性需求函数之所以在文献中应用如此广泛，是因为其具有简单性，隐含垂直策略可替代性（Lee and Staelin，1997），并提供了优越的数学可追溯性。更重要的是，它可以充分捕捉重要的管理见解，并保留基本的定性结果。另外，需要注意的是，在实际的在线零售中，当产品价格下降时，市场需求也相应上升。换句话说，可以观察到，需求和价格的分布可以近似为二维图上的一条直线。因此，本章提出线性需求函数。

进一步，已有研究表明，服务水平与单位交易费用呈线性相关（Siddiqui and Raza，2015）。参考已有研究，考虑平台服务水平是平台的一个可控变量，可以通过单位交易费用的大小来体现。设定 $s = \eta\rho$ 和 $k\eta = r$，市场需求函数可以重写为：

$$Q_m^{DP} = a - p_m + \theta p_e \qquad (4-3)$$

$$Q_e^{DP} = a - p_e + \theta p_m + r\rho \qquad (4-4)$$

根据已有相关研究（Abhishek，Jerath and Zhang，2016；Shen，Willems and Dai，2019），可以得到情形 P 和情形 D 下的市场需求函数。在情形 P 中，设定 $Q_m = 0$ 可得 $p_m = a + \theta p_e$，将该结果代入式（4-4）中，可得情形 P 下代销渠道的需求函数：

$$Q_e^P = a(1 + \theta) - (1 - \theta^2)p_e + r\rho \qquad (4-5)$$

在情形 D 中，设定 $Q_e = 0$ 可得 $p_e = a + \theta p_m + r\rho$，将该结果代入式（4-3）中，可得情形 D 下直销渠道的需求函数：

$$Q_m^D = a(1 + \theta) - (1 - \theta^2)p_m + \theta r\rho \qquad (4-6)$$

2. 博弈顺序

假设制造商和平台之间进行 Stackelberg 博弈，不同情形下博弈的决策序列如图 4-2 所示。首先，制造商决定配置哪种在线渠道；其次，平台确定每单位交易费用 ρ；再次，制造商根据交易费用 ρ 确定直销渠道的产品销售价格 p_m 和代销渠道的产品销售价格 p_e；最后，消费者作出购买决策，制造商获得利润。由于博弈涉及制造商和平台之间的多轮战略互动，因此使用逆向归纳法求解均衡决策，以保证子博弈的完美（Xiao et al.，2020）。

3. 相关成本

（1）由于服务水平与单位交易费用线性相关（Siddiqui and Raza，2015），且服务成本是服务水平的二次函数（Zhang，Zhang and Zhu，2019），因此，服务成本也是单位交易费用的二次函数，故假设服务成本为 $\rho^2/2$。

（2）为了简化分析，将制造商的单位生产成本归一化为零（Yang，Luo and Zhang，2018），并假设每个渠道的销售成本相同且为零（Abhishek，Jerath and Zhang，2016）。

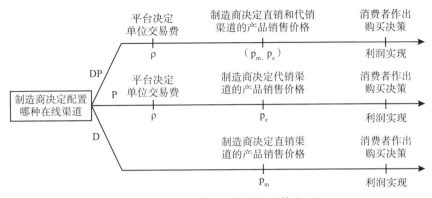

图 4 - 2　不同情形下博弈的决策序列

（3）假设制造商以恒定成本建立直销渠道。显然，只有当直销的收益大于固定成本时，制造商才会建立直销渠道。因此，根据相关学者的研究（Nie，Zhong，Yan，et al.，2019），假设恒定成本为零。

4.2　供应链企业的最优定价策略

分别针对制造商双渠道入侵、制造商代销渠道入侵和制造商直销渠道入侵三种模式构建供应链企业的优化模型，研究制造商和平台的最优定价策略。

4.2.1　制造商双渠道入侵下均衡策略

在本小节，考虑除传统渠道外，制造商还在在线渠道中通过直销和代销双渠道销售产品的情形 DP。该情形下，制造商的利润由三部分组成：第一部分来自传统渠道的销售，第二部分来自直销，第三部分来自代销；平台通过收取单位交易费用获利。制造商和平台的优化问题分别为：

$$\max_{p_e, p_m} \pi_m^{DP}(p_e, p_m) = 1 \cdot (\bar{Q} + \tau(Q_m^{DP} + Q_e^{DP})) + p_m Q_m^{DP} + (p_e - \rho)Q_e^{DP} \quad (4-7)$$

$$\max_{\rho} \pi_e^{DP}(\rho) = \rho Q_e^{DP} - \frac{1}{2}\rho^2 \quad (4-8)$$

根据式（4 - 7）和式（4 - 8），采用逆向归纳法求解上述优化问题，可得如下命题。

命题 4 - 1　情形 DP 下，平台的最优单位交易费用 $\rho^{DP} = \dfrac{a + \tau - \theta\tau}{2(2 - r)}$，代销

渠道的最优零售价格 $p_e^{DP} = \dfrac{a(5 + 4\theta - r - 2r\theta - \theta^2) - (1-\theta)}{(3 + 4\theta + \theta^2 - r(3 + 2\theta))\tau}{4(2-r)(1-\theta^2)}$，直销渠道的最优

零售价格 $p_m^{DP} = \dfrac{2(2-r)(1+\theta)(a - \tau + \theta\tau) + r\theta(a + \tau - \theta\tau)}{4(2-r)(1-\theta^2)}$。

证明　首先，将式（4-3）和式（4-4）中的需求函数代入式（4-7）；根据式（4-7），求解得到 $\pi_m^{DP}(p_e, p_m)$ 关于 p_e 和 p_m 的海塞矩阵 $H_0 = \begin{pmatrix} -2 & 2\theta \\ 2\theta & -2 \end{pmatrix}$。由于 $\dfrac{\partial^2 \pi_m^{DP}}{\partial p_e^2} < 0$ 和 $|H_0| = 4 - 4\theta^2 > 0$，所以海塞矩阵 H_0 负定，即 $\pi_m^{DP}(p_e, p_m)$ 是关于 p_e 和 p_m 的联合凹函数。令一阶导函数 $\dfrac{\partial \pi_m^{DP}}{\partial p_e} = 0$ 和 $\dfrac{\partial \pi_m^{DP}}{\partial p_m} = 0$，可得 $p_e(\rho) = \dfrac{a + a\theta + \rho + r\rho - \theta^2\rho - \tau + \theta^2\tau}{2(1-\theta^2)}$ 和 $p_m(\rho) = \dfrac{a + a\theta + r\theta\rho - \tau + \theta^2\tau}{2(1-\theta^2)}$。

其次，将上述反应函数 $p_e(\rho)$，$p_m(\rho)$ 和式（4-4）代入式（4-8）；根据式（4-8），求解 $\pi_e^{DP}(\rho)$ 关于 ρ 的二阶导函数，可知当 $r < 2$ 时，$\dfrac{\partial^2 \pi_e^{DP}}{\partial \rho^2} = r - 2 < 0$，即 π_e^{DP} 是关于 ρ 的单峰凹函数。因此，限制约束 $r < 2$，以确保最优内部解 ρ^{DP*} 存在且唯一。令一阶导函数 $\dfrac{\partial \pi_e^{DP}}{\partial \rho} = 0$，可以得到 $\rho^{DP} = \dfrac{a + \tau - \theta\tau}{2(2-r)}$。

最后，将 ρ^{DP} 代入 $p_e(\rho)$ 和 $p_m(\rho)$ 中，可以得到代销渠道的最优零售价格 $p_e^{DP} = \dfrac{a(5 + 4\theta - r - 2r\theta - \theta^2) - (1-\theta)(3 + 4\theta + \theta^2 - r(3 + 2\theta))\tau}{4(2-r)(1-\theta^2)}$ 和直销渠道的最优零售价格 $p_m^{DP} = \dfrac{2(2-r)(1+\theta)(a - \tau + \theta\tau) + r\theta(a + \tau - \theta\tau)}{4(2-r)(1-\theta^2)}$。证毕。

根据命题 4-1 中制造商和平台的均衡决策，可以得到代销渠道需求 $Q_e^{DP} = \dfrac{(3-r)(a + \tau - \theta\tau)}{4(2-r)}$，直销渠道需求 $Q_m^{DP} = \dfrac{(4 + \theta - 2r)(a + \tau - \theta\tau)}{4(2-r)}$，制造商利润 $\pi_m^{DP} = \bar{Q} + \dfrac{A(a + \tau - \theta\tau)^2}{16(r-2)^2(1-\theta^2)}$，平台利润 $\pi_e^{DP} = \dfrac{(a + \tau - \theta\tau)^2}{8(2-r)}$，其中，$A = r^2(5 + 4\theta) + (1+\theta)(25 + 7\theta) - 2r(1+\theta)(11+\theta)$。

为了更深入地分析制造商双渠道入侵的影响，除上述均衡结果外，进一步求解传统渠道需求和制造商从在线渠道获得的利润。根据 $Q_t^{DP} = \bar{Q} + \tau(Q_m^{DP} + Q_e^{DP})$ 和 $\pi_{me}^{DP} = p_m^{DP}Q_m^{DP} + (p_e^{DP} - \rho)Q_e^{DP}$，求解得到传统渠道需求 $Q_t^{DP} = $

$\bar{Q} + \dfrac{\tau(7 + \theta - 3r)(a + \tau - \theta\tau)}{4(2 - r)}$ 和制造商从在线渠道获得的利润 $\pi_{me}^{DP} =$

$\dfrac{(aA - (1 - \theta)\tau X)(a + \tau - \theta\tau)}{16(r - 2)^2(1 - \theta^2)}$，其中，$X = r^2(7 + 8\theta) + (1 + \theta)(31 + \theta) -$

$2r(1 + \theta)(15 + \theta)$。

4.2.2　制造商代销渠道入侵下均衡策略

在本小节，考虑除传统渠道外，制造商还在在线渠道中通过代销渠道销售产品的情形 P。该情形下，制造商的利润由两部分组成：第一部分来自传统渠道的销售，第二部分来自代销；平台通过收取单位交易费用获利。制造商和平台的优化问题分别为：

$$\max_{p_e} \pi_m^P(p_e) = 1 \cdot (\bar{Q} + \tau Q_e^P) + (p_e - \rho)Q_e^P \qquad (4-9)$$

$$\max_{\rho} \pi_e^P(\rho) = \rho Q_e^P - \frac{1}{2}\rho^2 \qquad (4-10)$$

根据式（4 - 9）和式（4 - 10），采用逆向归纳法求解上述优化问题，可得如下命题。

命题 4 - 2　情形 P 下，平台的最优单位交易费用 $\rho^P = \dfrac{a + a\theta + \tau - \theta^2\tau}{2(2 - r - \theta^2)}$，代

销渠道的最优零售价格 $p_e^P = \dfrac{a(5 - r - 3\theta^2) - (1 - \theta)(3 - 3r - \theta^2)\tau}{4(1 - \theta)(2 - r - \theta^2)}$。

证明　首先，将式（4 - 5）中的需求函数代入式（4 - 9）；根据式（4 - 9），

求解 π_m^P 关于 p_e 的二阶导函数，可得 $\dfrac{\partial^2 \pi_m^P}{\partial p_e^2} = 2(\theta^2 - 1) < 0$，即 π_m^P 是关于 p_e 的

单峰凹函数。令一阶导函数 $\dfrac{\partial \pi_m^P}{\partial p_e} = 0$，可以得到 $p_e(\rho) = \dfrac{a + a\theta + \rho + r\rho - \theta^2\rho - \tau + \theta^2\tau}{2(1 - \theta^2)}$。

其次，将上述反映函数 $p_e(\rho)$ 和式（4 - 5）代入式（4 - 10）；根据式（4 - 10），求解 $\pi_e^P(\rho)$ 关于 ρ 的二阶导函数，可知当 $r + \theta^2 < 2$ 时，

$\dfrac{\partial^2 \pi_e^P(\rho)}{\partial \rho^2} = r + \theta^2 - 2 < 0$，即 π_e^P 是关于 ρ 的单峰凹函数。因此，限制约束

$r + \theta^2 < 2$，以确保最优内部解 ρ^{P*} 存在且唯一。令一阶导函数 $\dfrac{\partial \pi_e^P}{\partial \rho} = 0$，可以得

到 $\rho^P = \dfrac{a + a\theta + \tau - \theta^2\tau}{2(2 - r - \theta^2)}$。

最后，将 ρ^P 代入 $p_e(\rho)$ 中，可以得到代销渠道的最优零售价格 $p_e^P = \dfrac{a(5 - r - 3\theta^2) - (1 - \theta)(3 - 3r - \theta^2)\tau}{4(1 - \theta)(2 - r - \theta^2)}$。证毕。

根据命题 4 – 2 中制造商和平台的均衡决策，可以得到代销渠道需求 $Q_e^P = \dfrac{(1 + \theta)(3 - r - \theta^2)(a + \tau - \theta\tau)}{4(2 - r - \theta^2)}$，制造商利润 $\pi_m^P = \overline{Q} + \dfrac{(1 + \theta)(r + \theta^2 - 3)^2 (a + \tau - \theta\tau)^2}{16(1 - \theta)(r + \theta^2 - 2)^2}$，平台利润 $\pi_e^P = \dfrac{(1 + \theta)^2 (a + \tau - \theta\tau)^2}{8(2 - r - \theta^2)}$。

为了更深入地分析制造商代销渠道入侵的影响，除上述均衡结果外，进一步求解传统渠道需求和制造商从在线渠道获得的利润。根据 $Q_t^P = \overline{Q} + \tau Q_e^P$ 和 $\pi_{me}^P = (p_e^P - \rho) Q_e^P$，求解得到传统渠道需求 $Q_t^P = \overline{Q} + \dfrac{\tau Y}{4(2 - r - \theta^2)}$ 和制造商从在线渠道获得的利润 $\pi_{me}^P = \dfrac{Y((1 - \theta)(5 - 3r - 3\theta^2)\tau - a(3 - r - \theta^2))}{16(1 - \theta)(r + \theta^2 - 2)^2}$，其中，$Y = (1 + \theta)(3 - r - \theta^2)(a + \tau - \theta\tau)$。

4.2.3 制造商直销渠道入侵下均衡策略

在本小节，考虑除传统渠道外，制造商还在在线渠道中通过直销渠道销售产品的情形 D。该情形下，供应链中只存在制造商，其利润由两部分组成：第一部分来自传统渠道的销售，第二部分来自直销。制造商的优化问题为：

$$\max_{p_m} \pi_m^D(p_m) = 1 \cdot (\overline{Q} + \tau Q_m^D) + p_m Q_m^D \tag{4 – 11}$$

根据式（4 – 11），求解上述优化问题，可得如下命题。

命题 4 – 3 情形 D 下，直销渠道的最优零售价格 $p_m^D = \dfrac{a - \tau + \theta\tau}{2(1 - \theta)}$。

证明 首先，将式（4 – 6）中的需求函数代入式（4 – 11）；根据式（4 – 11），求解 π_m^D 关于 p_m 的二阶导函数，可得 $\dfrac{\partial^2 \pi_m^D}{\partial p_m^2} = 2(\theta^2 - 1) < 0$，即 π_m^D 是关于 p_m 的单峰凹函数。令一阶导函数 $\dfrac{\partial \pi_m^D}{\partial p_m} = 0$，可以得到 $p_m(\rho) = \dfrac{a + a\theta + r\theta\rho - \tau + \theta^2\tau}{2(1 - \theta^2)}$。其次，由于供应链中不存在平台，故将单位交易费用 $\rho = 0$ 代入 $p_m(\rho)$，可得 $p_m^D = \dfrac{a - \tau + \theta\tau}{2(1 - \theta)}$。证毕。

根据命题 4 - 3 中制造商的均衡决策, 可以得到直销渠道需求 $Q_m^D =$ $\dfrac{(1+\theta)(a+\tau-\theta\tau)}{2}$ 和制造商利润 $\pi_m^D = \overline{Q} + \dfrac{(1+\theta)(a+\tau-\theta\tau)^2}{4(1-\theta)}$。

为了更深入地分析制造商直销渠道入侵的影响, 除上述均衡结果外, 进一步求解传统渠道需求和制造商从在线渠道获得的利润。根据 $Q_t^D = \overline{Q} + \tau Q_m^D$ 和 $\pi_{me}^D = p_m^D Q_m^D$, 求解得到传统渠道需求 $Q_t^D = \overline{Q} + \dfrac{\tau(1+\theta)(a+\tau-\theta\tau)}{2}$ 和制造商从在线渠道获得的利润 $\pi_{me}^D = \dfrac{(1+\theta)(a^2-(1-\theta)^2\tau^2)}{4(1-\theta)}$。

4.3　渠道选择策略与均衡结果分析

从命题 4 - 1 至命题 4 - 3 可以看出, 在不同入侵模式下, 制造商和平台的最优定价策略有所不同, 进而导致各企业的利润有所差异。接下来, 对比分析不同入侵模式对制造商和平台的最优定价策略和利润的影响, 探讨企业的渠道选择策略。进一步, 分析关键的外生参数如何影响不同情形下的均衡结果。

4.3.1　最优定价和需求的比较分析

本节比较不同情形下平台的最优代理费、制造商的最优零售价格和不同渠道的产品需求, 分析不同情形对企业决策的影响。

1. 定价决策的比较分析

比较不同情形下企业的定价决策, 可以得到如下定理。

定理 4 - 1　比较三种情形下平台的单位交易费用和制造商的最优零售价格, 可得: (1) $\rho^{DP} \leqslant \rho^P$; (2) $p_e^{DP} \leqslant p_e^P$ 和 $p_m^D \leqslant p_m^{DP}$。

证明　$\rho^{DP} - \rho^P = \dfrac{(r-\theta-2)\theta(a+\tau-\theta\tau)}{2(2-r)(2-r-\theta^2)}$, 由于外生参数需满足产品需求非负的条件, 即 $a+\tau-\theta\tau \geqslant 0$, 和情形 P 下均衡决策存在且唯一的条件, 即 $r+\theta^2 < 2$, 因此, 可得 $\rho^{DP} - \rho^P \leqslant 0$, 即 $\rho^{DP} \leqslant \rho^P$。同理, 可证 $p_e^{DP} - p_e^P = \dfrac{(r-\theta-2)\theta(1+r-\theta^2)(a+\tau-\theta\tau)}{4(2-r)(1-\theta)(1+\theta)(2-r-\theta^2)} \leqslant 0$ 和 $p_m^{DP} - p_m^D = \dfrac{r\theta(a+\tau-\theta\tau)}{4(2-r)(1-\theta^2)} \geqslant 0$。

定理 4 - 1 表明, 情形 P 下平台收取的单位交易费用 (即 ρ^P) 和代销渠道的零售价格 (即 p_e^P) 大于等于情形 DP 下的相应值。这是因为, 在情形 DP 中, 在线渠道包含直销和代销两个渠道, 由于两个渠道存在竞争, 所以平台会降低单位交易费用，制造商会降低零售价格，从而获得更大的产品需求。然而，虽然在情形 DP 中在线渠道内部存在竞争，但情形 DP 中直销渠道的零售价格（即 p_m^{DP}）大于等于情形 D 中相应的值（即 p_m^D）。这主要是因为，在情形 D 中，制造商是唯一的成员，为了获得更大的利润，制造商选择降低零售价格。该结果与已有研究结果（Yoo and Lee，2011）不同，他们指出当引入在线渠道时，零售价格并不总是更低，因为渠道的扩张增加了市场覆盖率，从而导致更高的零售价格。

2. 产品需求的比较分析

比较不同情形下的产品需求，可以得到如下定理。

定理 4 - 2　比较三种情形下直销渠道和代销渠道的产品需求，可得：（1）$Q_e^{DP} \leqslant Q_e^P$；（2）当 $r < 1.5$ 时，$Q_m^{DP} < Q_m^D$，否则，$Q_m^{DP} \geqslant Q_m^D$。

证明　首先，比较 Q_e^{DP} 和 Q_e^P，做差可得 $Q_e^{DP} - Q_e^P = \dfrac{\theta(5r + (2 - r)\theta^2 - r^2 - 6 - \theta)(a + \tau - \theta\tau)}{4(2 - r)(2 - r - \theta^2)}$。由于外生参数需满足产品需求非负的条件，即 $a + \tau - \theta\tau \geqslant 0$，和情形 P 下均衡决策存在且唯一的条件，即 $r + \theta^2 < 2$，因此，$Q_e^{DP} - Q_e^P$ 为正或为负取决于分子中 $5r + (2 - r)\theta^2 - r^2 - 6 - \theta \triangleq h_1$ 的值。在上述约束下，画出 h_1 关于 r 和 θ 的三维图，如图 4 - 3 所示，可以发现该表达式恒为负值，因此，可以证明 $Q_e^{DP} \leqslant Q_e^P$。其次，比较 Q_m^{DP} 和 Q_m^D，做差可得 $Q_m^{DP} - Q_m^D = \dfrac{(2r - 3)\theta(a + \tau - \theta\tau)}{4(2 - r)}$，可知在满足上述约束条件下，当 $r < 1.5$ 时，$Q_m^{DP} < Q_m^D$，否则，$Q_m^{DP} \geqslant Q_m^D$。

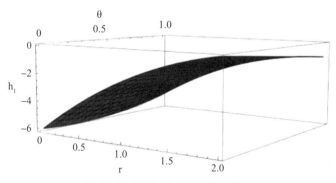

图 4 - 3　h_1 关于 r 和 θ 的三维图

定理 4 - 2 表明，情形 DP 下代理渠道的产品需求（即 Q_e^{DP}）小于等于情形

P 下的产品需求（即 Q_e^P）。这是因为，与情形 P 相比，情形 DP 通过直销的方式增加了一个新的在线渠道，这使得在线渠道内部产生了竞争，因此，原有渠道的需求被新增的渠道所蚕食。然而，与情形 D 相比，只有当代理费影响因子小于某一固定值（即 r < 1.5）时，情形 DP 下直销渠道的产品需求（即 Q_m^{DP}）才会小于情形 D 下的值（即 Q_m^D）。这是因为，当代理费影响因子较大时，增加新的代销渠道对直销渠道产品需求的正向影响超过了渠道竞争带来的负向影响。

结合定理 4-1 和 4-2，可以得到如下结果。一方面，与情形 D 相比，当代理费影响因子 r < 1.5 时，情形 DP 下直销渠道的最优零售价格上升，产品需求下降，这是符合直觉的结果；然而，当代理费影响因子较大（即 r > 1.5）时，情形 DP 下直销渠道的最优零售价格和产品需求均上升。另一方面，与情形 P 相比，情形 DP 下代销渠道的最优零售价格和产品需求都有所下降。

定理 4-3　比较三种情形下传统渠道的产品需求，可得表 4-2，从表 4-2的附图中可以清晰地看出各区域的比较结果。

表 4-2　　　　　　　　　传统渠道产品需求 Q_t 的对比

(r, θ) 的区域	比较结果
I	$Q_t^{DP*} > Q_t^{D*} > Q_t^{P*}$
II	$Q_t^{DP*} > Q_t^{P*} > Q_t^{D*}$
III	$Q_t^{P*} > Q_t^{DP*} > Q_t^{D*}$
IV	$Q_t^{DP*} > Q_t^{D*}$

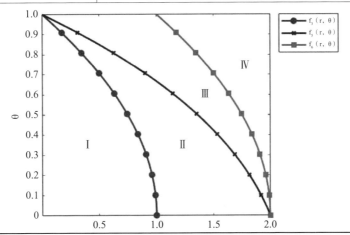

注：$f_3(r, \theta) = r + \theta^2 - 1$，$f_5(r, \theta) = r^2(2 - \theta) - r(\theta - 2)^2(2 + \theta) + (1 - \theta)(8 + (4 - \theta)\theta)$，$f_6(r, \theta) = r + \theta^2 - 2$。

证明 首先，比较 Q_t^{DP} 和 Q_t^D，做差可得 $Q_t^{DP} - Q_t^D = \dfrac{(3-3\theta-r(1-2\theta))\tau(a+\tau-\theta\tau)}{4(2-r)}$。由于外生参数需满足产品需求非负的条件，即 $a+\tau-\theta\tau \geqslant 0$，和情形 P 下均衡决策存在的条件，即 $r+\theta^2 < 2$，因此，$Q_t^{DP} - Q_t^D$ 为正或为负取决于分子中 $3-3\theta-r(1-2\theta) \triangleq h_2$ 的值。在上述约束条件下，画出 h_2 关于 r 和 θ 的三维图，如图 4-4 所示，可以发现该表达式恒为正值，因此，可以证明 $Q_t^{DP} - Q_t^D > 0$。

其次，比较 Q_t^{DP} 和 Q_t^P，$Q_t^{DP} - Q_t^P = \dfrac{(r^2(2-\theta)-r(\theta-2)^2(2+\theta)+(1-\theta)(8+(4-\theta)\theta))\tau(a+\tau-\theta\tau)}{4(2-r)(2-r-\theta^2)}$，可知在参数满足上述约束条件下，当 $r^2(2-\theta)+(1-\theta)(8+(4-\theta)\theta)-r(\theta-2)^2(2+\theta) \triangleq f_5(r,\theta) > 0$ 时，$Q_t^{DP} > Q_t^P$。再次，类似地，做差可得 $Q_t^P - Q_t^D = \dfrac{(1+\theta)(r+\theta^2-1)\tau(a+\tau-\theta\tau)}{4(2-r-\theta^2)}$，可知，当 $r+\theta^2-1 \triangleq f_3(r,\theta) > 0$ 时，$Q_t^P > Q_t^D$。最后，综合上述比较结果，可以得到表 4-2。证毕。

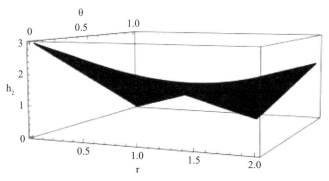

图 4-4　h_2 关于 r 和 θ 的三维图

定理 4-3 表明，不同情形下传统渠道产品需求的大小关系取决于参数 r 和 θ 的值，不受跨渠道效应 τ 的影响。具体而言，情形 DP 下传统渠道的产品需求（即 Q_t^{DP}）始终优于情形 D 下的产品需求（即 Q_t^D）。此外，可以观察到，如果 r 和 θ 的取值落入区域 I 和区域 II 中，情形 DP 下传统渠道的产品需求（即 Q_t^{DP}）将超过情形 P 下的产品需求（即 Q_t^P），然而，如果 r 和 θ 的取值落入区域 III，则结果相反。随着 r 和 θ 的取值进一步增加，即落入区域 IV 时，情形 P 下最优解存在的条件将不再被满足，因此，情形 DP 中的产品需求（即

Q_t^{DP}）将再次占据主导地位。

4.3.2　供应链企业的渠道选择策略

在上一节，本书对比了不同情形下企业的定价决策和产品需求。在本小节，本书将分别比较不同情形下制造商、平台以及供应链整体的利润，分析不同企业对渠道情形的偏好。

1. 制造商的渠道选择

通过比较不同情形下制造商的利润，可以得到以下定理。

定理 4 - 4　比较三种情形下制造商的利润，可得表 4 - 3，从表 4 - 3 的附图中可以清晰地看出各区域的比较结果。

证明　首先，比较情形 DP 和情形 D 下制造商利润 π_m^{DP} 和 π_m^D，做差可得

$$\pi_m^{DP} - \pi_m^D = \frac{(4(2-r)r\theta + (r-3)^2 - (9+2r(-7+2r))\theta^2)(a+\tau-\theta\tau)^2}{16(2-r)^2(1-\theta^2)}。$$ 由 $\pi_m^{DP} -$

π_m^D 的表达式可知，$\pi_m^{DP} - \pi_m^D$ 为正或为负取决于分子中 $4(2-r)r\theta + (r-3)^2 -$ $(9+2r(-7+2r))\theta^2 \triangleq h_3$ 的值。在外生参数满足情形 DP 下均衡决策存在且唯一的条件，即 $r < 2$ 时，画出 h_3 关于 r 和 θ 的三维图，如图 4 - 5 所示，可以发现该表达式恒为正值，因此，可以证明 $\pi_m^{DP} > \pi_m^D$。其次，比较 π_m^{DP} 和 π_m^P，做差可得 $\pi_m^{DP} - \pi_m^P = \dfrac{A(a+\tau-\theta\tau)^2}{16(r-2)^2(1-\theta^2)} - \dfrac{(1+\theta)(r+\theta^2-3)^2(a+\tau-\theta\tau)^2}{16(1-\theta)(r+\theta^2-2)^2}$，可

知，当 $\dfrac{r^2(5+4\theta)+(1+\theta)(25+7\theta)-2r(1+\theta)(11+\theta)}{(r-2)^2(1-\theta^2)} - \dfrac{(1+\theta)(r+\theta^2-3)^2}{(1-\theta)(r+\theta^2-2)^2} \triangleq$

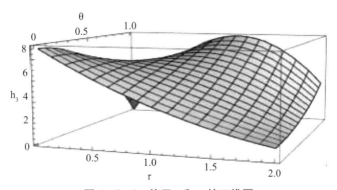

图 4 - 5　h_3 关于 r 和 θ 的三维图

$f_1(r, \theta) > 0$ 时，$\pi_m^{DP} > \pi_m^P$。再次，类似地，做差可得 $\pi_m^P - \pi_m^D = \dfrac{(1+\theta)(r+\theta^2-1)(7-3r-3\theta^2)(a+\tau-\theta\tau)^2}{16(1-\theta)(r+\theta^2-2)^2}$，可知，当 $r+\theta^2-1 \triangleq f_3(r, \theta) > 0$ 时，$\pi_m^P > \pi_m^D$。最后，综合上述比较结果，可以得到表 4-3。证毕。

定理 4-4 表明，不同情形下制造商利润的大小关系取决于 r 和 θ 的值，不受跨渠道效应 τ 的影响。此外，与情形 D 相比，制造商在情形 DP 下始终能够获得更高的利润。根据定理 4-4，可以得到如下推论。

表 4-3   制造商利润 π_m 的对比

(r, θ) 的区域	比较结果
Ⅰ	$\pi_m^{DP*} > \pi_m^{D*} > \pi_m^{P*}$
Ⅱ	$\pi_m^{DP*} > \pi_m^{P*} > \pi_m^{D*}$
Ⅲ	$\pi_m^{P*} > \pi_m^{DP*} > \pi_m^{D*}$
Ⅳ 和 Ⅴ	$\pi_m^{DP*} > \pi_m^{D*}$

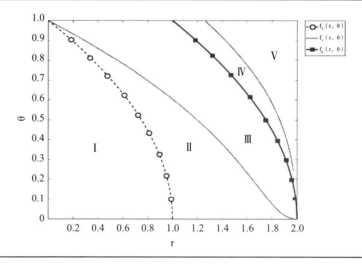

注：$f_1(r, \theta) = \dfrac{r^2(5+4\theta)+(1+\theta)(25+7\theta)-2r(1+\theta)(11+\theta)}{(r-2)^2(1-\theta^2)} - \dfrac{(1+\theta)(r+\theta^2-3)^2}{(1-\theta)(r+\theta^2-2)^2}$，$f_3(r, \theta)$ 和 $f_6(r, \theta)$ 展示在定理 4-3 中。

推论 4-1 制造商利润最大化视角，最优渠道选择策略如图 4-6 所示。

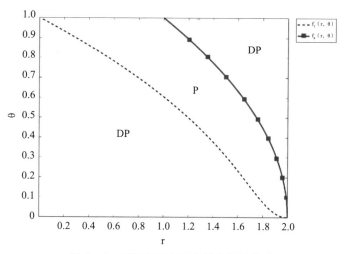

图 4 - 6　制造商视角下的渠道选择策略

推论 4 - 1 表明，制造商从不会选择配置渠道情形 D。此外，制造商选择情形 DP 还是情形 P 取决于参数 r 和 θ 的值。具体而言，可以观察到，当 r 和 θ 处于中间区间时，制造商更倾向于选择情形 P，否则选择情形 DP。具体原因如下：一方面，当 r 和 θ 落于右上角区域时，情形 P 下均衡决策存在且唯一的条件 $r + \theta^2 < 2$ 不再被满足，又由于制造商在情形 DP 始终比在情形 D 下更好，因此制造商选择情形 DP；另一方面，当 r 和 θ 均较小，即处于左下角区域时，制造商从情形 DP 比从情形 P 中获得的利润更大，因此选择情形 DP；然而，当 r 和 θ 逐渐增大并超过一定的固定值［即 $f_1(r, \theta)$］时，制造商选择情形 P，这是因为制造商在情形 DP 和情形 P 中的利润都随着 r 和 θ 的增加而增加，且在情形 P 中的增加程度高于情形 DP。

2. 平台的渠道偏好

通过比较不同情形下平台的利润，可以得到以下定理。

定理 4 - 5　比较两种情形下平台的利润，可得：$\pi_e^{DP} < \pi_e^{P}$。

证明　做差可得 $\pi_e^{DP} - \pi_e^{P} = \dfrac{\theta(2(r-2) + (r-3)\theta)(a+\tau-\theta\tau)^2}{8(2-r)(2-r-\theta^2)}$，由于外生参数需满足情形 P 下均衡决策存在且唯一的条件，即 $r + \theta^2 < 2$，因此，可得 $\pi_e^{DP} - \pi_e^{P} < 0$，即 $\pi_e^{DP} < \pi_e^{P}$。

定理 4 - 5 表明，平台在情形 P 下获得的利润（即 π_e^{P}）大于在情形 DP 下获得的利润（即 π_e^{DP}），换言之，平台在情形 P 下的境况始终更好。这是因为，与情形 P 相比，情形 DP 中增加了一个直销渠道，打破了平台对在线渠道的垄断，从而造成制造商和平台之间的利益冲突，使平台的一部分利润被蚕食。

3. 供应链视角下的渠道偏好

通过比较不同情形下供应链的整体利润，可以得到以下定理。

定理 4-6 比较三种情形下供应链整体利润，可得表 4-4，从表 4-4 的附图中可以清晰地看出各区域的比较结果。

证明 该证明过程与定理 4-4 相似，为节省篇幅，这里不再赘述。

定理 4-6 表明，三种渠道情形下供应链整体利润的大小关系取决于 r 和 θ 的值，不受跨渠道效应 τ 的影响，这与定理 4-4 的见解相似。此外，情形 DP 下的供应链整体利润始终优于情形 D 下的值。根据定理 4-6，可以得到如下推论。

表 4-4 供应链整体利润 π_o 的对比

(r, θ) 的区域	比较结果
I	$\pi_o^{DP*} > \pi_o^{D*} > \pi_o^{P*}$
II	$\pi_o^{DP*} > \pi_o^{P*} > \pi_o^{D*}$
III	$\pi_o^{P*} > \pi_o^{DP*} > \pi_o^{D*}$
IV，V 和 VI	$\pi_o^{DP*} > \pi_o^{D*}$

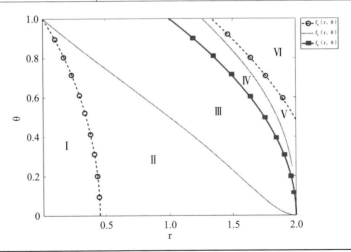

注：$f_2(r, \theta) = \dfrac{2}{2-r} - \dfrac{(1+\theta)(r+\theta^2-3)^2}{(1-\theta)(r+\theta^2-2)^2} - \dfrac{2(1+\theta)^2}{2-r-\theta^2} + \dfrac{r^2(5+4\theta)+(1+\theta)(25+7\theta)}{-2r(1+\theta)(11+\theta)}\Big/(2-r)^2(1-\theta^2)$，$f_4(r, \theta) = 8r - 3r^2 - 4(r-1)\theta^2 - \theta^4 - 3$，$f_6(r, \theta)$ 展示在定理 4-3 中。

推论 4 - 2 供应链整体利润最大化视角，最优渠道选择策略如图 4 - 7 所示。

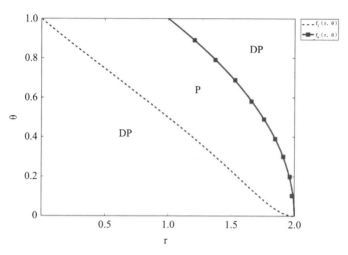

图 4 - 7 供应链整体视角下的渠道选择策略

从供应链整体利润最大化视角，推论 4 - 2 得到了与推论 4 - 1 相似的结果。也就是说，制造商从不会选择配置渠道情形 D，他选择情形 DP 还是情形 PP 取决于参数 r 和 θ 的值。此外，与推论 4 - 1 不同的是，供应链整体视角下，制造商有更强的动机选择情形 P。

接下来，结合推论 4 - 1 和推论 4 - 2，探讨本书的研究结果与已有研究结果的差异，并给出重要的管理启示。上述推论表明渠道选择策略不受跨渠道效应的影响，这与已有学者的研究结论有很大的不同（Nie，Zhong，Yan，et al.，2019；Yan，Zhao and Liu，2018）。有学者指出，如果跨渠道效应显著为负，零售商可能会放弃增加一个新的在线渠道（Nie，Zhong，Yan，et al.，2019）。还有学者表明，随着跨渠道效应的增强，制造商更愿意引入市场渠道，而电子零售商更不愿意引入，在适中的跨渠道效应下可以实现 Pareto 改进（Yan，Zhao and Liu，2018）。本书的研究结果与上述研究不同，主要是因为：（1）本书分别从制造商和整个供应链的角度研究了最优的渠道选择策略；（2）在线渠道给予了制造商对销售价格的绝对控制权。此外，上述推论表明多渠道销售并不总是企业的最佳选择，渠道竞争强度和交易费用影响因子是影响多渠道策略的主要因素，这与已有学者的研究不同（Hsiao and Chen，2014；Wang，Li and Cheng, 2016)。有学者表明, 两个渠道运营成本之间的差距是影响多渠道战略的主要因素 (Wang, Li and Cheng, 2016)。还有学者指出, 当制造商和零售商都可以建立在线渠道时, 制造商可能愿意放弃在线销售, 这可以被视为制造商试图避免渠道冲突的结果 (Hsiao and Chen, 2014)。

上述推论产生了重要的研究结果, 这与现实世界的商业实践一致, 且为研究人员和管理者提供了重要的管理见解。首先, 只通过在线渠道中直销渠道销售产品的企业将加入平台, 进行多渠道销售。这一结果解释了一些直销公司销售渠道的变化。例如, 著名的戴尔公司推广了直销模式, 现在不仅通过自己的直销渠道销售产品, 还通过京东、天猫或亚马逊等平台销售产品。其次, 多渠道销售并不总是制造商的最佳选择。虽然企业更倾向于多渠道战略, 但由于多渠道之间的竞争和平台服务对需求的影响, 多渠道销售存在着隐患。具体来说, 如果两个渠道之间的渠道竞争比较激烈, 或平台服务对市场需求影响较大, 则不应该采用多渠道战略。例如, 苏泊尔、先锋电子等一些厂商只通过平台销售产品, 而不建立自己的直销渠道。造成这种现象的原因是, 除了建立直销渠道需要花费成本外, 这些厂商还必须考虑到多个渠道之间的竞争, 开辟一个新的直销渠道会削弱平台的服务水平, 降低市场需求, 从而降低厂商的利润。因此, 这些企业只采用代销渠道销售产品。

4.3.3 敏感性分析

在本小节, 通过数值实例探讨外生参数 a, r, θ 和 τ 对不同情形下定价决策、产品需求和企业利润的影响。根据非负数量约束 $a + \tau - \theta\tau \geq 0$ 和企业的实际情况, 在以下小节中给出参数的具体值。

1. 基础市场需求 a 和交易费用影响因子 r 对均衡结果的影响

首先, 分析基础市场需求 a 和交易费用影响因子 r 对不同情形下均衡结果的影响, 如表 4 - 5 所示。

表 4 - 5 a 和 r 对不同情形下均衡结果的影响

均衡结果	情形		
	DP	P	D
ρ^{j*}	↑	↑	N/A
p_e^{j*}	↑	↑	N/A

续表

均衡结果	情形		
	DP	P	D
P_m^{j*}	↑	N/A	↑(a)，⊥(r)
Q_e^{j*}	↑	↑	⊥
Q_m^{j*}	↑	⊥	↑(a)，⊥(r)
π_e^{j*}	↑	↑	N/A
π_m^{j*}	↑	↑	↑(a)，⊥(r)

注：↑表示增加，⊥表示不变，N/A 表示"不可用"，↑(a) 表示随 a 增加而增加。

表 4-5 表明，情形 DP、情形 P 和情形 D 下的均衡结果均随着 a 和 r 的增加而增加，这是由于 a 和 r 的增加会增大市场需求，从而使得制造商和平台能够提高产品零售价格和交易费用，相应地能够增加企业的利润。

其次，记 $\overline{Q}=1$，$\theta=0.5$，$\tau=0.5$ 和 $r=1$，分析基础市场需求 a 对企业利润的影响，如图 4-8 所示。

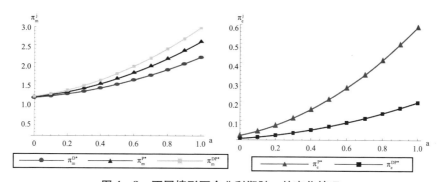

图 4-8　不同情形下企业利润随 a 的变化情况

图 4-8 表明，制造商和平台的利润始终随 a 的增加而增加，这验证了表 4-5 中的结果。基于上述外生参数的取值，制造商总是选择情形 DP，而平台则优先选择情形 P，这验证了定理 4-4 和定理 4-5 的结果。

最后，记 $\overline{Q}=1$，$\theta=0.5$，$\tau=0.5$ 和 $a=1$，分析交易费用影响因子 r 对企业利润的影响，如图 4-9 所示。

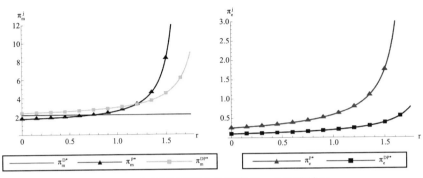

图 4 – 9　不同情形下企业利润随 r 的变化情况

图 4 – 9 表明制造商和平台的利润随 r 的变化情况，这验证了表 4 – 5 中的结果。基于上述外生参数的取值，平台始终偏好情形 P，这验证了定理 4 – 5 中的结果；在 r 较小时，制造商选择情形 DP，在 r 较大时，选择情形 P，这验证了定理 4 – 4 和推论 4 – 1 中的结果。

2. 渠道竞争强度 θ 对均衡结果的影响

首先，分析渠道竞争强度 θ 对不同情形下均衡结果的影响，如表 4 – 6 所示。

表 4 – 6　　　　　θ 对不同情形下均衡结果的影响

均衡结果	情形		
	DP	P	D
ρ^{j*}	$-1 \leqslant \tau < 0$，↑	$a > a_4$，↑	N/A
p_e^{j*}	$a > a_1$，↑	$a > a_5$，↑	N/A
p_m^{j*}	$a < a_2$，↑	N/A	↑
Q_e^{j*}	$-1 \leqslant \tau < 0$，↑	$a > a_6$，↑	⊥
Q_m^{j*}	$a > (3 - 2r + 2\theta)\tau$，↑	⊥	$a > 2\theta\tau$，↑
π_e^{j*}	$-1 \leqslant \tau < 0$，↑	$a > a_7$，↑	N/A
π_m^{j*}	$a > a_3$，↑	$a > a_8$，↑	$a > (1 - \theta)\theta\tau$，↑

注：$a_1 = \dfrac{(\theta - 1)^2 (r + (1 + \theta)^2)\tau}{2(2(1 + \theta)^2 - r(1 + \theta + \theta^2))}$，$a_2 = \dfrac{r(\theta - 1)^2 \tau}{r(1 + \theta(4 + \theta)) - 4(1 + \theta)^2}$，$a_5 = \dfrac{2(1 - 2r)(\theta - 1)^2 \theta\tau}{10 + r^2 - 2\theta - 9\theta^2 + 3\theta^4 + r(4\theta - 7)}$，

$a_4 = \dfrac{2(1 - r)\theta\tau}{2 - r + 2\theta + \theta^2}$，$a_3 = \dfrac{(1 - \theta)(r^2(3 + 2\theta(2 + \theta)) - 2r(1 + \theta)^2(5 + \theta) + (1 + \theta)^2(9 + 7\theta))\tau}{(4 - r + 2(2 - r)\theta)(4(1 + \theta) - r(2 + \theta))}$，$a_6 = \dfrac{2\theta(5 + r^2 - 4\theta^2 + \theta^4 + r(-5 + 2\theta^2))\tau}{6 + r^2 + 2\theta - 3\theta^2 + \theta^4 + r(2\theta^2 - 5)}$，$a_7 = \dfrac{\theta(3 - 2r - \theta^2)\tau}{2 - r + \theta}$ 和 $a_8 = \dfrac{(1 - \theta)\theta(4 + r^2 - 3\theta^2 + \theta^4 + r(2\theta^2 - 5))\tau}{6 + r^2 + 2\theta - 5\theta^2 - 2\theta^3 + \theta^4 + r(2\theta^2 - 5)}$；↑表示增加，⊥表示不变，N/A 表示"不可用"。

表 4 – 6 表明，情形 D 下直销渠道的最优零售价格（即 p_m^{D*}）随 θ 的增加而增加，这是由于 θ 的增加会增大市场需求，从而使得制造商能够提高零售价格。然而，情形 DP、情形 P 和情形 D 下的其他均衡结果随 θ 的增加而非单调变化，这取决于其他外生参数的值。

其次，记 $\overline{Q}=1$，$a=1$，$r=1$ 和 $\tau=0.5$，分析渠道竞争强度 θ 对企业利润的影响，如图 4 – 10 所示。

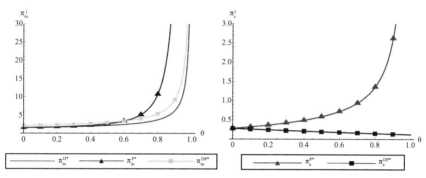

图 4 – 10　不同情形下企业利润随 θ 的变化情况

图 4 – 10 表明制造商和平台的利润随 θ 的变化。基于上述外生参数的取值，平台始终偏好情形 P，这验证了定理 4 – 5 中的结果；在 θ 较小时，制造商选择情形 DP，在 θ 较大时，选择情形 P，这验证了定理 4 – 4 和推论 4 – 1 中的结果。

3. 跨渠道效应 τ 对均衡结果的影响

首先，分析跨渠道效应 τ 对不同情形下均衡结果的影响，如表 4 – 7 所示。

表 4 – 7　　　　　　　　　τ 对不同情形下均衡结果的影响

均衡结果	情形		
	DP	P	D
ρ^{j*}	↑	↑	N/A
p_e^{j*}	$0<r<r_1$, ↓	$0<r<r_2$, ↓	N/A
p_m^{j*}	$0<r<r_3$, ↓	N/A	↓
Q_e^{j*}	↑	↑	⊥
Q_m^{j*}	↑	⊥	↑

均衡结果	情形		
	DP	P	D
π_e^{j*}	↑	↑	N/A
π_m^{j*}	↑	↑	↑

注：$r_1 = \dfrac{(1+\theta)(3+\theta)}{3+2\theta}$，$r_2 = \dfrac{3-\theta^2}{3}$ 和 $r_3 = \dfrac{4(1+\theta)}{2+3\theta}$。↑ 表示增加，↓ 表示减少，⊥ 表示不变，N/A 表示 "不可用"。

表 4-7 表明，单位交易费用 ρ^{DP*} 和 ρ^{P*} 随跨渠道效应 τ 的增加而增加。随 τ 增加，情形 DP 和情形 P 中销售价格的变化趋势取决于 r 和 θ 的关系。具体来说，存在三个阈值 $r_2 < r_1 < r_3$，如图 4-11 所示。当 r 较小时，销售价格随 τ 增加而减小；当 r 较大时，销售价格随 τ 增加而增加。此外，情形 D 中的销售价格始终随 τ 增加而减少，这是由于情形 D 中只存在制造商。进一步分析，可知在线渠道市场需求和企业利润都随 τ 的增加而增加。

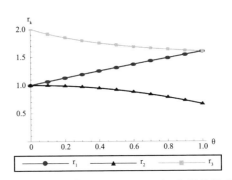

图 4-11　阈值 $r_k(k=1,2,3)$ 之间的关系

其次，记 $\overline{Q}=1$，$a=1$，$r=1$ 和 $\theta=0.5$，分析跨渠道效应 τ 对企业利润的影响，如图 4-12 所示。

图 4-12 表明，制造商和平台的利润始终随 τ 的增加而增加，这验证了表 4-7 中的结果。基于上述外生参数的取值，制造商总是选择情形 DP，而平台则优先选择情形 P，这验证了定理 4-4 和定理 4-5 中的结果。

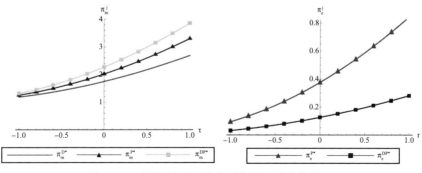

图 4 - 12　不同情形下企业利润随 τ 的变化情况

再次，分析 τ 对传统渠道市场需求和制造商从在线渠道所获利润的影响，如表 4 - 8 和表 4 - 9 所示。

表 4 - 8　　　　　　　　　　　　τ 对传统渠道市场需求的影响

条件		$\partial Q_t^{j*}/\partial \tau$
$a > 2(1-\theta)$	—	$\partial Q_t^{j*}/\partial \tau < 0$
$a \leqslant 2(1-\theta)$	$-1 \leqslant \tau \leqslant \tau_1$	$\partial Q_t^{j*}/\partial \tau \leqslant 0$
	$\tau_1 < \tau \leqslant 1$	$\partial Q_t^{j*}/\partial \tau > 0$

注：$\tau_1 = \dfrac{a}{2(\theta-1)} < 0$。

传统观点认为，在线渠道和传统渠道的市场需求都会随 τ 的增加而增加。由表 4 - 7 可知，随 τ 增加，在线渠道的市场需求呈上升趋势；然而，表 4 - 8 表明，传统渠道的市场需求随 τ 的变化趋势取决于 a，θ 和 τ 的值。当 a 和（或）θ 足够大以满足 $a > 2(1-\theta)$ 时，传统渠道的市场需求随 τ 的增加而增加，这与预期一致。然而，当 a 和 θ 均很小，即 $a < 2(1-\theta)$ 时，传统渠道的市场需求在 τ 中是非单调的。首先，当 τ 为负数且 |τ| 较大时，随 τ 增加，传统渠道的需求减少。这是由于跨渠道效应的负面影响超过了销售增长的正面影响。其次，当 τ 为负且 |τ| 较小时，跨渠道效应的负面影响减弱，因此，传统渠道的需求随 τ 的增加而增加。最后，当 τ 为正时，传统渠道中只有一个向上的需求趋势。

表 4 - 9　　　　　　　　　　　τ 对制造商从在线渠道所获利润的影响

情形	条件			$\partial \pi_{me}^{j*}/\partial \tau$
DP	$0 < \tau_2 \leqslant 1$	$-1 \leqslant \tau \leqslant \tau_2$	—	$\partial \pi_{me}^{DP*}/\partial \tau \geqslant 0$
		$\tau_2 < \tau \leqslant 1$	—	$\partial \pi_{me}^{DP*}/\partial \tau < 0$
	$\tau_2 > 1$	—		$\partial \pi_{me}^{DP*}/\partial \tau \geqslant 0$

情形	条件			$\partial \pi_{me}^{j*} / \partial \tau$
P	$r + \theta^2 \geqslant 5/3$	—	—	$\partial \pi_{me}^{P*} / \partial \tau < 0$
	$r + \theta^2 < 5/3$	$\tau_3 \leqslant -1$	—	$\partial \pi_{me}^{P*} / \partial \tau \geqslant 0$
		$-1 < \tau_3 < 1$	$-1 \leqslant \tau \leqslant \tau_3$	$\partial \pi_{me}^{P*} / \partial \tau \leqslant 0$
			$\tau_3 < \tau \leqslant 1$	$\partial \pi_{me}^{P*} / \partial \tau > 0$
		$\tau_3 \geqslant 1$	—	$\partial \pi_{me}^{P*} / \partial \tau \leqslant 0$
D	$0 < \tau \leqslant 1$	—	—	$\partial \pi_{me}^{D*} / \partial \tau < 0$
	$-1 \leqslant \tau \leqslant 0$	—	—	$\partial \pi_{me}^{D*} / \partial \tau \geqslant 0$

注：$\tau_2 = \dfrac{a\theta(2+3\theta)}{8-(9-\theta)\theta^2} > 0$ 和 $\tau_3 = \dfrac{a(1-r-\theta^2)}{(\theta-1)(5-3r-3\theta^2)}$。

　　针对制造商利润随 τ 的变化情况，表 4-7 表明企业利润随 τ 的增加而增加，然而，表 4-9 表明，随 τ 增加，制造商从在线渠道所获利润随 τ 的变化取决于外生参数 a，r，θ 和 τ 的值。

　　最后，记 $\overline{Q}=1$，$a=1$ 和 $r=1$，用直观的方式描述上述结果，如图 4-13 至图 4-15 所示。图 4-13 和图 4-14 中 θ 的具体取值确保阈值 τ_2 和 $r+\theta^2$ 位于不同的区域，因此，可以直观地观察到不同条件下企业利润的变化趋势。

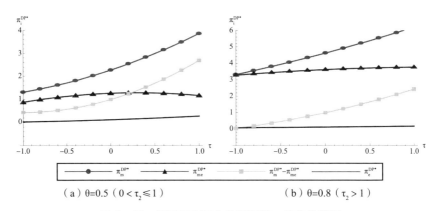

（a）θ=0.5（$0 < \tau_2 \leqslant 1$）　　　　（b）θ=0.8（$\tau_2 > 1$）

图 4-13　情形 DP 下企业利润随 τ 的变化情况

　　图 4-13 表明，当渠道竞争强度 θ 较小时，随 τ 增加，情形 DP 下制造商从在线渠道获得的利润 π_{me}^{DP*} 随 τ 先增加后减小；然而，当 θ 较大时，π_{me}^{DP*} 始终随 τ 的增大而增加。图 4-14 表明，当 θ 较小时，情形 P 下制造商从在

线渠道获得的利润 π_{me}^{P*} 是负的，且随 τ 增加而先减小后增加；然而，当 θ 较大时，π_{me}^{P*} 始终随 τ 增加而减少。图 4 – 15 表明，随 τ 增加，D 情形下制造商从在线渠道获得的利润 π_{me}^{D*} 先增加后减少。由图 4 – 13 和图 4 – 14 可知，当供应链中存在平台时，制造商从传统渠道所获利润始终随 τ 的增加而增加；然而，由图 4 – 15 可知，当供应链中只存在制造商时，随 τ 增加，制造商从传统渠道所获利润先减少后增加。这是由于当供应链中只存在制造商时，显著负向的跨渠道效应使得传统渠道的需求减少，从而导致制造商从传统渠道获利减少。

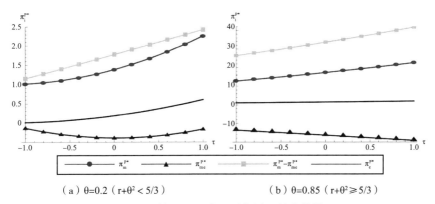

（a）$\theta=0.2$（$r+\theta^2<5/3$）　　（b）$\theta=0.85$（$r+\theta^2 \geqslant 5/3$）

图 4 – 14　情形 P 下企业利润随 τ 的变化情况

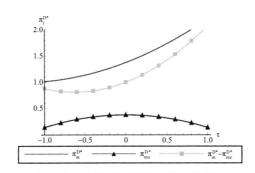

图 4 – 15　情形 D 下制造商利润随 τ 的变化情况（$\theta=0.2$）

4.4　扩展模型

本节考虑制造商配置在线渠道时，其可以收集消费者的数据并根据需求驱动的数据进行决策。随着大数据和信息技术的快速发展，许多互联网企业都进入了数字化的新阶段。企业可以通过 5G、区块链、深度学习和人工智能等新兴技术收集和存储其运营数据，并通过数据挖掘将获取的数据转化为经济价值（Wang，Liu，Liang，et al.，2021）。

基于基础模型，考虑当制造商建立在线渠道时，其可以直接从消费者需求中收集大量的数据（如个人信息、社交网络、地理位置和搜索记录等），记录他们过去的所有交易，并将这些数据转化为经济价值，这称为需求驱动的数据价值（Cohen，2018；Ugray，Paper and Johnson，2019）。在此背景下，研究制造商的渠道选择策略，并分析数据价值的转化率对均衡结果的影响。

为了处理需求驱动的数据，制造商需要进行大量的前期投资，花费固定成本 F。假设边际成本为零，因为在信息时代，挖掘数据价值的边际成本非常低，约90%以上的成本是固定的（Choi，Jeon and Kim，2019）。在完成产品交易后，制造商可以分析从消费者需求中收集的需求驱动数据，以增加其收入。假设每一单位的消费者需求能够带来一定的价值，其转化率为 μ（Wang，Liu，Liang，et al.，2021）。为便于说明，上标 j-DV 表示具有需求驱动数据价值的情形 j。与前文的分析类似，在情形 DP-DV、情形 P-DV 和情形 D-DV 下，制造商的决策问题分别为：

$$\max_{p_e,p_m}\pi_m^{DP\text{-}DV}(p_e, p_m) = \pi_m^{DP}(p_e, p_m) + \mu(Q_m^{DP} + Q_e^{DP}) - F \qquad (4-12)$$

$$\max_{p_e}\pi_m^{P\text{-}DV}(p_e) = \pi_m^{P}(p_e) + \mu Q_e^{P} - F \qquad (4-13)$$

$$\max_{p_m}\pi_m^{D\text{-}DV}(p_m) = \pi_m^{D}(p_m) + \mu Q_m^{D} - F \qquad (4-14)$$

通过逆向归纳法求解上述优化问题，可以得到均衡结果，如表 4-10 所示。具体求解过程与基础模型的求解相似，简洁起见，这里不再赘述。

表 4-10　　　　　　　　　考虑需求驱动数据价值的均衡结果

均衡结果	情形		
	DP-DV	P-DV	D-DV
ρ^j	$\dfrac{B_1}{2(2-r)}$	$\dfrac{(1+\theta)B_1}{2(2-r-\theta^2)}$	0
p_e^j	$\dfrac{\left\{\begin{array}{l}a(5+4\theta-r-2r\theta-\theta^2)-(1-\theta)\\(3+4\theta+\theta^2-r(3+2\theta))(\mu+\tau)\end{array}\right\}}{4(2-r)(1-\theta^2)}$	$\dfrac{\left\{\begin{array}{l}a(5-r-3\theta^2)-(1-\theta)\\(3-3r-\theta^2)(\mu+\tau)\end{array}\right\}}{4(1-\theta)(2-r-\theta^2)}$	N/A

续表

均衡结果	情形		
	DP-DV	P-DV	D-DV
p_m^j	$\dfrac{\left\{\begin{array}{l}a(4(1+\theta)-r(2+\theta))-(1-\theta)\\(4(1+\theta)-r(2+3\theta))(\mu+\tau)\end{array}\right\}}{4(2-r)(1-\theta^2)}$	N/A	$\dfrac{a-(1-\theta)(\mu+\tau)}{2(1-\theta)}$
Q_e^j	$\dfrac{(3-r)B_1}{4(2-r)}$	$\dfrac{(1+\theta)(3-r-\theta^2)B_1}{4(2-r-\theta^2)}$	0
Q_m^j	$\dfrac{(4+\theta-2r)B_1}{4(2-r)}$	0	$\dfrac{(1+\theta)B_1}{2}$
π_e^j	$\dfrac{B_1^2}{8(2-r)}$	$\dfrac{(1+\theta)^2B_1^2}{8(2-r-\theta^2)}$	0
π_m^j	$\bar{Q}+\dfrac{AB_1^2}{16(r-2)^2(1-\theta^2)}-F$	$\bar{Q}+\dfrac{(1+\theta)(r+\theta^2-3)^2B_1^2}{16(1-\theta)(r+\theta^2-2)^2}-F$	$\bar{Q}+\dfrac{(1+\theta)B_1^2}{4(1-\theta)}-F$

注：$A=r^2(5+4\theta)+(1+\theta)(25+7\theta)-2r(1+\theta)(11+\theta)$，$B_1=a+(1-\theta)(\mu+\tau)$，N/A 表示"不可用"；为确保非负的产品需求，需要满足 $B_1\geq0$ 的约束。

基于上述均衡结果，探讨最优渠道选择策略，可以得到如下定理。

定理 4 - 7 考虑需求驱动的数据价值，最优渠道选择策略如下：

（1）从制造商和整个供应链的角度看，制造商始终没有动机选择情形 D；

（2）从制造商角度看，存在一个阈值 $f_1(r,\theta)$，当 $f_1(r,\theta)>0$ 时，制造商选择情形 DP，否则，选择情形 P；

（3）从整个供应链的角度看，存在一个阈值 $f_2(r,\theta)$，当 $f_2(r,\theta)>0$ 时，制造商选择情形 DP，否则，选择情形 P；其中，阈值 $f_1(r,\theta)$ 和 $f_2(r,\theta)$ 的表达式分别展示在定理 4 -4 和定理 4 -6 中。

证明 对不同情形下制造商利润和供应链整体利润作差，可得该证明过程，为节省篇幅，这里不再赘述。

定理 4 -7 表明，当制造商可以根据需求驱动数据进行分析并进行决策时，最优渠道选择策略与基础模型完全相同。这是因为虽然需求驱动数据价值的存在对企业的利润有影响，但不影响不同情形下企业利润差值的正负。这进一步证明了本书研究结果的稳健性。

接下来，分析数据价值的转换率 μ 对均衡结果的影响，如表 4 -11 所示。

表 4 - 11　　　　　　　　　　μ 对不同情形下均衡结果的影响

均衡结果	情形		
	DP-DV	P-DV	D-DV
ρ^{j*}	↑	↑	N/A
p_e^{j*}	$0 < r < r_1$，↓	$0 < r < r_2$，↓	N/A
p_m^{j*}	$0 < r < r_3$，↓	N/A	↓
Q_e^{j*}	↑	↑	⊥
Q_m^{j*}	↑	⊥	↑
π_e^{j*}	↑	↑	N/A
π_m^{j*}	↑	↑	↑

注：↑表示增加，↓表示减少，⊥表示不变，N/A 表示"不可用"，r_1，r_2 和 r_3 展示在表 4 - 7。

　　表 4 - 11 表明，单位交易费用、产品需求和企业利润均随数据价值转化率 μ 的增加而增加。情形 DP-DV 和情形 P-DV 下销售价格的变化趋势取决于 r 和 θ 的关系。具体而言，存在三个阈值 $r_2 < r_1 < r_3$，阈值之间直观的关系见图 4 - 11。当 r 较小时，产品销售价格随 μ 的增加而降低，当 r 较大时，销售价格随 μ 的增加而增加。

　　最后，记 $\overline{Q} = 1$，$a = 1$，$\theta = 0.5$，$\tau = 0.5$，$r = 1$ 和 $F = 0.3$，分析 μ 对企业利润的影响，如图 4 - 16 所示。

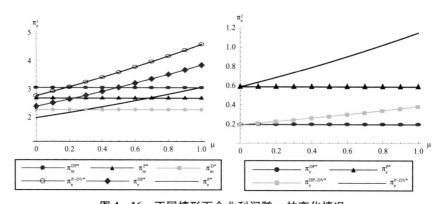

图 4 - 16　不同情形下企业利润随 μ 的变化情况

　　图 4 - 16 表明，当制造商可以根据需求驱动数据进行分析并进行决策时，

制造商和平台的利润总是随 μ 的增加而增加，这验证了表 4-11 中的结果。与基础模型相比，平台始终受益于需求驱动数据的价值，且受益程度随转化率 μ 的增加而增大。当 μ 很小时，需求驱动数据的经济价值无法补偿数据价值转换的固定成本，因此制造商的利润低于基础模型下的值。然而，当 μ 超过一定阈值时，制造商可以通过分析数据价值来获得更多的利润。

4.5 管理启示

基于本章所构建的模型，进行深入理论分析，挖掘所得到的命题和定理，可以为现实中的研究者和供应链管理者提供一定的管理启示，主要体现如下。

首先，从整个供应链的角度来看，本章最大的贡献是在三种不同的渠道情形下，解决了制造商如何进行最优定价决策和第三方平台如何进行单位交易费用决策的问题。这可以为供应链管理者作出最优决策提供参考。

其次，从制造商和整个供应链的角度出发，解决了制造商应该配置哪种渠道情形的问题，可以为企业管理者提供实践指导。具体而言，制造商应根据渠道竞争强度、交易费用影响因子、跨渠道效应和基础市场需求等参数值配置最具盈利的渠道情形。

最后，双渠道情形中的单位交易费用低于代销渠道中的值，说明开发直销渠道会削弱平台的服务力度，因为平台的服务水平与交易费用呈线性关系。这暗示了如果制造商想要更专注于平台服务，在打开直销渠道时应该更加谨慎。此外，研究还发现无论是在双渠道情形还是在代销渠道情形中，都可以通过间接提高市场基础需求、交易费用影响因子和跨渠道效应来改善平台服务。

4.6 本章小结

电子商务的发展促使许多制造商建立多种在线渠道，以满足消费者的购物需求。本章针对制造商直销、代销和由直销与代销组成的双渠道入侵情形，提出了包含线下渠道的三种渠道情形，比较了不同渠道情形下的均衡结果，得到了最优的渠道选择策略。同时将渠道竞争、平台服务和跨渠道效应纳入研究模型，并通过敏感性分析和数值算例研究了上述因素如何影响制造商和平台的均衡结果和渠道选择策略。此外，将基础模型在几个方向上进行扩展，进一步探讨了企业的最优渠道选择策略，推导出指导实践的结论和管理启示。

（1）拥有传统渠道的企业不会建立一个完全由直销组成的在线渠道，主要原因是这种情形完全被包含了直销和代销的双渠道情形所主导。这一结果证明，只包括直销的在线渠道已经变得不那么有利了。这就可以解释在早期采用直销模式的全球知名企业戴尔为什么会改变其营销模式。

（2）制造商选择代销模式还是双渠道模式取决于渠道竞争强度和交易费用影响因子的大小。此外，与表明跨渠道效应对渠道选择有很大影响的以往研究结果（Nie，Zhong，Yan，et al.，2019；Yan，Zhao and Liu，2018）不同，本书的研究结果表明，在基础模型中，最优渠道选择策略不受跨渠道效应的影响。

（3）考虑制造商在配置在线渠道时可以直接从客户需求中收集大量的数据并进行分析的扩展情形，探讨了最优渠道选择策略，该结果与基础模型中的策略一致，这进一步证明了研究结果的稳健性。

第5章 潜在制造商市场入侵下企业研发投资和渠道选择策略

采用新兴技术对产品进行研发投资已经成为企业增强竞争力的重要战略手段。现实中，越来越多的企业开始进行研发投资，并进入新的市场领域。例如，中国手机制造商小米应用物联网技术，研发出了智能洗衣机和智能冰箱等智能产品，迅速入侵智能家电市场；苹果最初是一家计算机制造商，通过研发投资，现已进入手机、音乐、电视和智能家居等市场；微软最初是一家计算机软件公司，现已进入游戏、硬件和云计算等领域，并不断研发推出新产品或服务。尽管基于新技术的研发投资有很多益处，但由于资金或技术限制，部分企业可能无法进行研发，因此，高科技企业可能会开放其专有技术。这种情况下，企业是否会采用竞争对手的专有技术也是值得探讨的问题。对潜在制造商而言，采用新技术对自有品牌进行研发并入侵新市场可能会为其带来收益，但也可能为其带来成本增加或渠道冲突等问题，因此，有必要权衡入侵和研发投资的双重影响。故在潜在制造商市场入侵的背景下，对企业研发投资和渠道选择策略进行研究具有一定的理论意义和实践意义。

本章针对潜在制造商不入侵、入侵和入侵且开放技术三种情况，配置包含在位制造商的三种渠道情形，构建与价格和研发投资水平相关的代表性消费者效用函数，推导出消费者对不同品牌产品的需求；以企业利润最大化为目标，应用 Stackelberg 博弈理论，采用逆向求解方法求得不同情形下在位制造商和潜在制造商的最优定价、研发投资决策和利润；对比不同情形下的均衡结果，探讨在位制造商和潜在制造商的渠道选择策略，并分析技术嵌入成本、技术许可费和产品可替代性等相关参数对最优策略的影响，得到有价值的结论和管理启示。

5.1 问题描述、符号说明和相关假设

在本节中，首先对潜在制造商市场入侵下企业研发投资和渠道选择策略问题进行详细描述；然后，对本章涉及的符号进行说明并给出研究模型的基本假设。

5.1.1 问题描述

考虑一个在位制造商和一个潜在的进入制造商（以下简称潜在制造商）可以在终端市场销售他们各自品牌的产品，其中，潜在制造商拥有技术，且可以选择是否入侵在位制造商的市场。当潜在制造商入侵时，竞争双方可以选择是否形成合作竞争关系，即潜在制造商是否开放其技术和在位制造商是否采用该技术。

基于上述描述，本章探讨三种潜在的渠道情形，如图 5-1 所示。

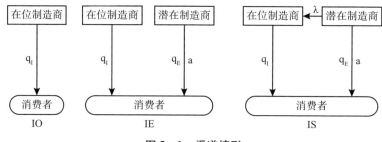

图 5-1 渠道情形

• 情形 IO：仅单一在位制造商在市场上销售产品。

• 情形 IE：潜在制造商入侵在位制造商的市场，两者均在市场上销售各自品牌的产品；此外，潜在制造商对其品牌进行研发投资，以改进其产品的生产技术并对产品进行创新。

• 情形 IS：潜在制造商入侵在位制造商的市场，并通过授权技术文档或源代码的方式开放其专有技术；在位制造商采用潜在制造商的开放技术，并支付其收入的 λ 百分比；两者形成在供应链上游合作、在终端市场竞争的竞合关系。

本章的研究问题是，研究在位制造商和潜在制造商的最优定价和研发投资决策以及渠道情形选择策略。具体的研究问题如下。

（1）潜在制造商是否以及何时入侵一个新的产品领域？潜在制造商的入侵对在位制造商有何影响？

（2）潜在制造商存在于市场中时是否开放其技术，以及在位制造商是否采用该技术，从而形成合作竞争关系？

（3）技术嵌入成本、技术许可费和产品可替代性如何影响企业研发投资水平和生产决策？

（4）当拥有技术的潜在制造商入侵多个产品领域时，结果将如何变化？

5.1.2　符号说明

为便于清晰地描述问题，下面对本章所涉及的符号进行定义和说明，见表 5 – 1。

表 5 – 1　符号说明

符号		定义
决策变量	q_I^j	情形 j 中，在位制造商的生产数量
	q_E^j	情形 j 中，潜在制造商的生产数量
	a^j	情形 j 中，潜在制造商的研发投资水平
参数	j	渠道情形，$j \in \{IO, IE, IS\}$，分别表示无潜在制造商入侵情形、潜在制造商入侵的竞争情形和潜在制造商入侵且开放技术的竞合情形
	α_I	在位制造商品牌的基础市场需求
	α_E	潜在制造商品牌的基础市场需求
	θ	产品可替代性，$\theta \in (0, 1)$
	K	指标函数，等于 1 或 0
	γ	研发投资水平对代表性消费者效用的影响
	η	技术嵌入到产品上的单位成本，即技术嵌入成本
	λ	竞合情形下，在位制造商对潜在制造商的支付费用比例，即技术许可费
函数	U	代表性消费者效用
	p_I^j	情形 j 中，在位制造商品牌的零售价格
	p_E^j	情形 j 中，潜在制造商品牌的零售价格
	π_I^j	情形 j 中，在位制造商的利润
	π_E^j	情形 j 中，潜在制造商的利润

5.1.3 模型假设

不失一般性，在本章的研究中，做出如下假设。

（1）市场需求。遵循已有学者提出的代表性消费者效用来描述市场需求（Singh and Vives，1984），代表性消费者效用可以表示为严格凹的二次曲线，具体如下：

$$U = \alpha_I q_I + \alpha_E q_E - \frac{q_I^2 + q_E^2}{2} - \theta q_I q_E - p_I q_I - p_E q_E \qquad (5-1)$$

其中，α_I 和 α_E 分别表示在位制造商品牌和潜在制造商品牌的基础市场需求，依据已有文献（Niu，Li，Zhang，et al.，2019；Zhang，Li，Zheng，et al.，2021），假设 $\alpha_I = \alpha_E = \alpha$。此外，表达式 $\alpha_I q_I + \alpha_E q_E$ 表示两种品牌产品带来的基本效用，$-(q_I^2 + q_E^2)/2$ 表示边际收益递减效应，$-\theta q_I q_E$ 表示消费者效用在产品替代程度中下降。该效用函数在运营管理和营销领域的现有研究中有广泛的应用（Abhishek，Jerath and Zhang，2016；Chen，Liang and Yao，2019）。

战略投资会增强代表性消费者效用，进而影响供应链成员的盈利能力（Arya and Mittendorf，2013；Li，Tan，Wang，et al.，2021）。当潜在制造商进行研发投资时，代表性消费者效用可以改写为：

$$U = \alpha q_I + \alpha q_E - \frac{q_I^2 + q_E^2}{2} - \theta q_I q_E + K\gamma a q_I + \gamma a q_E - p_I q_I - p_E q_E \qquad (5-2)$$

其中，a 表示研发投资水平，γ 表示研发投资水平对代表性消费者效用的影响，为简化分析与计算，假设 $\gamma = 1$。K 是一个指标函数，如果在位制造商选择使用潜在制造商的技术，该指标函数取值为 1，否则为 0。表达式 $K\gamma a q_I + \gamma a q_E$ 表示消费者效用在研发投资水平上增加。

代表性消费者设定最优的产品数量来最大化其效用，通过求解 $\partial U/\partial q_I = 0$ 和 $\partial U/\partial q_E = 0$，可以得到在位制造商品牌和潜在制造商品牌的逆需求分别为：

$$p_I^E = \alpha - q_I - \theta q_E + Ka \qquad (5-3)$$

$$p_E^E = \alpha - q_E - \theta q_I + a \qquad (5-4)$$

其中，上标 E 表示潜在制造商入侵的情形，即 $E \in \{IE, IS\}$。在情形 IE 下，在位制造商不采用技术，$K = 0$；在情形 IS 下，$K = 1$。如果潜在制造商不入侵，即 $q_E = 0$ 和 $a = 0$，通过求解 $\partial U/\partial q_I = 0$，可以得到在位制造商的逆需求为：

$$p_I^{IO} = \alpha - q_I \qquad (5-5)$$

（2）博弈顺序。假设在位制造商和潜在制造商之间进行 Stackelberg 博弈。一般而言，研发投资策略作为长期决策，在生产决策前进行。据此，给出不同情形下博弈的决策序列，如图 5－2 所示。首先，潜在制造商决定是否入侵以及如何入侵；其次，如果潜在制造商入侵，其决定研发投资水平 a，潜在制造商不入侵时，在位制造商决定生产数量 q_I，潜在制造商入侵时，在位制造商和潜在制造商分别决定各自的生产数量 q_I 和 q_E；最后，消费者作出购买决策，制造商获得利润。

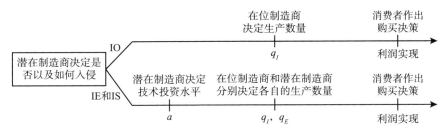

图 5－2　不同情形下博弈的决策序列

（3）研发投资与相关成本。潜在制造商进行研发投资时，决定研发投资水平 a；研发投资成本包含两部分：将技术嵌入产品上的单位成本 ηa 和研发投资的固定成本 $a^2/2$（Sun and Ji，2022）。为简化分析，标准化在位制造商和潜在制造商的单位生产成本为零（Cao and Shen，2022；Niu，Li，Zhang，et al.，2019）。竞合情形下，在位制造商采用潜在制造商的技术，需支付给潜在制造商 λ 比例的收入。不失一般性，假设技术许可费 λ 为外生变量（Wei，Ding，Nan，et al.，2022）。

5.2　供应链企业的最优定价和研发投资策略

分别针对无潜在制造商入侵、潜在制造商入侵和潜在制造商入侵且开放技术三种模式，构建供应链企业的优化模型，研究在位制造商和潜在制造商的最优定价和研发投资策略。

5.2.1　无潜在制造商入侵下均衡策略

在本节，考虑无潜在制造商入侵的基准模型，即仅有单一在位制造商在市场上销售产品。该情形下，在位制造商的优化问题为：

$$\max_{q_I} \pi_I^{IO}(q_I) = p_I^{IO} q_I \tag{5-6}$$

根据式（5-6），求解上述优化问题，可得如下命题。

命题 5-1 情形 IO 下，在位制造商的最优生产数量 $q_I^{IO} = \dfrac{\alpha}{2}$，在位制造商的最优零售价格 $p_I^{IO} = \dfrac{\alpha}{2}$。

证明 首先，将式（5-5）中的逆需求函数代入式（5-6）；根据式（5-6），求解 π_I^{IO} 关于 q_I 的二阶导函数，可得 $\dfrac{\partial^2 \pi_I^{IO}}{\partial q_I^2} = -2 < 0$，即 π_I^{IO} 是关于 q_I 的单峰凹函数。令一阶导函数 $\dfrac{\partial \pi_I^{IO}}{\partial q_I} = \alpha - 2q_I = 0$，可得 $q_I^{IO} = \dfrac{\alpha}{2}$。然后，将 q_I^{IO} 代入式（5-5）的逆需求函数中，可以得到在位制造商的最优零售价格 $p_I^{IO} = \dfrac{\alpha}{2}$。证毕。

根据命题 5-1 中在位制造商的均衡决策，可以得到在位制造商利润 $\pi_I^{IO} = \dfrac{\alpha^2}{4}$。

5.2.2 潜在制造商入侵下均衡策略

在潜在制造商入侵的情形 IE 中，潜在制造商和在位制造商均在市场上销售各自品牌的产品。此外，为了提高竞争能力和满足新产品的技术要求，潜在制造商需要对自有品牌进行研发投资，改进其产品的生产技术。该情形下，在位制造商和潜在制造商的优化问题分别为：

$$\max_{q_I} \pi_I^{IE}(q_I) = p_I^{IE} q_I \tag{5-7}$$

$$\max_{a, q_E} \pi_E^{IE}(a, q_E) = (p_E^{IE} - \eta a) q_E - \frac{a^2}{2} \tag{5-8}$$

根据式（5-7）和式（5-8），采用逆向归纳法求解上述优化问题，可得如下命题。

命题 5-2 情形 IE 下，潜在制造商的研发投资水平 $a^{IE} = \dfrac{4\alpha(1-\eta)(2-\theta)}{8 - 8\theta^2 + 8(2-\eta)\eta + \theta^4}$，潜在制造商的最优生产数量 $q_E^{IE} = \dfrac{\alpha(2-\theta)^2(2+\theta)}{8 - 8\theta^2 + 8(2-\eta)\eta + \theta^4}$，在位制造商的最优生产数量 $q_I^{IE} = \dfrac{\alpha(4 + 8\eta - 4\eta^2 - 4\theta - 2\theta^2 + \theta^3)}{8 - 8\theta^2 + 8(2-\eta)\eta + \theta^4}$；在位制造商的最

优零售价格 $p_I^{IE} = \dfrac{\alpha(4+4(2-\eta)\eta-\theta(4+(2-\theta)\theta))}{8-8\theta^2+8(2-\eta)\eta+\theta^4}$，潜在制造商的最优零售价格

$p_E^{IE} = \dfrac{\alpha(2-\theta)(4+4(1-\eta)\eta-\theta^2)}{8-8\theta^2+8(2-\eta)\eta+\theta^4}$。

证明　首先，将 $K=0$ 条件下的式（5-3）和式（5-4）中逆需求函数代入式（5-7）和式（5-8）中；根据式（5-7）和式（5-8），求解 π_I^{IE} 和 π_E^{IE} 分别关于 q_I 和 q_E 的二阶导函数，可得 $\dfrac{\partial^2 \pi_I^{IE}}{\partial q_I^2} = -2 < 0$ 和 $\dfrac{\partial^2 \pi_E^{IE}}{\partial q_E^2} = -2 < 0$，因此，$\pi_I^{IE}$ 和 π_E^{IE} 分别是关于 q_I 和 q_E 的单峰凹函数。令一阶导函数 $\dfrac{\partial \pi_I^{IE}}{\partial q_I} = 0$ 和 $\dfrac{\partial \pi_E^{IE}}{\partial q_E} = 0$，联立求解可得 $q_I(a) = \dfrac{\alpha(2-\theta)-a(1-\eta)\theta}{4-\theta^2}$ 和 $q_E(a) = \dfrac{2a(1-\eta)+\alpha(2-\theta)}{4-\theta^2}$。

其次，将上述反应函数 $q_I(a)$，$q_E(a)$ 和 $K=0$ 条件下的式（5-4）代入式（5-8）；根据式（5-8），求解 π_E^{IE} 关于 a 的二阶导函数，可得当 $8(\eta-2)\eta+8(\theta^2-1)-\theta^4 < 0$ 时，$\dfrac{\partial^2 \pi_E^{IE}}{\partial a^2} = \dfrac{8(\eta-2)\eta+8(\theta^2-1)-\theta^4}{(4-\theta^2)^2} < 0$，即 π_E^{IE} 是关于 a 的单峰凹函数。令一阶导函数 $\dfrac{\partial \pi_E^{IE}}{\partial a} = \dfrac{4\alpha(1-\eta)(2-\theta)+a(8\eta^2+8\theta^2-\theta^4-8-16\eta)}{(4-\theta^2)^2} = 0$，可得

$a^{IE} = \dfrac{4\alpha(1-\eta)(2-\theta)}{8-8\theta^2+8(2-\eta)\eta+\theta^4}$。

最后，将 a^{IE} 代入 $q_I(a)$ 和 $q_E(a)$ 中，可以得到 $q_I^{IE} = \dfrac{\alpha(4+8\eta-4\eta^2-4\theta-2\theta^2+\theta^3)}{8-8\theta^2+8(2-\eta)\eta+\theta^4}$ 和 $q_E^{IE} = \dfrac{\alpha(2-\theta)^2(2+\theta)}{8-8\theta^2+8(2-\eta)\eta+\theta^4}$。进一步，将 a^{IE}，q_I^{IE} 和 q_E^{IE} 代入式（5-3）和式（5-4）的逆需求函数中，可得 $p_I^{IE} = \dfrac{\alpha(4+4(2-\eta)\eta-\theta(4+(2-\theta)\theta))}{8-8\theta^2+8(2-\eta)\eta+\theta^4}$ 和 $p_E^{IE} = \dfrac{\alpha(2-\theta)(4+4(1-\eta)\eta-\theta^2)}{8-8\theta^2+8(2-\eta)\eta+\theta^4}$。证毕。

根据命题 5-2 中在位制造商和潜在制造商的均衡决策，可以得到在位制造商利润 $\pi_I^{IE} = \dfrac{\alpha^2(4+8\eta-4\eta^2-4\theta-2\theta^2+\theta^3)^2}{(8-8\theta^2+8(2-\eta)\eta+\theta^4)^2}$，潜在制造商利润 $\pi_E^{IE} = \dfrac{\alpha^2(2-\theta)^2}{8-8\theta^2+8(2-\eta)\eta+\theta^4}$。

值得一提的是，在情形 IE 下，为确保最优的内部解存在且唯一，限制参数满足 $\left(\dfrac{2-\sqrt{8-4\theta-2\theta^2+\theta^3}}{2}\right)^+ < \eta < 1$。该条件说明，只有当技术嵌入成本在一定范围内时，潜在制造商才会选择入侵现有市场。

5.2.3　潜在制造商入侵且开放技术下均衡策略

在潜在制造商入侵且开放技术的情形 IS 中，潜在制造商和在位制造商均在市场上销售各自品牌的产品。此外，进行研发投资的潜在制造商通过授权技术文档或源代码的方式开放其专有技术，在位制造商依据自身情况决定是否采用该技术。当潜在制造商开放且在位制造商采用技术时，两者形成竞合关系，即他们在供应链上游进行合作，而在终端市场相互竞争。该情形下，在位制造商和潜在制造商的优化问题分别为：

$$\max_{q_I}\pi_I^{IS}(q_I)=(1-\lambda)p_I^{IS}q_I \tag{5-9}$$

$$\max_{a,q_E}\pi_E^{IS}(a,q_E)=(p_E^{IS}-\eta a)q_E+\lambda p_I^{IS}q_I-\frac{a^2}{2} \tag{5-10}$$

根据式（5-9）和式（5-10），采用逆向归纳法求解上述优化问题，可得如下命题。

命题 5-3　情形 IS 下，潜在制造商的最优生产数量 $q_E^{IS}=\dfrac{\dfrac{\alpha(2-\theta-(\eta+\theta)\lambda)}{(4-\theta^2\lambda-\theta^2)}}{A}$，

潜在制造商的研发投资水平 $a^{IS}=\dfrac{\begin{array}{c}\alpha(2(2-\theta)^2+2(1-\theta)\lambda(4-\theta^2\lambda-\theta^2)\\-\eta(2-\theta-\theta\lambda)(4-\theta^2\lambda))\end{array}}{A}$，在位

制造商的最优生产数量 $q_I^{IS}=\dfrac{\alpha((2-\theta+\eta-\eta^2)(4-\theta^2\lambda)-2\theta\eta-(2-\theta)\theta^2)}{A}$；在

位制造商的最优零售价格 $p_I^{IS}=\dfrac{\begin{array}{c}\alpha((2-\theta)(4-\theta^2(1+\lambda))\\+\eta(4-2\theta-\theta^2\lambda)-\eta^2(4-\theta^2\lambda))\end{array}}{A}$，潜在制造商的

最优零售价格 $p_E^{IS}=\dfrac{\begin{array}{c}\alpha((2-\theta)((4+4(1-\eta)\eta-2\eta\theta-\theta^2)+(2\eta+(2-\eta)\theta\\-(2+(2-\eta)\eta)\theta^2-\theta^3)\lambda)-(1-\theta)(\eta+\theta)\lambda^2\theta^2)\end{array}}{A}$。其

中，A 的表达式展示在证明中。

证明　首先，将 $K=1$ 条件下的式（5-3）和式（5-4）中逆需求函数代入式（5-9）和式（5-10）中；根据式（5-9）和式（5-10），求解 π_I^{IS} 和

π_E^{IS} 分别关于 q_I 和 q_E 的二阶导函数，可得 $\dfrac{\partial^2 \pi_I^{IS}}{\partial q_I^2} = -2(1-\lambda) < 0$ 和 $\dfrac{\partial^2 \pi_E^{IS}}{\partial q_E^2} = -2 < 0$，因此，$\pi_I^{IS}$ 和 π_E^{IS} 分别是关于 q_I 和 q_E 的单峰凹函数。令一阶导函数 $\dfrac{\partial \pi_I^{IS}}{\partial q_I} = 0$ 和 $\dfrac{\partial \pi_E^{IS}}{\partial q_E} = 0$，联立求解可得 $q_I(a) = \dfrac{\alpha(2-\theta) + a(2-\theta+\eta\theta)}{4-\theta^2(1+\lambda)}$ 和 $q_E(a) = \dfrac{\alpha(2-\theta-\theta\lambda) + a(2-2\eta-\theta-\theta\lambda)}{4-\theta^2(1+\lambda)}$。

其次，将上述反应函数 $q_I(a)$，$q_E(a)$，$K = 1$ 条件下的式（5-3）和式（5-4）代入式（5-10）；根据式（5-10），求解 π_E^{IS} 关于 a 的二阶导函数，可得当 $A = 8 - 8\lambda + 2\eta(4-\theta^2\lambda)(2-\theta-\theta\lambda-\eta) + \theta(8(1+\lambda) - \theta(10+2(3-\lambda)\lambda + 2\theta\lambda(1+\lambda) - \theta^2(1+\lambda)^2) > 0$ 时，$\dfrac{\partial^2 \pi_E^{IS}}{\partial a^2} = \dfrac{-A}{(4-\theta^2(1+\lambda))^2} < 0$，即 π_E^{IS} 是关于 a 的单峰凹函数。令一阶导函数 $\dfrac{\partial \pi_E^{IS}}{\partial a} = 0$，可以得到 $a^{IS} = \dfrac{\alpha(2((2-\theta)^2 + (1-\theta)\lambda(4-\theta^2\lambda - \theta^2)) - \eta(2-\theta-\theta\lambda)(4-\theta^2\lambda))}{A}$。

最后，将 a^{IS} 代入 $q_E(a)$ 和 $q_I(a)$ 中，可以得到 $q_E^{IS} = \dfrac{\alpha(2-\theta-(\eta+\theta)\lambda)(4-\theta^2\lambda-\theta^2)}{A}$ 和 $q_I^{IS} = \dfrac{\alpha((2-\theta+\eta-\eta^2)(4-\theta^2\lambda) - 2\theta\eta - (2-\theta)\theta^2)}{A}$。进一步，将 a^{IS}，q_I^{IS} 和 q_E^{IS} 代入式（5-3）和式（5-4）的逆需求函数中，可得 $p_I^{IS} = \dfrac{\alpha((2-\theta)(4-\theta^2(1+\lambda)) + \eta(4-2\theta-\theta^2\lambda) - \eta^2(4-\theta^2\lambda))}{A}$ 和 $p_E^{IS} = \dfrac{\alpha((2-\theta)((4+4(1-\eta)\eta-2\eta\theta-\theta^2) + (2\eta+(2-\eta)\theta - (2+(2-\eta)\eta)\theta^2 - \theta^3)\lambda) - (1-\theta)(\eta+\theta)\lambda^2\theta^2)}{A}$。证毕。

根据命题 5-3 中在位制造商和潜在制造商的均衡决策，可以得到潜在制造商利润 $\pi_E^{IS} = \dfrac{\alpha^2(8 + 4(2-\eta^2)\lambda - 8\theta(1+\lambda) + 2\theta^3\lambda(1+\lambda) + \theta^2(2-2\lambda-(2-\eta^2)\lambda^2))}{2A}$ 以及在位制造商利润 $\pi_I^{IS} = \dfrac{\alpha^2(1-\lambda)((2-\theta+\eta-\eta^2)(4-\theta^2\lambda) - \theta^2(2-\theta) - 2\theta\eta)^2}{A^2}$。

值得一提的是，在情形 IS 下，为确保最优的内部解存在且唯一，限制参数满足 $\eta < \min\left\{\dfrac{2-\theta-\theta\lambda}{\lambda}, \dfrac{2((2-\theta)^2 + (1-\theta)\lambda(4-\theta^2\lambda-\theta^2))}{(2-\theta-\theta\lambda)(4-\theta^2\lambda)}\right\}$。该条件说

明只有当技术嵌入成本较低时，潜在制造商才会选择开放其技术。

5.3 渠道选择策略与均衡结果分析

从命题 5 - 1 至命题 5 - 3 可以看出，不同情形下，在位制造商和潜在制造商的最优定价和研发投资策略有所不同，进而导致各企业的利润水平有所差异。接下来，比较不同情形下的均衡结果，分析潜在制造商入侵的影响，并研究企业对不同情形的偏好。进一步，通过数值实例，分析关键外生参数如何影响不同情形下的均衡结果。

5.3.1 潜在制造商入侵的影响

本节将比较潜在制造商入侵情形与基础情形下在位制造商的生产数量和利润，以探讨潜在制造商入侵对在位制造商的影响，具体可以得到如下定理。

定理 5 - 1   比较情形 IO 和情形 IE 下在位制造商的生产数量和利润，可得：$q_I^{IO} > q_I^{IE}$ 和 $\pi_I^{IO} > \pi_I^{IE}$。

证明   根据命题 5 - 1 和命题 5 - 2 中的均衡解，可以求得 $q_I^{IE} - q_I^{IO} =$

$$- \frac{\alpha(2 - \theta)^2 \theta(2 + \theta)}{2(8 - 8\theta^2 + 8(2 - \eta)\eta + \theta^4)} \text{ 和 } \pi_I^{IE} - \pi_I^{IO} = - \frac{\alpha^2(2 - \theta)^2 \theta(2 + \theta)(16 + 32\eta - 16\eta^2 - 8\theta - 12\theta^2 + 2\theta^3 + \theta^4)}{4(8 - 8\theta^2 + 8(2 - \eta)\eta + \theta^4)^2} \text{。}$$

由 于 外 生 参 数 需 满 足 情 形 IE 下 均 衡 决 策 存 在 且 唯 一 的 条 件，即 $\left(\frac{2 - \sqrt{8 - 4\theta - 2\theta^2 + \theta^3}}{2} \right)^+ < \eta < 1$，因此，可得 $q_I^{IE} - q_I^{IO} < 0$ 和 $\pi_I^{IE} - \pi_I^{IO} < 0$，即 $q_I^{IO} > q_I^{IE}$ 和 $\pi_I^{IO} > \pi_I^{IE}$。证毕。

定理 5 - 1 表明，当潜在制造商入侵市场与在位制造商竞争时，后者将被蚕食。因为新成员的加入会减少消费者对在位制造商产品的需求。这一结果与传统观点一致。但是，目前还不清楚如果在位制造商采用了潜在制造商的技术，这种说法是否仍然成立。为了解决这个问题，提出以下定理。

定理 5 - 2   比较情形 IO 和情形 IS 下在位制造商的生产数量和利润，可得：

(1) 当 $Y_1 > 0$ 时，$q_I^{IS} > q_I^{IO}$，否则，$q_I^{IO} > q_I^{IS}$；

(2) 当 $Y_2 > 0$ 时，$\pi_I^{IS} > \pi_I^{IO}$，否则，$\pi_I^{IO} > \pi_I^{IS}$。其中，Y_1 和 Y_2 展示在证明中。

证明 首先，给出阈值 Y_1 和 Y_2：$Y_1 = \begin{bmatrix} 8(1+\lambda) + 2\theta^3(1+\lambda)^2 - \theta^4(1+\lambda)^2 \\ -8\theta(2+\lambda) + \theta^2(6+2\lambda-2\lambda^2) \end{bmatrix} -$

$2\eta \begin{bmatrix} 4 + \theta^3\lambda(1+\lambda) \\ -\theta^2\lambda - 2\theta(1+2\lambda) \end{bmatrix}$，$Y_2 = 4(1-\lambda)\begin{bmatrix} (2-\theta+\eta-\eta^2)(4-\theta^2\lambda) \\ -\theta^2(2-\theta) - 2\theta\eta \end{bmatrix}^2 - A^2$，其中，$A =$

$8 - 8\lambda + 2\eta(4-\theta^2\lambda)(2-\theta-\theta\lambda-\eta) + 8\theta(1+\lambda) - \theta^2(10+2(3-\lambda)\lambda+2\theta\lambda(1+\lambda) -$

$\theta^2(1+\lambda)^2)$。

其次，根据命题 5 – 1 和命题 5 – 3 中的均衡解，可以求得 $q_I^{IS} - q_I^{IO} = \dfrac{\alpha Y_1}{2A}$ 和

$\pi_I^{IS} - \pi_I^{IO} = \dfrac{\alpha^2 Y_2}{4A^2}$。由于外生参数需满足情形 IS 下均衡决策存在且唯一的条件，

即 $A > 0$，因此，可得当 $Y_1 > 0$ 时，$q_I^{IS} > q_I^{IO}$；当 $Y_2 > 0$ 时，$\pi_I^{IS} > \pi_I^{IO}$。证毕。

定理 5 – 2 揭示了不同于定理 5 – 1 的结果。可以看到，当在位制造商采用潜在制造商的技术时，在位制造商可能会受益于潜在制造商的入侵，其产品需求也可能会增加。具体来说，当产品可替代性 θ 和技术许可费 λ 都很小时，潜在制造商入侵使得在位制造商获得更多的利润。此外，技术嵌入成本 η 越低，采用潜在制造商技术的在位制造商越可能受益。

5.3.2 供应链企业的渠道选择策略

当技术嵌入成本位于均衡决策存在且唯一的条件范围内时，潜在制造商总是会进入市场，而在位制造商无法阻止。因此，在本小节，比较竞争和竞合情形下的均衡结果，得到如下定理。具体而言，分析了在位制造商是否采用潜在制造商的技术，以及潜在制造商是否开放其技术，并给出了竞合情形的 Pareto 区域。

定理 5 – 3 比较情形 IE 和情形 IS 下在位制造商的利润，可得：当 $Y_3 > 0$ 时，$\pi_I^{IS} > \pi_I^{IE}$，否则，$\pi_I^{IE} > \pi_I^{IS}$。

证明 首先，给出阈值 Y_3：$Y_3 = (1-\lambda)\begin{bmatrix} (2-\theta+\eta-\eta^2)(4-\theta^2\lambda) \\ -\theta^2(2-\theta) - 2\theta\eta \end{bmatrix}^2 B^2 -$

$(4+8\eta-4\eta^2-4\theta-2\theta^2+\theta^3)^2 A^2$，其中，$B = 8+16\eta-8\eta^2-8\theta^2+\theta^4$，$A$ 展示在定理 5 – 2 中。其次，根据命题 5 – 2 和命题 5 – 3 中的均衡解，可以求得

$\pi_I^{IS} - \pi_I^{IE} = \dfrac{\alpha^2 Y_3}{A^2 B^2}$。因此，可得当 $Y_3 > 0$ 时，$\pi_I^{IS} > \pi_I^{IE}$，否则，$\pi_I^{IE} > \pi_I^{IS}$。证毕。

定理 5 – 3 比较了在位制造商在竞争和竞合情形下的利润，展示了在位制

造商的策略选择。为了便于阐述和分析，图 5 - 3 考虑技术嵌入成本低或高的两种情况，形象地描述了在位制造商的利润比较情况。在图 5 - 3 中，阈值 $\eta_0 = \dfrac{2 - \theta - \theta\lambda}{\lambda}$ 和 $\eta_1 = \dfrac{2((2 - \theta)^2 + (1 - \theta)\lambda(4 - \theta^2\lambda - \theta^2))}{(2 - \theta - \theta\lambda)(4 - \theta^2\lambda)}$。由图 5 - 3 可知，当技术嵌入成本 η 较低时，只有技术许可费 λ 不太高时，在位制造商才会采用潜在制造商的技术。尽管采用技术会增加在位制造商产品的需求，但当 λ 高时，在位制造商向潜在制造商支付的费用超过了数量增加带来的好处，因此，在位制造商不采用技术。与低 η 相比，η 较高时企业更不愿意采用技术。因为技术嵌入成本越高，不采用技术的在位制造商具有更重要的竞争优势，可以占据更大的市场。此外，只有当技术许可费 λ 和产品可替代性 θ 都很小或很大时，在位制造商才会采用技术。这个结果与已有研究有很大的不同（Niu, Xie, Chen, et al., 2020）。当产品可替代性较低时，物流服务处于劣势的电商企业不会采用竞争对手的物流服务，因为温和的竞争会导致竞争对手收取较高的物流服务费。

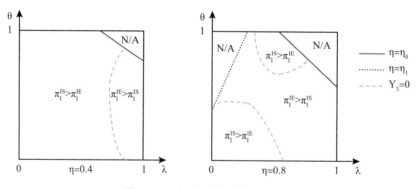

图 5 - 3　在位制造商的利润比较

定理 5 - 4　比较情形 IE 和情形 IS 下潜在制造商的利润，可得：当 $Y_4 > 0$ 时，$\pi_E^{IS} > \pi_E^{IE}$，否则，$\pi_E^{IE} > \pi_E^{IS}$。

证明　首先，给出阈值 Y_4：$Y_4 = (8 + 4(2 - \eta^2)\lambda - 8\theta(1 + \lambda) + 2\theta^3\lambda(1 + \lambda) + \theta^2(2 - 2\lambda - (2 - \eta^2)\lambda^2))B - 2(2 - \theta)^2 A$，其中，A 和 B 分别展示在定理 5 - 2 和定理 5 - 3 中。其次，根据命题 5 - 2 和命题 5 - 3 中的均衡解，可以求得 $\pi_E^{IS} - \pi_E^{IE} = \dfrac{\alpha^2 Y_6}{2AB}$。因此，可得当 $Y_4 > 0$ 时，$\pi_E^{IS} > \pi_E^{IE}$，否则，$\pi_E^{IE} > \pi_E^{IS}$。

证毕。

定理5-4通过比较潜在制造商在竞争和竞合情形下的利润，展示了潜在制造商的策略选择。为了便于描述和分析，与图5-3类似，图5-4给定技术嵌入成本 η 低或高的两种情况，形象地描述了潜在制造商相对于技术许可费 λ 和产品可替代性 θ 的利润比较情况。由图5-4可知，只要技术许可费 λ 不是特别低，潜在制造商就会开放其技术。因为潜在制造商从在位制造商的支付中获得的利益超过了技术竞争所造成的损失。此外，产品可替代性越大，潜在制造商越不愿意开放其技术。因为在产品同质化程度高的情况下，潜在制造商希望通过技术将自己的产品差异化，从而占据较大的市场。进一步，对比图5-4中的两幅图可知，与低 η 相比，η 越高，潜在制造商越愿意开放其技术。因为潜在制造商可以通过收取技术许可费来弥补技术嵌入的高成本。这一结果与已有研究一致（Qin，Liu and Tian，2020），他们表明随服务成本增加，电子零售商更愿意与卖家共享自己的物流服务。

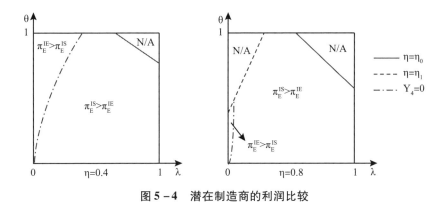

图5-4　潜在制造商的利润比较

最后，结合定理5-3和定理5-4，探索竞合情形为在位制造商和潜在制造商带来双赢局面的条件。对于给定技术嵌入成本 η 低或高的两种情况，图5-5描绘了竞合情形的双赢区域。具体而言，当技术嵌入成本较低时，只要技术许可费在适度范围内，技术共享就可以是一种双赢策略。当技术嵌入成本较高时，只有当技术许可费和产品可替代性都较小或较大时，技术共享才能成为一种双赢策略。此外，对比图5-5中的两幅图可知，技术嵌入成本越高，双赢区域越小。这主要是因为高的技术嵌入成本使得潜在制造商设置高的技术许可费，因此，在位制造商不愿意采用潜在制造商的技术。上述结果表明，在特定条件下，技术共享可以是一种双赢的策略，即竞合情形可以实现 Pareto 改进，这与已有研究结果类似（Wei，Ding，Nan，et al.，2022）。

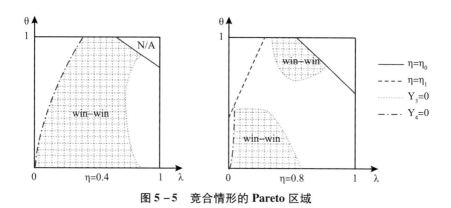

图 5 - 5　竞合情形的 Pareto 区域

5.3.3　敏感性分析

在本小节，通过数值实例探讨外生参数 η、λ 和 θ 对不同情形下研发投资水平、数量、定价决策和企业利润的影响。经过多次尝试发现，均衡结果的变化趋势与参数的取值显著相关。因此，根据均衡结果非负的约束，在以下每个小节中选择两组具有代表性的取值。

1. 技术嵌入成本 η 对均衡结果的影响

为了获得更多的管理启示，本小节进行了关于技术嵌入成本的仿真分析。由于产品可替代性的大小对潜在制造商生产数量的变化趋势有不同的影响，因此，分别设置两组具有代表性的参数值，以反映产品可替代性的大小差异。记参数 $\alpha = 1$，$\lambda = 0.2$，$\theta = 0.2$ 或 $\theta = 0.8$，且 η 的取值范围在（0，1）区间。技术嵌入成本 η 对研发投资水平、数量、价格和利润的影响如图 5 - 6 所示。

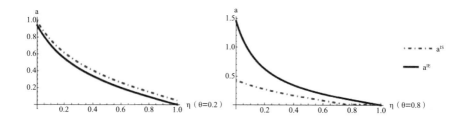

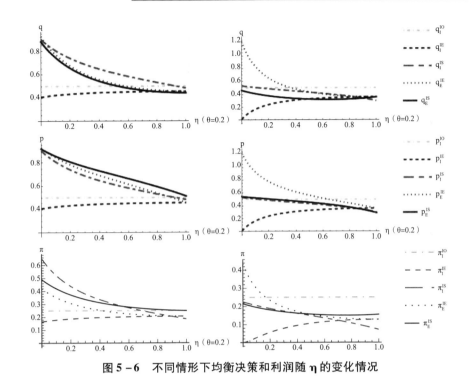

图 5 - 6　不同情形下均衡决策和利润随 η 的变化情况

首先，图 5 - 6 表明，基准情形下的均衡结果与技术嵌入成本 η 无关，因为该情形下潜在制造商尚未进入市场。

其次，关注竞争情形，探讨在位制造商和潜在制造商的最优决策和利润。图 5 - 6 表明，研发投资水平和潜在制造商的生产数量随 η 增加而减少，这与直觉一致。因为为了避免较高的技术开发和嵌入的总成本，潜在制造商不愿意投资技术与生产更多的产品。此外，随着 η 增加，潜在制造商产品的零售价格下降。主要原因是随着 η 的增加，尽管潜在制造商有动机通过减少数量来保持其价格，但研发投资水平对价格的负面影响超过了数量对价格的正面影响。潜在制造商的利润在 η 中下降。这是因为虽然低的技术嵌入成本可以降低总研发成本，但数量和价格同时减少对潜在制造商的负面影响更显著。对于在位制造商而言，其生产数量、零售价格和利润都随 η 增加。因为 η 的增加增强了在位制造商的竞争优势，并且数量和价格的同时增加改善了在位制造商的利润。

再次，将注意力从竞争情形转向竞合情形。图 5 - 6 表明，当产品可替代性 θ 较小时，在位制造商和潜在制造商的决策变化趋势相同，即研发投资水平、数量、价格和利润均随 η 的增大而减小。这是因为在位制造商使用技术时，潜在制造商的技术无法使其产品与在位制造商的产品区别开来。这种情况下的敏感性分析与竞争情景下潜在制造商的策略变化相同。当产品可替代性 θ 较大时，与上述讨论唯一不同的是，随 η 增加，潜在制造商的生产数量是单峰的，即先减小后增大。由于潜在制造商从在位制造商的支付中获得的利润是可以接受的，但受制于在位制造商不断减少的产量。因此，当 θ 较大且 η 超过一定阈值时，潜在制造商倾向于通过增加产量来加强其产品销售业务。

最后，观察不同情形下均衡结果的比较情况。图 5 - 6 验证了 $q_I^{IO} > q_I^{IE}$ 和 $\pi_I^{IO} > \pi_I^{IE}$ 恒成立；当技术嵌入成本 η 较大时，$q_I^{IO} > q_I^{IS}$，技术嵌入成本 η 和产品可替代性 θ 均较小时，$\pi_I^{IS} > \pi_I^{IO}$。上述大小关系符合定理 5 - 1 和定理 5 - 2 的结果。此外，当 η 较大时，$\pi_I^{IE} > \pi_I^{IS}$，当 η 较小且 θ 较大时，$\pi_E^{IE} > \pi_E^{IS}$。这意味着当技术嵌入成本较高时，在位制造商不愿意采用技术，因为潜在制造商会设定较高的技术许可费来补偿高成本。当产品竞争激烈且技术嵌入成本较低时，潜在制造商不开放技术，因为其能负担得起研发投资成本且不开放技术可以减少产品之间的竞争。该结果与定理 5 - 3 和定理 5 - 4 的结果一致。

2. 技术许可费 λ 对均衡结果的影响

本小节分析技术许可费如何影响最优解。选取两组具有代表性的参数值，记产品可替代性低或高时的关键参数为 $\alpha = 1$，$\eta = 0.5$，$\theta = 0.2$ 或 $\theta = 0.8$，且 λ 的取值范围在（0，1）区间。技术许可费 λ 对研发投资水平、数量、价格和利润的影响如图 5 - 7 所示。

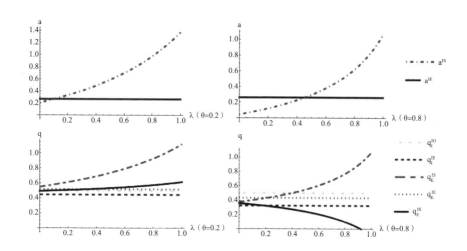

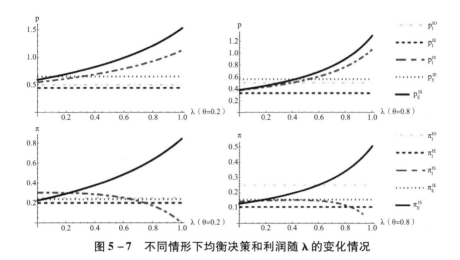

图 5 - 7　不同情形下均衡决策和利润随 λ 的变化情况

首先，图 5 - 7 表明，基准情形和竞争情形下的均衡结果与技术许可费 λ 无关。这是由于在这两种情形下在位制造商没有采用潜在制造商的专有技术，因此技术许可费不存在。

其次，关注竞合情形，探讨最优决策和利润对技术许可费 λ 的敏感性。随 λ 增加，潜在制造商从在位制造商那里获得更高比例的收入，因此，前者有能力提高研发投资水平。此外，当产品可替代性 θ 较小时，λ 越大，潜在制造商生产的产品越多。而当产品可替代性 θ 较大时，其生产数量会减少，以便减少竞争。图 5 - 7 表明，在位制造商的生产数量始终随 λ 的增大而增加。因为在位制造商想通过销售更多的产品来提高自己的收入。此外，由于数量和研发投资水平的综合影响，在位制造商和潜在制造商的产品销售价格均随 λ 的增加而上升。另外，随 λ 增加，在位制造商所获利润减少，潜在制造商所获利润增加，这与直觉是一致的。

最后，观察不同情形下均衡结果的比较情况。图 5 - 7 表明，当 λ 大于某一特定值时，$a^{IS} > a^{IE}$。这是因为当 λ 较大时，λ 增加带来的积极影响超过了研发投资水平提高导致产品竞争加剧带来的负面影响。此外，可以观察到 $q_I^{IO} > q_I^{IE}$ 和 $\pi_I^{IO} > \pi_I^{IE}$ 恒成立。当技术许可费 λ 较小且产品可替代性 θ 较大时，$q_I^{IO} > q_I^{IS}$。当技术许可费 λ 和产品可替代性 θ 都很小时，$\pi_I^{IS} > \pi_I^{IO}$。这一关系进一步证实了定理 5 - 1 和定理 5 - 2 的结果。同样地，图 5 - 7 中利润的关系也与定理 5 - 3 和定理 5 - 4 一致。

3. 产品可替代性 θ 对均衡结果的影响

本小节主要讨论产品可替代性对最优解的影响。由于技术嵌入成本的大小对均衡结果的变化趋势有不同的影响，因此，取两组具有代表性的参数值。记技术嵌入成本低或高时的关键参数为 $\alpha=1$，$\lambda=0.2$，$\eta=0.2$ 或 $\eta=0.8$，且 θ 的取值范围在（0，1）区间。产品可替代性 θ 对研发投资水平、数量、价格和利润的影响如图 5-8 所示。

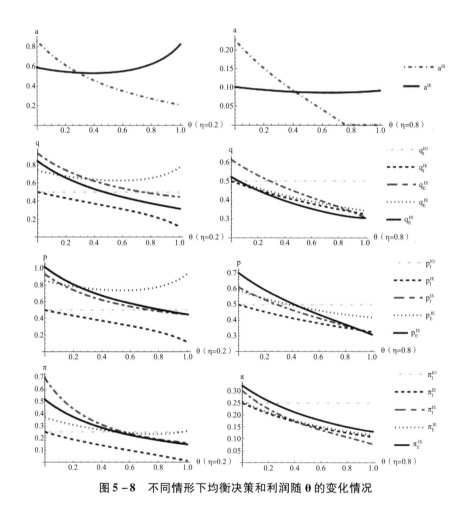

图 5-8　不同情形下均衡决策和利润随 θ 的变化情况

　　首先，图 5-8 表明，基准情形下的均衡结果与产品可替代性 θ 无关，由于该情形下市场中只有在位制造商存在。

　　其次，关注竞争情形，分析均衡结果的变化趋势。图 5-8 表明，当技术嵌入成本 η 较低时，随 θ 增大，在位制造商的产品数量、价格和利润均呈下降趋势，而潜在制造商的研发投资水平、产品数量、价格和利润均呈先下降后上升的趋势。直观地说，θ 越大，产品数量越小。因为 θ 增大意味着两种产品更加同质，所以在位制造商和潜在制造商必须减少各自的生产数量。但与直觉相反的是，当 η 较低且 θ 超过一定阈值时，潜在制造商的产量会随 θ 而增加，这与已有研究是一致的（Niu，Xie，Chen，et al.，2020）。这是因为当产品同质化程度高时，为了使产品具有差异化并增强竞争优势，潜在制造商将提高研发投资水平，从而能够通过增加数量来增强产品销售业务。当技术嵌入成本 η 较高时，随 θ 增大，研发投资水平基本不变，而潜在制造商和在位制造商的数量、价格和利润均下降。因为高昂的成本使潜在制造商没有动力去增加研发投资水平，只是在较低的水平上维持。因此，潜在制造商没有优势，所以大的产品可替代性对双方都是有害的。此外，价格和利润的变化趋势是数量和研发投资水平综合影响的结果。详细分析与上文类似，在此略去。

再次，将注意力从竞争情形转向竞合情形。图 5 - 8 表明，研发投资水平、数量、价格、潜在制造商和在位制造商的利润均随 θ 的增加而减小。与竞争情形中的结果不同，在在位制造商采用技术的竞合情形下，潜在制造商的技术无法使其产品与在位制造商的产品区别开来。因此，θ 越大，研发投资水平越低，数量越少。此外，产品竞争的加剧将损害在位制造商和潜在制造商的利益。

最后，观察不同情形下均衡结果的比较情况。图 5 - 8 验证了 $q_I^{IO} > q_I^{IE}$ 和 $\pi_I^{IO} > \pi_I^{IE}$ 恒成立，而只有当产品可替代性 θ 较大时，$q_I^{IO} > q_I^{IS}$ 和 $\pi_I^{IO} > \pi_I^{IS}$ 才成立。此外，当 η 和 θ 均较大时，$\pi_E^{IE} > \pi_E^{IS}$，当 η 较小且 θ 较大时，$\pi_E^{IE} > \pi_E^{IS}$。这种大小关系符合定理 5 - 1 至定理 5 - 4 中的结果。进一步，比较研发投资水平可知，只有当 θ 小于某一阈值时，$a^{IS} > a^{IE}$。因为在竞合情形下，产品竞争越激烈，潜在制造商对技术的投入就越少。

5.4　扩展模型

上述基础模型考虑一个投资技术的潜在制造商入侵一个在位制造商的产品领域。本节考虑一个扩展模型，即一个投资技术的潜在制造商同时入侵多个在位制造商的产品领域。例如，投资物联网技术的移动互联网企业小米已入侵到多个新的市场，同时销售无线温湿度传感器、无线漏气传感器、智能洗衣机、智能冰箱等。接下来，构建竞争和竞合情形下的博弈模型，并讨论产品类别的多少对企业利润和情形偏好的影响。为便于说明，用 "～" 表示潜在制造商进入多个产品领域的情况。

在竞争情形下，在位制造商品牌和潜在制造商品牌的逆需求分别为：

$$p_{Ik}^{\tilde{IE}} = \alpha - q_{Ik} - \theta q_{Ek} \tag{5-11}$$

$$p_{Ik}^{\tilde{IE}} = \alpha - q_{Ek} - \theta q_{Ik} + a \tag{5-12}$$

其中，$k = \{1, 2, \cdots, n\}$，n 表示潜在制造商进入的产品领域的数量。该情形下，在位制造商和潜在制造商的优化问题分别为：

$$\max_{q_{Ik}} \pi_{Ik}^{\tilde{IE}}(q_{Ik}) = p_{Ik} q_{Ik} \tag{5-13}$$

$$\max_{a, q_{Ek}} \pi_E^{\tilde{IE}}(a, q_{Ek}) = \sum_{k=1}^{n} (p_{Ek} - \eta a) q_{Ek} - \frac{a^2}{2} \tag{5-14}$$

类似地，在竞合情形下，在位制造商品牌和潜在制造商品牌的逆需求分别为：

$$p_{Ik}^{\tilde{IS}} = \alpha - q_{Ik} - \theta q_{Ek} + a \tag{5-15}$$

$$p_{Ek}^{\tilde{IS}} = \alpha - q_{Ek} - \theta q_{Ik} + a \tag{5-16}$$

该情形下，在位制造商和潜在制造商的优化问题分别为：

$$\max_{q_{Ik}} \pi_{Ik}^{\tilde{IS}}(q_{Ik}) = (1 - \lambda) p_{Ik} q_{Ik} \tag{5-17}$$

$$\max_{a, q_{Ek}} \pi_E^{\tilde{IS}}(a, q_{Ek}) = \sum_{k=1}^{n} ((p_{Ek} - \eta a) q_{Ek} + \lambda p_{Ik} q_{Ik}) - \frac{a^2}{2} \tag{5-18}$$

通过逆向归纳法求解上述优化问题，可以得到潜在制造商入侵多个产品领域时的均衡结果，如表 5-2 所示。具体求解过程与基础模型的求解相似，简洁起见，这里不再赘述。

基于上述均衡结果，探讨产品领域的数量 n 对企业利润的影响。记 $\alpha = 1$，$\theta = 0.5$，$\lambda = 0.2$ 和 $\eta = 0.5$，图 5-9 形象地描述了企业利润随 n 的变化趋势。

图 5-9 表明，潜在制造商总是愿意进入更多的产品领域，无论其技术是否被在位制造商采用。这可以解释知名移动互联网企业小米进入多个产品领域的事实。此外，图 5-9 还表明，如果在位制造商不采用潜在制造商的技术，产品领域数量的增加将对在位制造商造成伤害。但是，如果在位制造商采用该技术，这一结果将会发生逆转。

进一步，比较竞争与竞合情形下的企业利润差异，分析在位制造商和潜在制造商对技术共享策略的偏好。分别记 $\eta = 0.5$ 和 $\eta = 0.8$，其他参数设置与图 5-9 一致，图 5-10 形象地描述了竞争与竞合情形下的企业利润差异随 n 的变化趋势。

表 5－2　入侵多个产品领域下的均衡结果

均衡结果	情形	
	$\tilde{IE}$	$\tilde{IS}$
a^j	$\dfrac{4n\alpha(1-\eta)(2-\theta)}{8(2-n)-8\theta^2+\theta^4+8n(2-\eta)\eta}$	$\dfrac{n\alpha(2((2-\theta)^2+(4-\theta^2)(1-\theta)\lambda-(1-\theta)\theta^2\lambda^2)-\eta(2-\theta-\theta\lambda)(4-\theta^2\lambda))}{C}$
q_{Ik}^j	$\dfrac{\alpha(4(2-n)+4n(2-\eta)\eta-\theta(4+2\theta-\theta^2))}{8(2-n)-8\theta^2+\theta^4+8n(2-\eta)\eta}$	$\dfrac{\alpha((2-\theta)(4-\theta^2\lambda-\theta^2)+n\eta(4-2\theta-\theta^2\lambda)-n\eta^2(4-\theta^2\lambda))}{C}$
q_{Ek}^j	$\dfrac{\alpha(2-\theta)^2(2+\theta)}{8(2-n)-8\theta^2+\theta^4+8n(2-\eta)\eta}$	$\dfrac{\alpha(2-\theta-n\eta\lambda-\theta\lambda)(4-\theta^2\lambda-\theta^2)}{C}$
p_{Ik}^j	$\dfrac{\alpha(4(2-n)+4n(2-\eta)\eta-\theta(4+2\theta-\theta^2))}{8(2-n)-8\theta^2+\theta^4+8n(2-\eta)\eta}$	$\dfrac{\alpha((2-\theta)(4-\theta^2\lambda-\theta^2)+n\eta(4-2\theta-\theta^2\lambda)-n\eta^2(4-2\theta-\theta^2\lambda))}{C}$
p_{Ek}^j	$\dfrac{\alpha(2-\theta)(4+4n(1-\eta)\eta-\theta^2)}{(8(2-n)-8\theta^2+\theta^4+8n(2-\eta)\eta)^2}$	$\alpha\dfrac{\left[\begin{array}{l}8-4\theta(1-\lambda)-2\theta^2(1+3\lambda)+\theta^3(1-\lambda^2)-n\eta^2(2-\theta)(4-\theta^2\lambda)\\+\theta^4\lambda(1+\lambda)+n\eta((4-4\theta+\theta^3\lambda)(2+\lambda)-\theta^2(3\lambda+\lambda^2-2))\end{array}\right]}{C}$
π_{Ik}^j	$\dfrac{\alpha^2(4(2-n)+4n(2-\eta)\eta-\theta(4+2\theta-\theta^2))^2}{(8(2-n)-8\theta^2+\theta^4+8n(2-\eta)\eta)^2}$	$\dfrac{\alpha^2(1-\lambda)((2-\theta)(4-\theta^2\lambda-\theta^2)\lambda^2-4\theta(1+\lambda)+n\eta(4-\theta^2\lambda-2\theta)-n\eta^2(4-\theta^2\lambda-2\theta))+\theta^3(1+\lambda)-n^2\alpha^2\eta^2(4\lambda-\theta^2\lambda^2)}{C^2}$
π_E^j	$\dfrac{n\alpha^2(2-\theta)^2}{8(2-n)-8\theta^2+\theta^4+8n(2-\eta)\eta}$	$\dfrac{2n\alpha^2(4+\theta^2+4\lambda-\theta^2\lambda^2)}{2C}$

注：$C=2n(\theta^2\lambda^2(1-(1-\eta)\theta)-(2-2\eta-\theta)^2-(4-(1-\eta)\theta(4+\theta(1-\eta-\theta)))\lambda)+(4-\theta^2(1+\lambda))^2$。

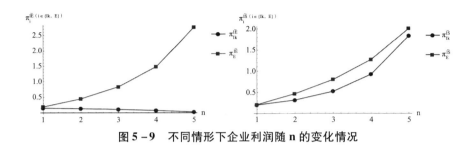

图 5 – 9 不同情形下企业利润随 n 的变化情况

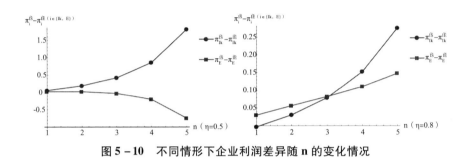

图 5 – 10 不同情形下企业利润差异随 n 的变化情况

图 5 – 10 表明，随潜在制造商入侵的产品领域的数量增加，在位制造商在竞争与竞合情形下的利润差值始终增加。这意味着，随着潜在制造商入侵的产品领域越来越多，在位制造商越来越渴望采用竞争对手的技术。该结果也可以从图 5 – 9 中得到。如图 5 – 9 所示，n 越大，在位制造商在竞合情形下越好，在竞争情形下越差。此外，图 5 – 10 还表明，当技术嵌入成本 η 较低时，潜在制造商的利润差异随入侵的产品领域数量的增加而减小；然而，当 η 较高时，潜在制造商的利润差异呈现相反的变化趋势。这表明，如果技术嵌入成本较低，潜在制造商不愿意开放其技术；否则，其更喜欢共享技术。该结果与基础模型下的结果一致，证明了本章研究结果的稳定性。

5.5 管理启示

基于本章所构建的模型，进行深入的理论分析，挖掘所得到的命题和定理可以为现实中的供应链管理者、潜在制造商和在位制造商提供一定的管理启示，这主要体现在以下三个方面。

首先，本章的研究结果可以为供应链管理者提供决策指导。本章的工作从供应链的角度解决了潜在制造商和在位制造商如何在三种不同的渠道情形下进行最优生产决策、定价决策和研发投资决策的问题。因此，供应链管理者可以根据企业的渠道情形作出最优决策。

其次，本章的研究成果可以为企业管理者的渠道选择策略提供实践指导。从潜在制造商和在位制造商的经济效益出发，探讨了渠道选择问题，具体而言，制造商们应根据不同参数的具体值，如技术嵌入成本、技术许可费和产品可替代性等选择适合自己的渠道情形。

最后，本章的研究结果可以为技术企业的入侵和技术开放策略以及在位企业的技术采用策略提供管理启示。具体而言，拥有新技术的企业在自身能力范围内应该入侵更多的产品领域，由于技术企业入侵的范围越广，在位企业越愿意采用其技术，因此能够共担其技术研发成本。这也说明了在一定条件下技术共享可以是一种双赢策略。

5.6　本章小结

采用新兴技术的企业拥有进入新产品领域的坚实能力，这会对供应链中在位企业和潜在进入企业产生重大影响。本章研究了拥有新兴技术的潜在制造商是否进入一个新的产品领域，并探讨了潜在制造商是否开放其技术和在位制造商是否采用该技术的企业策略。具体而言，针对潜在制造商不入侵、潜在制造商入侵和潜在制造商入侵且开放技术的三种情形构建博弈论模型，推导并比较不同情形下的均衡结果。同时将技术嵌入成本、技术许可费和产品可替代性纳入研究模型，并通过敏感性分析和数值算例研究了上述因素对企业决策的影响。此外，考虑拥有技术的潜在制造商可以同时入侵多个在位制造商的产品领域，对基础模型进行扩展，进一步探讨了企业的研发投资和渠道选择策略，推导出指导实践的研究结论和管理启示。

（1）推导出潜在制造商进入新市场的条件，并讨论其对在位制造商的影响。只有当技术嵌入成本在一定范围内时，潜在制造商才会进入市场。随潜在制造商的进入，在位制造商的地位将被蚕食，然而，如果在位制造商采用潜在制造商的技术，这种现象可以得到缓解。这一发现可以对现实实例进行解释。例如，苹果推出智能家居平台 HomeKit 并进军智能家居领域后，宜家、小燕科技等多家企业将其智能照明产品整合到 HomeKit 中，并采用了苹果的物联网技术。

（2）得到在位制造商和潜在制造商的技术战略。在位制造商只有在技术许可费不太高的情况下才会采用潜在制造商的技术；随着技术嵌入成本的上升，在位制造商更不愿意采用该技术。只要技术许可费不是特别低，潜在制造商就会开放其技术；产品可替代性越低和（或）技术嵌入成本越高，潜在制造商就越愿意开放技术。这一结果表明，如果潜在制造商在新兴技术上没有太多的竞争优势，就应该与在位制造商共享其技术。如果在位制造商不愿意采用该技术，潜在制造商可以通过提供额外的奖励或调整技术许可费来激励在位制造商。此外，本书还发现，在一定条件下技术开放可以是一种双赢策略。

（3）分析关键参数的影响，得到几个有趣的结果。在竞争情形中，潜在制造商的生产数量可能会随着产品竞争激烈程度的增大而增加，这是由于当产品同质化程度高时，潜在制造商为了增强竞争优势，可能会提高研发投资水平，从而增强产品销售业务。竞合情形下，技术嵌入成本越高，潜在制造商可能生产的产品越多，因为潜在制造商从在位制造商的支付中获得的利润是可以接受的，但受制于在位制造商不断减少的产量。这个结果可以为潜在制造商进入新产品领域时的生产决策提供指导。

（4）考虑潜在制造商可以在多个产品领域销售其产品的扩展情形，本书发现，潜在制造商总是愿意进入新的产品领域，这可以解释小米、苹果和微软等知名企业进入多个产品领域的现实。此外，潜在制造商入侵的产品领域越多，在位制造商就越渴望使用其技术。现实世界中的例子可以验证这样的结论，例如，九阳、海信、长虹等众多企业已经将智能产品接入小米的物联网技术系统中。

第6章 供应商市场入侵下企业研发投资和渠道选择策略

　　在制造商将部分或全部生产外包给供应商的过程中，前者会不可避免地将有价值的信息转移给后者。为了赚取更多收入，供应商开始生产自有品牌，入侵到制造商的零售市场，争夺制造商的市场份额。现实中，供应商入侵越来越普遍，例如，谷歌将 Pixel 智能手机的生产外包给 HTC，后者也生产和销售自己的品牌智能手机；尽管三星和夏普为苹果提供关键零部件，但他们也设计和生产自己的产品，在消费市场上与苹果竞争。在激烈的市场竞争环境下，为了赢得制造商的外包业务或开发出更具竞争力的品牌，供应商会对其产品进行研发投资。例如，三星旗下子公司三星电子是一个在研发投资方面非常活跃的公司，每年花费大量资金用于开发新产品、新技术以及其他创新的移动设备。对供应商而言，自有品牌销售业务可能会为其带来收益，然而，新销售渠道的增加也可能会导致渠道冲突，从而对其造成一定的损害。因此，在供应商市场入侵的背景下，对企业研发投资和渠道选择策略进行研究具有一定的理论意义和实践意义。

　　本章针对供应商不入侵、直销渠道、代销渠道和转售渠道入侵的四种模式，配置包含原有外包渠道的四种渠道情形，构建与价格和研发投资水平相关的代表性消费者效用函数，推导出消费者对不同品牌产品的需求。以企业利润最大化为目标，应用 Stackelberg 博弈理论，采用逆向求解方法求得不同情形下制造商、供应商和平台的最优定价、研发投资决策和利润。对比不同情形下的均衡结果，分析多种入侵模式的影响，并探讨供应商、制造商和平台的渠道选择策略，得到有价值的结论和管理启示。

6.1 问题描述、符号说明和模型假设

在本节中，首先对供应商市场入侵下企业研发投资和渠道选择策略问题进行详细描述；然后，对本章涉及的符号进行说明并给出研究模型的基本假设。

6.1.1 问题描述

针对由一个制造商和一个供应商组成的供应链，其中，制造商将部分或全部生产外包给供应商。供应商可以选择引入自有品牌产品，并通过建立不同的渠道（直销、代销或转售）来入侵现有的零售市场。供应商承诺采用新技术用于制造商的产品研发和制造，具体研发投资水平由供应商自己决定。为了竞争，供应商引入自有品牌产品时，也会对自有品牌产品进行研发投资。

基于供应商是否入侵以及如何入侵，本章探讨了四种渠道情形：NE、ED、ER 和 EA，如图 6 – 1 所示。在情形 NE 下，供应商不入侵，只向制造商提供产品。在情形 ED、情形 ER 和情形 EA 下，供应商分别通过建立直销、转售和代销渠道入侵零售市场。具体而言，在情形 ED 下，供应商直接出售其自有品牌产品；在情形 ER 和情形 EA 下，供应商通过一个平台向消费者销售产品；在情形 ER 下，该平台作为一个经销商，而在情形 EA 下，平台作为一个在线市场，为供应商设定代理费 λ。

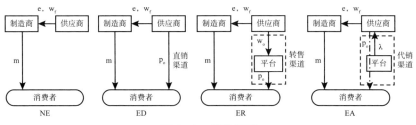

图 6 – 1　渠道情形

本章的研究问题是，研究供应商、制造商和平台的最优定价和研发投资策略以及渠道情形选择策略。具体的研究问题如下。

（1）不同渠道情形下，最优价格、研发投资水平和企业利润是什么？

（2）供应商会推出自有品牌产品吗？如果是的话，供应商应该以何种方式入侵现有的零售市场？

（3）供应链企业受益于还是受害于供应商入侵？不同入侵情形下，Pareto 改进能实现吗？

（4）针对供应商、制造商和平台而言，最优的渠道情形是什么？

6.1.2　符号说明

为便于清晰地描述问题，下面对本章所涉及的符号进行定义和说明，见表 6 - 1。

表 6 - 1 符号说明

符号		定义
决策变量	e^i	情形 i 中，研发投资水平
	m^i	情形 i 中，制造商的边际利润，$m^i = p_f^i - w_f^i$
	w_o^i	情形 i 中，供应商品牌的批发价格
	w_f^i	情形 i 中，制造商品牌的批发价格
	p_o^i	情形 i 中，供应商品牌零售价格
参数	i	渠道情形，i ∈ {NE，ED，ER，EA}，分别表示无入侵、直销渠道入侵、转售渠道入侵以及代销渠道入侵的情形
	p_f^i	情形 i 中，制造商品牌的零售价格，$p_f^i = m^i + w_f^i$
	λ	代销渠道中，平台索取的费用，即代理费，λ ∈ [0，1]
	a_o	供应商品牌的基础市场需求
	a_f	制造商品牌的基础市场需求
	θ	产品可替代性，θ ∈ (0，1)
	F	建立直销渠道的固定进入成本
函数	D_o^i	情形 i 中，供应商品牌需求
	D_f^i	情形 i 中，制造商品牌需求
	π_s^i	情形 i 中，供应商的利润
	π_m^i	情形 i 中，制造商的利润
	π_p^i	情形 i 中，平台的利润

6.1.3　模型假设

不失一般性，在本章的研究中，做出如下假设。

（1）市场需求。遵循已有学者提出的代表性消费者效用来描述市场需求（Singh and Vives，1984），代表性消费者效用可以表示为严格凹的二次曲线，具体如下：

$$U = a_o D_o + a_f D_f - \frac{D_o^2 + D_f^2}{2} - \theta D_o D_f - p_o D_o - p_f D_f \qquad (6-1)$$

其中，a_o 和 a_f 分别表示供应商品牌和制造商品牌的基础市场需求。依据已有文献（Chung and Lee，2017；Huang，Guan and Chen，2018；Zhang and Zhang，2020），假设 $a_o = a_f = a$。该效用函数在运营管理和营销领域的现有研究中有广泛的应用（Chen，Liang and Yao，2019；Chung and Lee，2017；Zhang，Yao and Xu，2020；Zhang，Jin and Shen，2020）。

企业可以通过战略投资来影响供应链成员的盈利能力（Arya and Mittendorf，2013；Huang，Chen and Guan，2020；Li，Tan，Wang，et al.，2021），因此，考虑供应商通过研发投资 e^2 来改变净需求截距 e。可以将代表性消费者效用改写为：

$$U = (a + e)(D_o + D_f) - \frac{D_o^2 + D_f^2}{2} - \theta D_o D_f - p_o D_o - p_f D_f \qquad (6-2)$$

其中，e 代表供应商的研发投资水平。消费者选择最优产品数量来最大化其效用，通过求解 $\partial U / \partial D_o = 0$ 和 $\partial U / \partial D_f = 0$，可以得到供应商品牌需求和制造商品牌需求分别为：

$$D_o^E = \frac{(a + e)(1 - \theta) - p_o + \theta p_f}{1 - \theta^2} \qquad (6-3)$$

$$D_f^E = \frac{(a + e)(1 - \theta) - p_f + \theta p_o}{1 - \theta^2} \qquad (6-4)$$

其中，上标 E 表示供应商入侵的情形，即 $E \in \{ED，ER，EA\}$。如果供应商不入侵，即 $D_o = 0$，通过求解 $\partial U / \partial D_f = 0$，可以得到制造商品牌需求为：

$$D_f^N = a + e - p_f \qquad (6-5)$$

其中，上标 N 表示无入侵的情形，即情形 NE。

（2）博弈顺序。假设制造商作为 Stackelberg 领导者，供应商作为跟随者，这符合商业实践（Wang，Niu and Guo，2013）。此外，假设供应商入侵发生在制造商品牌渠道配置之后，即顺序入侵（Chen，Liang and Yao，2019）。图 6-2 展示了不同情形下博弈的决策序列。

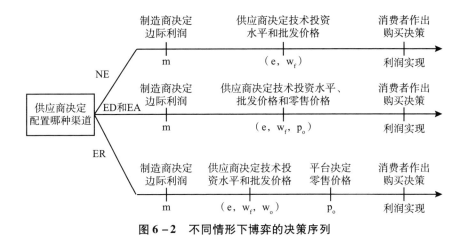

图 6 - 2　不同情形下博弈的决策序列

在情形 NE 中，制造商首先决定其边际利润 m；然后，供应商决定研发投资水平 e 和批发价格 w_f；最后，消费者作出购买决策，企业获得利润。在情形 ED 和情形 EA 中，制造商首先决定其边际利润 m；然后，供应商决定研发投资水平 e、制造商品牌批发价格 w_f 和供应商品牌零售价格 p_o；最后，消费者作出购买决策，企业获得利润。在情形 ER 中，制造商首先决定其边际利润 m；其次，供应商决定研发投资水平 e、制造商品牌批发价格 w_f 和供应商品牌批发价格 w_o；然后，平台决定供应商品牌零售价格 p_o；最后，消费者作出购买决策，企业获得利润。

（3）研发投资与相关成本。首先，假设供应商对制造商品牌的研发投资和自有品牌的研发投资是相等的，研发投资水平为 e，研发投资成本为 e^2。在扩展模型中，分析了差异化研发投资的情形，供应商对制造商品牌和自有品牌的研发投资水平分别为 e_f 和 e_o，研发投资成本分别为 e_f^2 和 e_o^2。

其次，为了简化分析，将两种品牌产品的单位生产成本归一化为零（Chen, Liang and Yao, 2019；Wang, Niu and Guo, 2013）。

再次，如果供应商建立直销渠道，则存在一个固定、非负的进入成本 F（Huang, Guan and Chen, 2018）；然而，如果供应商加入平台，假设固定的入场费为零。这个假设是合理的，因为建立一个新渠道的成本远高于固定的入场费。

最后，代理费是由平台根据产品类别设定的（Liu, Guo, Yu, et al., 2021）。一般情况下，针对相同的产品类别，供应商的代理费用是相同的，且不容易调整（Liu, Yan, Li, et al., 2020）。对于不同的产品类别，京东、亚马逊、沃尔玛的代理费分别为 1% ~10% 、5% ~15% 和 6% ~20% ，天猫每年都会发布一份基本不变的各类产品代理费清单。因此，假设代理费是外生的（Wei，Lu and Zhao，2020）。

6.2 供应链企业的最优定价和研发投资策略

分别针对无供应商入侵、供应商直销渠道入侵、供应商转售渠道入侵和供应商代销渠道入侵四种模式，构建供应链企业的优化模型，研究供应商、制造商和平台的最优定价和研发投资策略。

6.2.1 无供应商入侵下均衡策略

在本小节，考虑无供应商入侵的基准模型，即供应商不在市场上销售自己的品牌，只为制造商生产产品。该情形下，制造商和供应商的优化问题分别为：

$$\max_{m}\pi_{m}^{NE}(m) = mD_{f}^{N} \tag{6-6}$$

$$\max_{e,w_{f}}\pi_{s}^{NE}(e, w_{f}) = w_{f}D_{f}^{N} - e^{2} \tag{6-7}$$

根据式（6-6）和式（6-7），采用逆向归纳法求解上述优化问题，可得如下命题。

命题 6-1 情形 NE 下，供应商的最优研发投资水平 $e^{NE} = \dfrac{a}{6}$，制造商的最优边际利润 $m^{NE} = \dfrac{a}{2}$，制造商品牌的最优批发价格 $w_{f}^{NE} = \dfrac{a}{3}$，以及制造商品牌的最优零售价格 $p_{f}^{NE} = \dfrac{5a}{6}$。

证明 首先，将式（6-5）中的需求函数代入式（6-7）中；根据式（6-7），求解得到 π_{s}^{NE} 关于 e 和 w_{f} 的海塞矩阵 $H_{1} = \begin{bmatrix} -2 & 1 \\ 1 & -2 \end{bmatrix}$。由于 $\dfrac{\partial^{2}\pi_{s}^{NE}}{\partial e^{2}} < 0$ 和 $|H_{1}| > 0$，所以海塞矩阵 H_{1} 负定，即 π_{s}^{NE} 是关于 e 和 w_{f} 的联合凹函数。令一阶导函数 $\dfrac{\partial \pi_{s}^{NE}}{\partial e} = 0$ 和 $\dfrac{\partial \pi_{s}^{NE}}{\partial w_{f}} = 0$，可得 $e(m) = \dfrac{a-m}{3}$ 和 $w_{f}(m) = \dfrac{2(a-m)}{3}$。

其次，将上述反应函数 e(m)，$w_{f}(m)$ 和式（6-5）代入式（6-6），制造商的优化问题可以转化为 $\max_{m}\pi_{m}^{NE}(m) = m\left(a + \dfrac{a-m}{3} - \left(m + \dfrac{2a}{3} - \dfrac{2m}{3}\right)\right)$。求解

π_m^{NE} 关于 m 的二阶导函数，可得 $\frac{\partial^2 \pi_m^{NE}}{\partial m^2} = -\frac{4}{3} < 0$，即 π_m^{NE} 是关于 m 的单峰凹函数。令一阶导函数 $\frac{\partial \pi_m^{NE}}{\partial m} = 0$，可以得到 $m^{NE} = \frac{a}{2}$。

最后，将 m^{NE} 代入 e(m) 和 $w_f(m)$ 中，可以得到 $e^{NE} = \frac{a}{6}$ 和 $w_f^{NE} = \frac{a}{3}$。进一步，计算 $m^{NE} + w_f^{NE}$，可得制造商品牌的零售价格 $p_f^{NE} = \frac{5a}{6}$。证毕。

根据命题 6-1 中供应商和制造商的均衡决策，可以得到制造商品牌需求 $D_f^{NE} = \frac{a}{3}$，制造商利润 $\pi_m^{NE} = \frac{a^2}{6}$，供应商利润 $\pi_s^{NE} = \frac{a^2}{12}$。

6.2.2　供应商直销渠道入侵下均衡策略

在供应商通过直销渠道入侵的情形 ED 中，除了为制造商提供产品外，供应商还配置了一个直销渠道，直接向消费者销售其自有品牌产品。该情形下，制造商和供应商的优化问题分别为：

$$\max_m \pi_m^{ED}(m) = mD_f^E \tag{6-8}$$

$$\max_{e, w_f, p_o} \pi_s^{ED}(e, w_f, p_o) = w_f D_f^E + p_o D_o^E - e^2 - F \tag{6-9}$$

根据式（6-8）和式（6-9），采用逆向归纳法求解上述优化问题，可得如下命题。

命题 6-2　情形 ED 下，供应商的最优研发投资水平 $e^{ED} = \frac{a(2+\theta)}{3(1+2\theta)}$，制造商的最优边际利润 $m^{ED} = \frac{2a(1-\theta)}{3}$，供应商品牌的最优零售价格 $p_o^{ED} = \frac{a(5+7\theta)}{6(1+2\theta)}$，制造商品牌的最优批发价格 $w_f^{ED} = \frac{a(3+5\theta+4\theta^2)}{6(1+2\theta)}$，制造商品牌的最优零售价格 $p_f^{ED} = \frac{a(7+9\theta-4\theta^2)}{6(1+2\theta)}$。

证明　首先，将式（6-3）和式（6-4）中的需求函数代入式（6-9）；根据式（6-9），求解得到 π_s^{ED} 关于 e，w_f 和 p_o 的海塞矩阵 $H_2 = \begin{bmatrix} -2 & 1/(1+\theta) & 1/(1+\theta) \\ 1/(1+\theta) & 2/(\theta^2-1) & 2\theta/(1-\theta^2) \\ 1/(1+\theta) & 2\theta/(1-\theta^2) & 2/(\theta^2-1) \end{bmatrix}$。可以求得海塞矩阵 H_2 负定，即 π_s^{ED}

是关于 e，w_f 和 p_o 的联合凹函数。令一阶导函数 $\frac{\partial \pi_s^{ED}}{\partial e} = 0$，$\frac{\partial \pi_s^{ED}}{\partial w_f} = 0$ 和 $\frac{\partial \pi_s^{ED}}{\partial p_o} =$

0，可得 $e(m) = \frac{2a - m}{2(1 + 2\theta)}$，$w_f(m) = \frac{4a(1 + \theta) - m(3 + 4\theta)}{4(1 + 2\theta)}$ 和 $p_o(m) =$

$\frac{4a(1 + \theta) - m}{4(1 + 2\theta)}$。

其次，将上述反应函数 $e(m)$，$w_f(m)$，$p_o(m)$ 和式（6-4）代入

式（6-8），制造商的优化问题可以转化为 $\max_{m} \pi_m^{ED}(m) = \frac{m(4a(1 - \theta) - 3m)}{4(1 - \theta)(1 + 2\theta)}$。

求解 π_m^{ED} 关于 m 的二阶导函数，可得 $\frac{\partial^2 \pi_m^{ED}}{\partial m^2} = -\frac{3}{2 + 2\theta - 4\theta^2} < 0$，即 π_m^{ED} 是关于

m 的单峰凹函数。令一阶导函数 $\frac{\partial \pi_m^{ED}}{\partial m} = 0$，可以得到 $m^{ED} = \frac{2a(1 - \theta)}{3}$。

最后，将 m^{ED} 代入 $e(m)$，$w_f(m)$ 和 $p_o(m)$ 中，可以得到 $e^{ED} =$

$\frac{a(2 + \theta)}{3(1 + 2\theta)}$，$w_f^{ED} = \frac{a(3 + 5\theta + 4\theta^2)}{6(1 + 2\theta)}$ 和 $p_o^{ED} = \frac{a(5 + 7\theta)}{6(1 + 2\theta)}$。进一步，计算 $m^{ED} + w_f^{ED}$，

可得制造商品牌的零售价格 $p_f^{ED} = \frac{a(7 + 9\theta - 4\theta^2)}{6(1 + 2\theta)}$。证毕。

根据命题 6-2 中供应商和制造商的均衡决策，可以得到制造商品牌需求

$D_f^{ED} = \frac{a}{2(1 + 2\theta)}$，供应商品牌需求 $D_o^{ED} = \frac{a(5 + 4\theta)}{6(1 + 2\theta)}$，制造商利润 $\pi_m^{ED} =$

$\frac{a^2(1 - \theta)}{3(1 + 2\theta)}$，供应商利润 $\pi_s^{ED} = \frac{a^2(1 + \theta)}{2(1 + 2\theta)} - F$。

6.2.3　供应商转售渠道入侵下均衡策略

在供应商通过转售渠道入侵的情形 ER 中，除了为制造商提供产品外，供
应商还配置一个转售渠道，通过一个作为经销商的平台向消费者销售其自有品
牌产品。该情形下，制造商、供应商和平台的优化问题分别为：

$$\max_{m} \pi_m^{ER}(m) = mD_f^E \qquad (6-10)$$

$$\max_{e, w_f, w_o} \pi_s^{ER}(e, w_f, w_o) = w_f D_f^E - e^2 + w_o D_o^E \qquad (6-11)$$

$$\max_{p_o} \pi_p^{ER}(p_o) = (p_o - w_o) D_o^E \qquad (6-12)$$

根据式（6-10）至式（6-12），采用逆向归纳法求解上述优化问题，可
得如下命题。

命题 6-3　情形 ER 下，供应商的最优研发投资水平 $e^{ER} = \dfrac{a(13 + 7\theta - 6\theta^2 - 2\theta^3)}{(5 + 7\theta)(7 - 4\theta^2)}$，制造商的最优边际利润 $m^{ER} = \dfrac{2a(2 - \theta - \theta^2)}{7 - 4\theta^2}$，供应商品牌的最优批发价格 $w_o^{ER} = \dfrac{a(24 + 28\theta - 13\theta^2 - 15\theta^3)}{(5 + 7\theta)(7 - 4\theta^2)}$，供应商品牌的最优零售价格 $p_o^{ER} = \dfrac{a(36 + 35\theta - 29\theta^2 - 22\theta^3 + 4\theta^4)}{(5 + 7\theta)(7 - 4\theta^2)}$，制造商品牌的最优批发价格 $w_f^{ER} = \dfrac{a(14 + 19\theta - \theta^2 - 8\theta^3)}{(5 + 7\theta)(7 - 4\theta^2)}$，制造商品牌的最优零售价格 $p_f^{ER} = \dfrac{a(34 + 37\theta - 25\theta^2 - 22\theta^3)}{(5 + 7\theta)(7 - 4\theta^2)}$。

证明　首先，将式（6-3）和式（6-4）中的需求函数代入式（6-12）；根据式（6-12），求解 π_p^{ER} 关于 p_o 的二阶导函数，可得 $\dfrac{\partial^2 \pi_p^{ER}}{\partial p_o^2} = -\dfrac{2}{1 - \theta^2} < 0$，即 π_p^{ER} 是关于 p_o 的单峰凹函数。令一阶导函数 $\dfrac{\partial \pi_p^{ER}}{\partial p_o} = 0$，可以得到 $p_o(m, e, w_f, w_o) = \dfrac{(a + e)(1 - \theta) + m\theta + \theta w_f + w_o}{2}$。

其次，将上述反应函数 $p_o(m, e, w_f, w_o)$，式（6-3）和式（6-4）代入式（6-11）中；根据式（6-11），求解得到 π_s^{ER} 关于 e，w_f 和 p_o 的海塞矩阵 $H_3 = \begin{bmatrix} -2 & (2 + \theta)/(2 + 2\theta) & 1/(2 + 2\theta) \\ (2 + \theta)/(2 + 2\theta) & (\theta^2 - 2)/(1 - \theta^2) & \theta/(1 - \theta^2) \\ 1/(2 + 2\theta) & \theta/(1 - \theta^2) & 1/(\theta^2 - 1) \end{bmatrix}$。可以求得海塞矩阵 H_3 负定，即 π_s^{ER} 是关于 e，w_f 和 p_o 的联合凹函数。令一阶导函数 $\dfrac{\partial \pi_s^{ER}}{\partial e} = 0$，$\dfrac{\partial \pi_s^{ER}}{\partial w_f} = 0$ 和 $\dfrac{\partial \pi_s^{ER}}{\partial p_o} = 0$，可得 $e(m) = \dfrac{a(3 + \theta) - m(2 + \theta)}{5 + 7\theta}$，$w_f(m) = \dfrac{8a - 7m + 8a\theta - 8m\theta}{2(5 + 7\theta)}$ 和 $w_o(m) = \dfrac{8a(1 + \theta) - m(2 + \theta)}{2(5 + 7\theta)}$。进一步，将上述反应函数 $e(m)$，$w_f(m)$ 和 $w_o(m)$ 代入 $p_o(m, e, w_f, w_o)$ 中，可得 $p_o(m) = \dfrac{4a(3 + 2\theta - \theta^2) + m(2\theta + 4\theta^2 - 3)}{2(5 + 7\theta)}$。

再次，将上述反应函数 $e(m)$，$w_f(m)$，$w_o(m)$ 和 $p_o(m)$ 代入式（6-10），制造商的优化问题可以转化为 $\max\limits_m \pi_m^{ER}(m) = \dfrac{m(4a(2 - \theta - \theta^2) - m(7 - 4\theta^2))}{2(1 - \theta)(5 + 7\theta)}$。

求解 π_m^{ER} 关于 m 的二阶导函数，可得 $\dfrac{\partial^2 \pi_m^{ER}}{\partial m^2} = \dfrac{4\theta^2 - 7}{(1-\theta)(5+7\theta)} < 0$，即 π_m^{ER} 是关于 m 的单峰凹函数。令一阶导函数 $\dfrac{\partial \pi_m^{ER}}{\partial m} = 0$，可以得到 $m^{ER} = \dfrac{2a(2-\theta-\theta^2)}{7-4\theta^2}$。

最后，将 m^{ER} 代入 $e(m)$，$w_f(m)$，$w_o(m)$ 和 $p_o(m)$ 中，可以得到 $e^{ER} = \dfrac{a(13+7\theta-6\theta^2-2\theta^3)}{(5+7\theta)(7-4\theta^2)}$，$w_f^{ER} = \dfrac{a(14+19\theta-\theta^2-8\theta^3)}{(5+7\theta)(7-4\theta^2)}$，$w_o^{ER} = \dfrac{a(24+28\theta-13\theta^2-15\theta^3)}{(5+7\theta)(7-4\theta^2)}$ 和 $p_o^{ER} = \dfrac{a(36+35\theta-29\theta^2-22\theta^3+4\theta^4)}{(5+7\theta)(7-4\theta^2)}$。进一步，计算 $m^{ER}+w_f^{ER}$，可得制造商品牌的零售价格 $p_f^{ER} = \dfrac{a(34+37\theta-25\theta^2-22\theta^3)}{(5+7\theta)(7-4\theta^2)}$。证毕。

根据命题 6 – 3 中供应商、制造商和平台的均衡决策，可以得到制造商品牌需求 $D_f^{ER} = \dfrac{a(2+\theta)}{5+7\theta}$，供应商品牌需求 $D_o^{ER} = \dfrac{a(12+7\theta-4\theta^2)}{(5+7\theta)(7-4\theta^2)}$，制造商利润 $\pi_m^{ER} = \dfrac{2a^2(1-\theta)(2+\theta)^2}{(5+7\theta)(7-4\theta^2)}$，供应商利润 $\pi_s^{ER} = \dfrac{a^2(9+7\theta-3\theta^2-\theta^3)}{(5+7\theta)(7-4\theta^2)}$，平台利润 $\pi_p^{ER} = \dfrac{a^2(12+7\theta-4\theta^2)^2(1-\theta^2)}{(5+7\theta)^2(7-4\theta^2)^2}$。

6.2.4 供应商代销渠道入侵下均衡策略

在供应商通过代销渠道入侵的情形 EA 中，除了为制造商提供产品外，供应商还配置一个代销渠道，通过一个作为在线市场的平台向消费者销售其自有品牌产品。该情形下，制造商和供应商的优化问题分别为：

$$\max_m \pi_m^{EA}(m) = mD_f^E \qquad (6-13)$$

$$\max_{e,w_f,p_o} \pi_s^{EA}(e,\ w_f,\ p_o) = w_f D_f^E - e^2 + (1-\lambda)p_o D_o^E \qquad (6-14)$$

平台的利润为：

$$\pi_p^{EA} = \lambda p_o D_o^E \qquad (6-15)$$

根据式（6 – 13）和式（6 – 14），采用逆向归纳法求解上述优化问题，可得如下命题。

命题 6 – 4 情形 EA 下，供应商的最优研发投资水平 $e^{EA} = \dfrac{a(1-\lambda)(\theta^2(2-\lambda)^2+\theta(4+2\lambda-2\lambda^2)+2(\lambda+\lambda^2-4))}{2A(3+\lambda)}$，制造商的最优边际利润

$m^{EA} = \dfrac{a(2 - 2\theta + \theta\lambda)}{3 + \lambda}$，供应商品牌最优零售价格 $p_o^{EA} = \dfrac{a\left(\theta^2(14 - 9\lambda + \lambda^2) + \theta(3\lambda - 3\lambda^2 - 4) + 6\lambda + 4\lambda^2 - 10\right)}{2A(3 + \lambda)}$，

制造商品牌最优批发价格 $w_f^{EA} = \dfrac{a(1 - \lambda)\left(2\theta^3(2 - \lambda)^2 + \theta^2(2 + 5\lambda - 3\lambda^2) + \theta(5\lambda + 3\lambda^2 - 4) - 2(3 + \lambda)\right)}{2A(3 + \lambda)}$，制造

商品牌最优零售价格 $p_f^{EA} = \dfrac{a\left(8\lambda + 6\lambda^2 + \theta^2(26 - 29\lambda + 6\lambda^2 + \lambda^3) - \theta(4 - 13\lambda + 8\lambda^2 + \lambda^3) - 14 - 2\theta^3(2 - \lambda)^2\right)}{2A(3 + \lambda)}$，其中，

$A = \theta^2(2 - \lambda)^2 + \lambda + \lambda^2 - \theta(2 - 3\lambda + \lambda^2) - 2$。

证明　首先，将式（6-3）和式（6-4）中的需求函数代入式（6-14）中；根据式（6-14），求解得到 π_s^{EA} 关于 e，w_f 和 p_o 的海塞矩阵 $H_4 =$

$$\begin{bmatrix} -2 & 1/(1 + \theta) & (1 - \lambda)/(1 + \theta) \\ 1/(1 + \theta) & 2/(\theta^2 - 1) & \theta(2 - \lambda)/(1 - \theta^2) \\ (1 - \lambda)/(1 + \theta) & \theta(2 - \lambda)/(1 - \theta^2) & 2(1 - \lambda)/(\theta^2 - 1) \end{bmatrix}$$。进一步，可以求得当

θ 和 λ 满足约束 $f(\theta, \lambda) \triangleq \theta^2(2 - \lambda)^2 + \lambda + \lambda^2 - \theta(2 - 3\lambda + \lambda^2) - 2 < 0$ 时，海塞矩阵

H_4 负定，即 π_s^{EA} 是关于 e，w_f 和 p_o 的联合凹函数。令一阶导函数 $\dfrac{\partial \pi_s^{EA}}{\partial e} = 0$，$\dfrac{\partial \pi_s^{EA}}{\partial w_f}$

$= 0$ 和 $\dfrac{\partial \pi_s^{EA}}{\partial p_o} = 0$，可以得到 $e(m) = \dfrac{\left((2a(\theta - 1) - m\theta)(\lambda - 2) - 2m\right)(\lambda - 1)}{2\left(\theta^2(2 - \lambda)^2 + \lambda + \lambda^2 - \theta(2 - 3\lambda + \lambda^2) - 2\right)}$，

$w_f(m) = \dfrac{(\lambda - 1)\left(2a(1 - \theta)(2 - \theta(\lambda - 2)) - m(3 + \theta + 2\theta^2(\lambda - 2) + \lambda - \theta\lambda)\right)}{2\left(\theta^2(2 - \lambda)^2 + \lambda + \lambda^2 - \theta(2 - 3\lambda + \lambda^2) - 2\right)}$ 和

$p_o(m) = \dfrac{m - m\theta + m(3\theta - 1)\lambda - 2a(1 - \theta)(2(1 + \theta) - (2 + \theta)\lambda)}{2\left(\theta^2(2 - \lambda)^2 + \lambda + \lambda^2 - \theta(2 - 3\lambda + \lambda^2) - 2\right)}$。

其次，将上述反应函数 $e(m)$，$w_f(m)$，$p_o(m)$ 和式（6-4）代入式（6-13），制造商的优化问题可以转化为 $\max\limits_m \pi_m^{EA}(m) = \dfrac{m(\lambda - 1)\left(2a(2 + \theta(\lambda - 2)) - m(3 + \lambda)\right)}{2\left(\theta^2(2 - \lambda)^2 + \lambda + \lambda^2 - \theta(2 - 3\lambda + \lambda^2) - 2\right)}$。

求解 π_m^{EA} 关于 m 的二阶导函数，可得当 $f(\theta, \lambda) < 0$ 时，$\dfrac{\partial^2 \pi_m^{EA}}{\partial m^2} =$

$\dfrac{(3 + \lambda)(1 - \lambda)}{\theta^2(2 - \lambda)^2 + \lambda + \lambda^2 - \theta(2 - 3\lambda + \lambda^2) - 2} < 0$，即 π_m^{EA} 是关于 m 的单峰凹函数。

令一阶导函数 $\dfrac{\partial \pi_m^{ER}}{\partial m} = 0$，可以得到 $m^{EA} = \dfrac{a(2 - 2\theta + \theta\lambda)}{3 + \lambda}$。

最后，将 m^{EA} 代入 $e(m)$，$w_f(m)$ 和 $p_o(m)$ 中，可以得到 $e^{EA} =$

$$\dfrac{a(1-\lambda)(\theta^2(2-\lambda)^2 + \theta(4 + 2\lambda - 2\lambda^2) + 2(\lambda + \lambda^2 - 4))}{2(3+\lambda)(\theta^2(2-\lambda)^2 + \lambda + \lambda^2 - \theta(2 - 3\lambda + \lambda^2) - 2)}, \quad p_o^{EA} = \dfrac{a(6\lambda + 4\lambda^2 + \theta(3\lambda - 3\lambda^2 - 4) + \theta^2(14 - 9\lambda + \lambda^2) - 10)}{2(3+\lambda)(\theta^2(2-\lambda)^2 + \lambda + \lambda^2 - \theta(2 - 3\lambda + \lambda^2) - 2)}$$ 和 $w_f^{EA} =$

$$\dfrac{a(1-\lambda)(2\theta^3(2-\lambda)^2 - 2(3+\lambda) + \theta^2(2 + 5\lambda - 3\lambda^2) + \theta(5\lambda + 3\lambda^2 - 4))}{2(3+\lambda)(\theta^2(2-\lambda)^2 + \lambda + \lambda^2 - \theta(2 - 3\lambda + \lambda^2) - 2)}$$。进一

步，计算 $m^{ED} + w_f^{ED}$，可得 $p_f^{EA} = \dfrac{a(8\lambda + 6\lambda^2 + \theta^2(26 - 29\lambda + 6\lambda^2 + \lambda^3) - \theta(4 - 13\lambda + 8\lambda^2 + \lambda^3) - 14 - 2\theta^3(2-\lambda)^2)}{2A(3+\lambda)}$。

证毕。

根据式（6-15）以及命题 6-4 中供应商和制造商的均衡决策，可以得到制造商品牌需求 $D_f^{EA} = \dfrac{a(2 + \theta(\lambda - 2))(\lambda - 1)}{2A}$，供应商品牌需求 $D_o^{EA} =$

$\dfrac{a(2\theta^2(2-\lambda)^2 + 6\lambda + 4\lambda^2 + \theta(2 + 5\lambda - 3\lambda^2) - 10)}{2A(3+\lambda)}$，制造商利润 $\pi_m^{EA} =$

$\dfrac{a^2(\lambda-1)(2 - 2\theta + \theta\lambda)^2}{2A(3+\lambda)}$，供应商利润 $\pi_s^{EA} = \dfrac{a^2(1-\lambda)(3\theta^2(2-\lambda)^2 - 4\theta(\lambda - 2)\lambda + 4(\lambda + \lambda^2 - 3))}{4A(3+\lambda)}$，平

台利润 $\pi_p^{EA} = \dfrac{a^2\lambda(2\theta^2(-2+\lambda)^2 + 6\lambda + 4\lambda^2 + \theta(2 + 5\lambda - 3\lambda^2) - 10)(6\lambda + 4\lambda^2 + \theta(-4 + 3\lambda - 3\lambda^2) + \theta^2(14 - 9\lambda + \lambda^2) - 10)}{4A^2(3+\lambda)^2}$。

6.3　渠道选择策略与均衡结果分析

从命题 6-1 至命题 6-4 可以看出，在不同情形下，制造商、供应商和平台的最优定价和研发投资决策有所不同，进而导致各企业的利润有所差异。接下来将不同入侵模式下的均衡解与无供应商入侵下的均衡解进行对比，分析不同入侵模式的影响，然后对比 6.2 节中的四种情形，探讨企业的渠道选择策略。

6.3.1　不同入侵模式的影响

本节分析不同入侵模式对企业均衡决策与利润的影响，并给出不同入侵情形的 Pareto 区域。

1. 直销渠道入侵的影响

比较情形 ED 和情形 NE 下的均衡结果，可以得到以下定理。

定理 6 − 1　比较情形 ED 和情形 NE 下企业的最优决策，可得：

（1）$w_f^{ED} > w_f^{NE}$，$e^{ED} > e^{NE}$；

（2）当 $\theta < \dfrac{\sqrt{33} - 1}{8}$ 时，$p_f^{ED} > p_f^{NE}$，否则，$p_f^{ED} \leqslant p_f^{NE}$；

（3）当 $\theta < 0.25$ 时，$m^{ED} > m^{NE}$ 和 $D_f^{ED} > D_f^{NE}$，否则，$m^{ED} \leqslant m^{NE}$ 和 $D_f^{ED} \leqslant D_f^{NE}$。

证明　根据命题 6 − 1 和命题 6 − 2 中的均衡解，求得 $w_f^{ED} - w_f^{NE} = \dfrac{a(1 + \theta + 4\theta^2)}{6(1 + 2\theta)} > 0$ 和 $e^{ED} - e^{NE} = \dfrac{a}{2 + 4\theta} > 0$，因此，$w_f^{ED} > w_f^{NE}$ 和 $e^{ED} > e^{NE}$；$p_f^{ED} - p_f^{NE} = \dfrac{a(2 - \theta - 4\theta^2)}{6(1 + 2\theta)}$，可知，当 $\theta < \dfrac{\sqrt{33} - 1}{8}$ 时，$p_f^{ED} > p_f^{NE}$；$m^{ED} - m^{NE} = \dfrac{a(1 - 4\theta)}{6}$ 和 $D_f^{ED} - D_f^{NE} = \dfrac{a(1 - 4\theta)}{6(1 + 2\theta)}$，可知，当 $\theta < 0.25$ 时，$m^{ED} > m^{NE}$ 和 $D_f^{ED} > D_f^{NE}$。证毕。

定理 6 − 1 表明，情形 ED 下的制造商品牌批发价格和研发投资水平都高于情形 NE 下的值。在情形 ED 中，供应商并不完全依赖制造商品牌渠道，新引入的自有品牌可以为其带来收入，因此供应商会提高制造商品牌批发价格。这一结果与供应商打开直销渠道的双渠道设置的情况部分矛盾。例如，许多已有研究提出制造商可以在引入直销渠道后降低批发价格（Arya，Mittendorf and Sappington，2007；Li，Gilbert and Lai，2015；Sun，Tang，Zhang，et al.，2021；Zhang，Li，Liu，et al.，2021）。在情形 ED 中，供应商对产品投入更多的技术，因为研发投资水平的提升可以增加两种品牌的市场需求，从而使供应商获得更多的利润。此外，可以看到，虽然供应商在情形 ED 中提高了批发价格，但只有当产品可替代性较低时 $\left(\theta < \dfrac{\sqrt{33} - 1}{8}\right)$，制造商品牌零售价格才会提高。因为当竞争激烈时，较低的零售价格可以使得制造商获得更多的需求。此外，当产品可替代性较低（$\theta < 0.25$）时，供应商入侵可以提高制造商的边际利润和市场需求，从而使制造商受益；否则，就会产生相反的结果。

定理 6 − 2　比较情形 ED 和情形 NE 下企业的最优利润，可得：

（1）当 $F < F_1$ 时，$\pi_s^{ED} > \pi_s^{NE}$，否则，$\pi_s^{ED} \leqslant \pi_s^{NE}$；

（2）当 $\theta < 0.25$ 时，$\pi_m^{ED} > \pi_m^{NE}$，否则 $\pi_m^{ED} \leqslant \pi_m^{NE}$；其中，$F_1 = \dfrac{a^2(5 + 4\theta)}{12(1 + 2\theta)}$。

证明 $\pi_s^{ED} - \pi_s^{NE} = \dfrac{a^2(5+4\theta)}{12(1+2\theta)} - F$，因此，当 $F < F_1 \triangleq \dfrac{a^2(5+4\theta)}{12(1+2\theta)}$ 时，$\pi_s^{ED} > \pi_s^{NE}$；$\pi_m^{ED} - \pi_m^{NE} = \dfrac{a^2(1-4\theta)}{6(1+2\theta)}$，因此，当 $\theta < 0.25$ 时，$\pi_m^{ED} > \pi_m^{NE}$。证毕。

定理 6-2 揭示了供应链企业对情形 ED 或情形 NE 的偏好。很明显，只有当进入成本低于阈值 F_1 时，供应商才会部署新的直销渠道，这个结果是直观的。当且仅当产品可替代性较低（$\theta < 0.25$）时，制造商偏好供应商入侵零售市场。因为当产品可替代性高时，供应商入侵会蚕食制造商品牌的销售，损害制造商的边际利润。这个结果也可以在已有研究中看到（Chen，Liang and Yao，2019）。它们表明，当制造商和供应商的产品变得更具替代性时，无论需求基数如何，它们都会受到供应商入侵的伤害。这说明当两种产品的替代性增强时，渠道冲突就会产生，因此，为供应商入侵开发一个完全不同的产品可能会更好。

此外，定理 6-2 表明，在一定条件下，所有企业都能从直销渠道的引入中受益，这意味着 Pareto 改进可以实现。图 6-3 形象地描述了情形 ED 的 Pareto 改进区域，可知只有当产品可替代性 θ 和单位市场进入成本 F/a^2 都很小时，Pareto 改进才能实现。

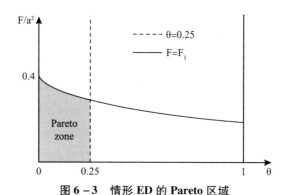

图 6-3　情形 ED 的 Pareto 区域

2. 转售渠道入侵的影响

比较情形 ER 和情形 NE 下的均衡结果，可以得到以下定理。

定理 6-3　比较情形 ER 和情形 NE 下企业的最优决策，可得：

（1）$w_f^{ER} > w_f^{NE}$，$e^{ER} > e^{NE}$；

（2）当 $\theta < \theta_0$ 时，$p_f^{ER} > p_f^{NE}$，否则，$p_f^{ER} \leqslant p_f^{NE}$；其中，$\theta_0$ 是 $g(\theta) = 50\theta^2 -$

$8\theta^3 + 23\theta - 29$ 的零点；

（3）当 $\theta < 0.25$ 时，$m^{ER} > m^{NE}$ 和 $D_f^{ER} > D_f^{NE}$，否则，$m^{ER} \leqslant m^{NE}$ 和 $D_f^{ER} \leqslant D_f^{NE}$。

证明　根据命题 6 - 1 和命题 6 - 3 中的均衡解，求得 $w_f^{ER} - w_f^{NE} = \dfrac{a(7 + 8\theta + 17\theta^2 + 4\theta^3)}{3(5 + 7\theta)(7 - 4\theta^2)} > 0$。$e^{ER} - e^{NE} = \dfrac{a(43 - 7\theta - 16\theta^2 + 16\theta^3)}{6(5 + 7\theta)(7 - 4\theta^2)}$，由 $e^{ER} - e^{NE}$ 的表达式易得，$e^{ER} - e^{NE}$ 为正或为负取决于分子 $a(43 - 7\theta - 16\theta^2 + 16\theta^3)$ 的值。令 $h_1(\theta) = 43 - 7\theta - 16\theta^2 + 16\theta^3$，可以求得 $h_1'(\theta) = 48\theta^2 - 32\theta - 7$。在 $\theta \in (0, 1)$ 的范围内，$h_1'(\theta)$ 只有一个零点 $\theta^0 = \dfrac{4 + \sqrt{37}}{12}$。进一步可知，当 $\theta < \theta^0$ 时，$h_1'(\theta) < 0$，否则，$h_1'(\theta) > 0$。因此，$h_1(\theta)$ 随 θ 先减小后增加。通过计算可得，$h_1(\theta) \geqslant h_1(\theta^0) = \dfrac{1}{54}(2132 - 37\sqrt{37}) > 0$，因此，$e^{ER} > e^{NE}$。

$$p_f^{ER} - p_f^{NE} = \frac{a(29 - 23\theta - 50\theta^2 + 8\theta^3)}{6(5 + 7\theta)(7 - 4\theta^2)}$$，由 $p_f^{ER} - p_f^{NE}$ 的表达式易得，$p_f^{ER} - p_f^{NE}$ 为正或为负取决于分子 $a(29 - 23\theta - 50\theta^2 + 8\theta^3)$ 的值。令 $h_2(\theta) = 29 - 23\theta - 50\theta^2 + 8\theta^3$，可以求得 $h_2'(\theta) = 24\theta^2 - 100\theta - 23$。在 $\theta \in (0, 1)$ 的范围内，$h_2'(\theta) < 0$ 恒成立，因此，$h_2(\theta)$ 随 θ 单调递减。通过计算可得，$h_2(\theta)|_{\theta \to 0} = 29$ 和 $h_2(\theta)|_{\theta \to 1} = -35$，可知，在 $\theta \in (0, 1)$ 的范围内，$h_2(\theta)$ 仅有一个零点 θ_0。因此，当 $\theta < \theta_0$ 时，$h_2(\theta) > 0$，故 $p_f^{ER} > p_f^{NE}$；否则，$h_2(\theta) \leqslant 0$，故 $p_f^{ER} \leqslant p_f^{NE}$。

$m^{ER} - m^{NE} = \dfrac{a(1 - 4\theta)}{2(7 - 4\theta^2)}$ 和 $D_f^{ER} - D_f^{NE} = \dfrac{a(1 - 4\theta)}{3(5 + 7\theta)}$。可知，当 $\theta < 0.25$ 时，$m^{ER} > m^{NE}$ 和 $D_f^{ER} > D_f^{NE}$，否则，$m^{ER} \leqslant m^{NE}$ 和 $D_f^{ER} \leqslant D_f^{NE}$。证毕。

定理 6 - 3 表明，情形 ER 下的制造商品牌批发价格和研发投资水平都高于情形 NE 下的值。这背后的原因与定理 6 - 1 相同。制造商品牌零售价格、制造商的边际利润和市场需求的变化取决于产品可替代性 θ。虽然供应商在入侵下提高了制造商品牌批发价格，但只有当产品可替代性较低（$\theta < \theta_0$）时，制造商品牌零售价格才会提高。此外，只有当产品可替代性较低（$\theta < 0.25$）时，供应商入侵才能增加制造商的边际利润和市场需求，从而使制造商受益。

定理 6 - 4　比较情形 ER 和情形 NE 下企业的最优利润，可得：

（1）$\pi_s^{ER} > \pi_s^{NE}$；

（2）当 $\theta < 0.25$ 时，$\pi_m^{ER} > \pi_m^{NE}$，否则，$\pi_m^{ER} \leqslant \pi_m^{NE}$。

证明　$\pi_s^{ER} - \pi_s^{NE} = \dfrac{a^2(73 + 35\theta - 16\theta^2 + 16\theta^3)}{12(5 + 7\theta)(7 - 4\theta^2)}$，由 $\pi_s^{ER} - \pi_s^{NE}$ 的表达式，可以求得分子 $73 + 35\theta - 16\theta^2 + 16\theta^3 > 0$，因此，$\pi_s^{ER} > \pi_s^{NE}$，该证明过程与定理 6 – 3 相似，这里不再赘述。$\pi_m^{ER} - \pi_m^{NE} = \dfrac{a^2(4\theta - 1)(4\theta^2 - 3\theta - 13)}{6(5 + 7\theta)(7 - 4\theta^2)}$，可知，当 $\theta < 0.25$ 时，$\pi_m^{ER} > \pi_m^{NE}$，否则，$\pi_m^{ER} \leqslant \pi_m^{NE}$。证毕。

定理 6 – 4 揭示了供应链企业对情形 ER 或情形 NE 的偏好。与定理 6 – 2 不同，供应商总是会部署一个新的转售渠道。因为除了可以销售自有品牌的产品外，供应商还可以通过提高制造商品牌的批发价格来获得更多的利润。只有当产品可替代性较低（$\theta < 0.25$）时，制造商才偏好供应商入侵零售市场。这背后的直觉与定理 6 – 2 是一样的。此外，定理 6 – 4 表明，在一定条件下，供应商转售渠道入侵可以提高所有成员的利润，即情形 ER 可以实现 Pareto 改进。图 6 – 4 形象地描述了情形 ER 的 Pareto 改进区域。可以看出，只有当产品可替代性 θ 很小时，Pareto 改进才能实现。

图 6 – 4　情形 ER 的 Pareto 区域

3. 代销渠道入侵的影响

比较情形 EA 和情形 NE 下的均衡结果，可以得到以下定理。

定理 6 – 5　比较情形 EA 和情形 NE 下企业的最优决策，可得：

（1）$e^{EA} > e^{NE}$；

（2）当且仅当 $f_1(\theta, \lambda) \geqslant 0$ 时，$w_f^{EA} \leqslant w_f^{NE}$，否则，大多数情况下 $w_f^{EA} > w_f^{NE}$；

（3）当 $f_2(\theta, \lambda) < 0$ 时，$p_f^{EA} > p_f^{NE}$，否则，$p_f^{EA} \leqslant p_f^{NE}$；

（4）当 $\theta < \theta_1$ 时，$m^{EA} > m^{NE}$，否则，$m^{EA} \leqslant m^{NE}$；

（5）当 $\theta < \theta_1$ 或 $\theta > 4\theta_1$ 时，$D_f^{EA} > D_f^{NE}$，否则，$D_f^{EA} \leqslant D_f^{NE}$。其中，$\theta_1 = \dfrac{1 - \lambda}{2(2 - \lambda)}$；$f_1(\theta, \lambda)$ 和 $f_2(\theta, \lambda)$ 展示在如下的证明中。

证明　根据命题 6 – 1 和命题 6 – 4 中的均衡解，求得 $e^{EA} - e^{NE} = \dfrac{a(\theta(2 - \lambda)(1 - \lambda)(9 + 7\lambda) - (\lambda - 1)^2(18 + 7\lambda) - 4\theta^2(\lambda - 2)^2\lambda)}{6(3 + \lambda)(\theta^2(2 - \lambda)^2 + \lambda + \lambda^2 - \theta(2 - 3\lambda + \lambda^2) - 2)}$。由 6.2.4 节中均衡策略的求解过程可知，$f(\theta, \lambda) \triangleq \theta^2(2 - \lambda)^2 + \lambda + \lambda^2 - \theta(2 - 3\lambda + \lambda^2) -$

$2 < 0$，故 $e^{EA} - e^{NE}$ 的分母为负。为证明 $e^{EA} - e^{NE} > 0$，令 $g(\theta, \lambda) = \theta(2 - \lambda)$ $(1 - \lambda)(9 + 7\lambda) - (\lambda - 1)^2(18 + 7\lambda) - 4\theta^2(\lambda - 2)^2\lambda$，下面证明 $g(\theta, \lambda) < 0$。首先，求 $g(\theta, \lambda)$ 关于 λ 的偏导数，可得 $g'_\lambda(\theta, \lambda) = 29 - 8\lambda - 21\lambda^2 - 4\theta^2(4 - 8\lambda + 3\lambda^2) + \theta(-13 - 24\lambda + 21\lambda^2)$；$g''_\lambda(\theta, \lambda) = -8 - 42\lambda - 4\theta^2(-8 + 6\lambda) + \theta(-24 + 42\lambda)$；$g'''_\lambda(\theta, \lambda) = -42 + 42\theta - 24\theta^2 < 0$。由 $g'''_\lambda(\theta, \lambda) < 0$ 可知，$g''_\lambda(\theta, \lambda)$ 随 λ 单调递减。其次，计算可得，$g''_\lambda(\theta, \lambda)\big|_{\lambda \to 0} = -8 - 24\theta + 32\theta^2 < 0$，因此，$g''_\lambda(\theta, \lambda) < 0$，故 $g'_\lambda(\theta, \lambda)$ 随 λ 单调递减。进一步，推导出 $g'_\lambda(\theta, \lambda)\big|_{\lambda \to 0} = 29 - 13\theta - 16\theta^2 > 0$ 和 $g'_\lambda(\theta, \lambda)\big|_{\lambda \to 1} = -16\theta + 4\theta^2 < 0$，所以，存在单个零点 $\lambda^0 = \dfrac{-4 - 12\theta + 16\theta^2 + \sqrt{625 - 786\theta + 301\theta^2 - 204\theta^3 + 64\theta^4}}{3(7 - 7\theta + 4\theta^2)}$。因此，当 $\lambda \in (0, \lambda^0)$ 时，$g(\theta, \lambda)$ 随 λ 单调递增，当 $\lambda \in (\lambda^0, 1)$ 时，$g(\theta, \lambda)$ 随 λ 单调递减。最后，计算可得，$g(\theta, \lambda)\big|_{\lambda = \lambda^0} = 0$，所以 $g(\theta, \lambda) < 0$ 恒成立，故 $e^{EA} > e^{NE}$。

$$w_f^{EA} - w_f^{NE} = \frac{a(6\theta^3(\lambda - 2)^2(1 - \lambda) - 2(\lambda - 1)^2(3 + \lambda) + \theta\lambda(13 - 6\lambda - 7\lambda^2) + \theta^2(25\lambda - 22\lambda^2 + 7\lambda^3 - 18))}{6(3 + \lambda)(\theta^2(2 - \lambda)^2 + \lambda + \lambda^2 - \theta(2 - 3\lambda + \lambda^2) - 2)},$$

$$p_f^{EA} - p_f^{NE} = \frac{a(\theta^2(18 - 47\lambda + 23\lambda^2 - 2\lambda^3) + 2\theta(9 + 2\lambda - 12\lambda^2 + \lambda^3) - 6\theta^3(\lambda - 2)^2 - (\lambda - 1)^2(12 + 5\lambda))}{6(3 + \lambda)(\theta^2(2 - \lambda)^2 + \lambda + \lambda^2 - \theta(2 - 3\lambda + \lambda^2) - 2)},$$

由 6.2.4 节中均衡策略的求解过程可知，$f(\theta, \lambda) \triangleq \theta^2(2 - \lambda)^2 + \lambda + \lambda^2 - \theta(2 - 3\lambda + \lambda^2) - 2 < 0$，故 $w_f^{EA} - w_f^{NE}$ 和 $p_f^{EA} - p_f^{NE}$ 的分母为负，因此，$w_f^{EA} - w_f^{NE}$ 和 $p_f^{EA} - p_f^{NE}$ 为负或为正取决于分子的值。可知，当 $f_1(\theta, \lambda) \triangleq 6\theta^3(\lambda - 2)^2(1 - \lambda) - 2(\lambda - 1)^2(3 + \lambda) + \theta\lambda(13 - 6\lambda - 7\lambda^2) + \theta^2(25\lambda - 22\lambda^2 + 7\lambda^3 - 18) < 0$ 时，$w_f^{EA} > w_f^{NE}$，否则，$w_f^{EA} \leqslant w_f^{NE}$；当 $f_2(\theta, \lambda) \triangleq \theta^2(18 - 47\lambda + 23\lambda^2 - 2\lambda^3) + 2\theta(9 + 2\lambda - 12\lambda^2 + \lambda^3) - 6\theta^3(\lambda - 2)^2 - (\lambda - 1)^2(12 + 5\lambda) < 0$ 时，$p_f^{EA} > p_f^{NE}$，否则，$p_f^{EA} \leqslant p_f^{NE}$。

$$m^{EA} - m^{NE} = \frac{a(1 - \lambda + 2\theta(\lambda - 2))}{2(3 + \lambda)},$$

由 $m^{EA} - m^{NE}$ 的表达式易得，$m^{EA} - m^{NE}$ 为正或为负取决于分子 $1 - \lambda + 2\theta(\lambda - 2)$ 的值。求解 $1 - \lambda + 2\theta(\lambda - 2) > 0$，可得 $\theta > \dfrac{1 - \lambda}{2(2 - \lambda)}$，因此，当 $\theta > \theta_1 \triangleq \dfrac{1 - \lambda}{2(2 - \lambda)}$ 时，$m^{EA} > m^{NE}$，否则，$m^{EA} \leqslant m^{NE}$。

$$D_f^{EA} - D_f^{NE} = \frac{a((2 + \theta(\lambda - 2) - 2\lambda)(\lambda - 1 - 2\theta(\lambda - 2)))}{6(\theta^2(2 - \lambda)^2 + \lambda + \lambda^2 - \theta(2 - 3\lambda + \lambda^2) - 2)},$$

$D_f^{EA} - D_f^{NE}$ 的分母为负，求解 $(2 + \theta(\lambda - 2) - 2\lambda)(\lambda - 1 - 2\theta(\lambda - 2)) > 0$，可得 $\dfrac{1 - \lambda}{2(2 - \lambda)} < \theta <$

$\dfrac{2(1-\lambda)}{2-\lambda}$，因此，当 $\dfrac{1-\lambda}{2(2-\lambda)} < \theta < \dfrac{2(1-\lambda)}{2-\lambda}$ 时，$D_f^{EA} < D_f^{NE}$，否则，$D_f^{EA} \geqslant D_f^{NE}$。证毕。

定理 6-5 表明，情形 EA 下的研发投资水平高于情形 NE 下的值。因为研发投资水平的提高可以增加两种品牌的市场需求，从而使供应商获得更多的利润。与定理 6-1 和定理 6-3 不同，情形 EA 下的制造商品牌批发价格并不总是高于情形 NE 下的值。当产品可替代性 θ 很小且代理费 λ 很大（$f_1(\theta, \lambda) > 0$）时，情形 EA 下的制造商品牌批发价格比情形 NE 下的值低。这是因为如果代理费很大，供应商主要依靠制造商品牌渠道。此外，从结果（iii）中可以发现，当产品可替代性 θ 很小或产品可替代性 θ 和代理费 λ 都很大时（$f_2(\theta, \lambda) < 0$），情形 EA 下的制造商品牌零售价格要高于情形 NE 下的值。因为当两种产品竞争激烈时，较低的制造商品牌零售价格使得更多的消费者购买制造商品牌，从而产生更多的需求。高额的代理费使得供应商更加依赖制造商品牌渠道，导致制造商品牌的竞争力更强，从而制造商品牌零售价格也会更高。此外，如果产品可替代性较低（$\theta < \theta_1$），供应商入侵可以提高制造商的边际利润和市场需求，从而使制造商受益。然而，与定理 6-1 和定理 6-3 不同的是，当产品可替代性高（$\theta > 4\theta_1$）时，供应商入侵也可以增加制造商品牌需求，这是由于代理费在情形 EA 中起着重要的作用。

定理 6-6 比较情形 EA 和情形 NE 下企业的最优利润，可得：

（1）$\pi_s^{EA} > \pi_s^{NE}$；

（2）当 $\theta < \theta_1$ 或 $\theta > \theta_2$ 时，$\pi_m^{EA} > \pi_m^{NE}$，否则，$\pi_m^{EA} \leqslant \pi_m^{NE}$。

其中，$\theta_1 = \dfrac{1-\lambda}{2(2-\lambda)}$ 和 $\theta_2 = \dfrac{6-5\lambda-\lambda^2}{6-5\lambda+\lambda^2}$。

证明 $\pi_s^{EA} - \pi_s^{NE} = \dfrac{a^2(2\theta^2(\lambda-2)^2(3-5\lambda)-(\lambda-1)^2(30+13\lambda) + \theta(6+17\lambda-36\lambda^2+13\lambda^3))}{12(3+\lambda)(\theta^2(2-\lambda)^2+\lambda+\lambda^2-\theta(2-3\lambda+\lambda^2)-2)}$，可

以求得 $\pi_s^{EA} > \pi_s^{NE}$，证明过程与定理 6-5 相似，这里不再赘述。$\pi_m^{EA} - \pi_m^{NE} = \dfrac{a^2(2\theta^2(\lambda-3)(\lambda-2)^2-(\lambda-1)^2(6+\lambda)+\theta(30-43\lambda+12\lambda^2+\lambda^3))}{6(3+\lambda)(\theta^2(2-\lambda)^2+\lambda+\lambda^2-\theta(2-3\lambda+\lambda^2)-2)}$，相似地，可

以求得，当 $\dfrac{1-\lambda}{2(2-\lambda)} < \theta < \dfrac{6-5\lambda-\lambda^2}{6-5\lambda+\lambda^2}$ 时，$\pi_m^{EA} < \pi_m^{NE}$，否则，$\pi_m^{EA} \geqslant \pi_m^{NE}$。证毕。

定理 6-6 揭示了供应链企业对情形 EA 或情形 NE 的偏好。供应商总是会部署一个新的代销渠道，其背后的直觉与定理 6-4 类似。只有当产品可替代

性较低（$\theta < \theta_1$）或产品可替代性和代理费均较大（$\theta > \theta_2$）时，制造商才偏好供应商入侵零售市场。因为当产品可替代性较低时，供应商入侵既可以增加制造商品牌的销量，也可以增加制造商的边际利润。然而，与情形 ED 和情形 ER 不同的是，当产品可替代性和代理费都较高时，制造商也偏好供应商入侵。高额的代理费使得供应商更依赖制造商品牌渠道，因此供应商会调整制造商品牌批发价格，诱导消费者购买制造商品牌的产品，从而使制造商受益。此外，定理 6 - 6 表明，在一定条件下，供应商代销渠道入侵可以提高所有成员的利润，即实现 Pareto 改进。图 6 - 5 形象地描述了情形 EA 的 Pareto 区域。可以看到，当产品可替代性 θ 很小或产品可替代性 θ 和代理费 λ 都很大时，Pareto 改进可以实现。

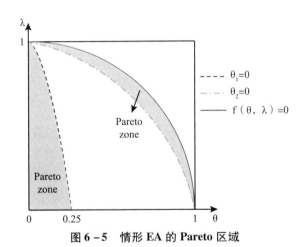

图 6 - 5　情形 EA 的 Pareto 区域

6.3.2　供应链企业的渠道选择策略

上一节分析了不同入侵模式的影响。本节将分别比较四种情形下供应商、制造商和平台的利润，分析不同企业对渠道情形的偏好。

1. 供应商的渠道选择

通过比较四种情形下供应商的利润，可以得到以下定理。

定理 6 - 7　四种情形下供应商利润的比较展示在表 6 - 2 中。

表6－2　　　　　　　　　　四种情形下供应商利润的比较

情况	条件	比较结果
$F_4 < F_3 < F_2$	$Y < F_4 < F_3 < F_2$	$\pi_s^{ED} > \pi_s^{EA} > \pi_s^{ER} > \pi_s^{NE}$
	$F_4 < Y < F_3 < F_2$	$\pi_s^{EA} > \pi_s^{ED} > \pi_s^{ER} > \pi_s^{NE}$
	$F_4 < F_3 < Y < F_2$	$\pi_s^{EA} > \pi_s^{ER} > \pi_s^{ED} > \pi_s^{NE}$
	$F_4 < F_3 < F_2 < Y$	$\pi_s^{EA} > \pi_s^{ER} > \pi_s^{NE} > \pi_s^{ED}$
$F_3 < F_4 < F_2$	$Y < F_3 < F_4 < F_2$	$\pi_s^{ED} > \pi_s^{ER} > \pi_s^{EA} > \pi_s^{NE}$
	$F_3 < Y < F_4 < F_2$	$\pi_s^{ER} > \pi_s^{ED} > \pi_s^{EA} > \pi_s^{NE}$
	$F_3 < F_4 < Y < F_2$	$\pi_s^{ER} > \pi_s^{EA} > \pi_s^{ED} > \pi_s^{NE}$
	$F_3 < F_4 < F_2 < Y$	$\pi_s^{ER} > \pi_s^{EA} > \pi_s^{NE} > \pi_s^{ED}$

注：$Y = F/a^2$，F_2，F_3 和 F_4 展示在证明中。

证明　首先，给出阈值 F_2，F_3 和 F_4：$F_2 = \dfrac{1+\theta}{2(1+2\theta)} - \dfrac{1}{12}$，$F_3 = \dfrac{1+\theta}{2(1+2\theta)} -$

$\dfrac{9+7\theta-3\theta^2-\theta^3}{(5+7\theta)(7-4\theta^2)}$，$F_4 = \dfrac{4(1+\theta)(3+\lambda)A - 2(1+2\theta)(1-\lambda)(3\theta^2(2-\lambda)^2 \\ \qquad -4\theta(\lambda-2)\lambda+4(\lambda+\lambda^2-3))}{8(1+2\theta)(3+\lambda)(\theta^2(2-\lambda)^2+\lambda \\ \qquad +\lambda^2-\theta(2-3\lambda+\lambda^2)-2)}$。

其次，令 $Y = F/a^2$，比较四种情形下供应商的利润，可得：（1）当 $Y < F_2$ 时，$\pi_s^{ED} > \pi_s^{NE}$，否则，$\pi_s^{ED} \leqslant \pi_s^{NE}$；（2）$\pi_s^{ER} > \pi_s^{NE}$ 和 $\pi_s^{EA} > \pi_s^{NE}$ 恒成立；（3）当 $Y < F_3$ 时，$\pi_s^{ED} > \pi_s^{ER}$，否则，$\pi_s^{ED} \leqslant \pi_s^{ER}$；（4）当 $Y < F_4$ 时，$\pi_s^{ED} > \pi_s^{EA}$，否则，$\pi_s^{ED} \leqslant \pi_s^{EA}$；（5）当 $F_3 > F_4$ 时，$\pi_s^{EA} > \pi_s^{ER}$，否则，$\pi_s^{EA} \leqslant \pi_s^{ER}$。

最后，通过计算可得，在情形 EA 中均衡结果存在的条件下，$F_2 > F_3$ 和 $F_2 > F_4$ 恒成立，然而，F_3 和 F_4 的大小关系并不是恒定的。因此，结合上述比较结果，可以得到表6－2。证毕。

定理6－7展示了供应商利润的对比结果。研究发现供应商总是会入侵现有的零售市场，这与已有研究有很大的不同（Zhang，Li and Ma，2021）。他们表明多渠道营销并不总是企业的最优选择，渠道替代度和交易费用影响因素是影响渠道策略的主要因素。然而，在本章的研究中，供应商总是愿意开辟一条新的渠道，因为增加一个新的渠道不仅可以让供应商销售自己的自有品牌产品，还可以让其从制造商品牌批发价格的提高中获得更多的利润。具体而言，当且仅当进入成本 F 很小时，供应商将建立直销渠道，这是符合常识的。否则，供应商将建立代销或转售渠道，这取决于参数 θ 和 λ 之间的关系。这一结果与已有研究不同（Pu，Sun and Shao，2020），他们指出渠道的运营成本决定了企业的渠道分销策略。

图 6 - 6 以直观的方式说明了定理 6 - 7 中的结果。可以看出，只有当产品可替代性非常高时，供应商才会通过转售渠道入侵零售市场。此外，代理费 λ 越小，供应商越有可能选择情形 EA。这很直观，因为代理费越小，供应商从代销中获得的收入比例就越高。基础市场需求 a 越大，供应商越有可能选择情形 ED，因为随着市场需求的扩大，供应商能够承担更高的进入成本。

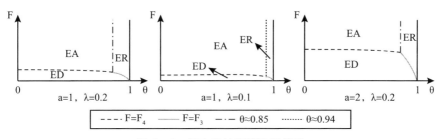

图 6 - 6　供应商的渠道选择策略

2. 制造商的渠道偏好

通过比较四种情形下制造商的利润，可以得到以下定理。

定理 6 - 8　四种情形下制造商利润的比较展示在表 6 - 3 中。

表 6 - 3　　　　　　　　　　四种情形下制造商利润的比较

情况	条件	比较结果
	$f(\theta, \lambda) > 0$	$\pi_m^{ED} > \pi_m^{ER} > \pi_m^{NE}$
	$f_3(\theta, \lambda) < 0$, $f_4(\theta, \lambda) < 0$ 和 $f_5(\theta, \lambda) < 0$	$\pi_m^{EA} > \pi_m^{ED} > \pi_m^{ER} > \pi_m^{NE}$
$\theta < 0.25$	$f_3(\theta, \lambda) < 0$, $f_4(\theta, \lambda) > 0$ 和 $f_5(\theta, \lambda) < 0$	$\pi_m^{ED} > \pi_m^{EA} > \pi_m^{ER} > \pi_m^{NE}$
	$f_3(\theta, \lambda) < 0$, $f_4(\theta, \lambda) > 0$ 和 $f_5(\theta, \lambda) > 0$	$\pi_m^{ED} > \pi_m^{ER} > \pi_m^{EA} > \pi_m^{NE}$
	$f_3(\theta, \lambda) > 0$, $f_4(\theta, \lambda) > 0$ 和 $f_5(\theta, \lambda) > 0$	$\pi_m^{ED} > \pi_m^{ER} > \pi_m^{NE} > \pi_m^{EA}$
	$f(\theta, \lambda) > 0$	$\pi_m^{NE} > \pi_m^{ER} > \pi_m^{ED}$
$\theta > 0.25$	$f_3(\theta, \lambda) < 0$, $f_4(\theta, \lambda) < 0$ 和 $f_5(\theta, \lambda) < 0$	$\pi_m^{EA} > \pi_m^{NE} > \pi_m^{ER} > \pi_m^{ED}$
	$f_3(\theta, \lambda) > 0$, $f_4(\theta, \lambda) < 0$ 和 $f_5(\theta, \lambda) < 0$	$\pi_m^{NE} > \pi_m^{EA} > \pi_m^{ER} > \pi_m^{ED}$

情况	条件	比较结果
$\theta > 0.25$	$f_3(\theta, \lambda) > 0$, $f_4(\theta, \lambda) < 0$ 和 $f_5(\theta, \lambda) > 0$	$\pi_m^{NE} > \pi_m^{ER} > \pi_m^{EA} > \pi_m^{ED}$
	$f_3(\theta, \lambda) > 0$, $f_4(\theta, \lambda) > 0$ 和 $f_5(\theta, \lambda) > 0$	$\pi_m^{NE} > \pi_m^{ER} > \pi_m^{ED} > \pi_m^{EA}$

注：$f(\theta, \lambda) > 0$，$f_3(\theta, \lambda)$，$f_4(\theta, \lambda)$ 和 $f_5(\theta, \lambda)$ 展示在证明中。

证明 首先，给出阈值 $f(\theta, \lambda)$，$f_3(\theta, \lambda)$，$f_4(\theta, \lambda)$ 和 $f_5(\theta, \lambda)$：
$f(\theta, \lambda) \triangleq \theta^2(2-\lambda)^2 + \lambda + \lambda^2 - \theta(2-3\lambda+\lambda^2) - 2 < 0$，$f_3(\theta, \lambda) = 3(\lambda-1)(2-2\theta+\theta\lambda)^2 - (3+\lambda)f(\theta, \lambda)$，$f_4(\theta, \lambda) = 6(1+2\theta)(\lambda-1)(2-2\theta+\theta\lambda)^2 - 4(1-\theta)(3+\lambda)f(\theta, \lambda)$，$f_5(\theta, \lambda) = (5+7\theta)(7-4\theta^2)(\lambda-1)(2-2\theta+\theta\lambda)^2 - 4(1-\theta)(2+\theta)^2(3+\lambda)f(\theta, \lambda)$。

其次，比较四种情形下制造商的利润，可得：（1）当 $\theta < 0.25$ 时，$\pi_m^{ED} > \pi_m^{NE}$，$\pi_m^{ER} > \pi_m^{NE}$ 和 $\pi_m^{ED} > \pi_m^{ER}$，否则，$\pi_m^{ED} \leqslant \pi_m^{NE}$，$\pi_m^{ER} \leqslant \pi_m^{NE}$ 和 $\pi_m^{ED} \leqslant \pi_m^{ER}$；（2）当 $f_3(\theta, \lambda) > 0$ 时，$\pi_m^{EA} < \pi_m^{NE}$，否则，$\pi_m^{EA} \geqslant \pi_m^{NE}$；（3）当 $f_4(\theta, \lambda) > 0$ 时，$\pi_m^{EA} < \pi_m^{ED}$，否则，$\pi_m^{EA} \geqslant \pi_m^{ED}$；（4）当 $f_5(\theta, \lambda) > 0$ 时，$\pi_m^{EA} < \pi_m^{ER}$，否则，$\pi_m^{EA} \geqslant \pi_m^{ER}$。

最后，结合上述结果，可以得到表 6-3。证毕。

定理 6-8 展示了制造商利润的对比结果。对于制造商来说，除非产品可替代性足够低，否则其不会偏好入侵情形。此外，制造商从不会偏好供应商通过转售渠道入侵。具体而言，如果产品可替代性较低（$\theta < 0.25$），情形 ED 或情形 EA 可以主导其余三种情形。否则，情形 NE 或情形 EA 主导其余情形。图 6-7 以直观的方式说明了定理 6-8。这一结果与已有研究的主张相矛盾（Chen，Liang and Yao，2019），他们指出，如果产品可替代性高，制造商将永远不会青睐供应商入侵。

制造商对渠道情形的偏好蕴含着战略外包决策的重要见解。第一，相对较低的产品可替代性使制造商能够将产品制造外包给拥有自有品牌产品的供应商，特别是当供应商通过直接渠道或代销渠道销售其产品时。第二，如果产品可替代性高，制造商不会将产品制造外包给供应商，除非后者不销售自有品牌产品或通过代销渠道销售产品。进一步，结合上文所讨论的供应商和制造商的渠道情形偏好，研究发现当供应商配置新的渠道以实现自身利益最大化时，其供应链合作伙伴制造商的情况可能会更糟。这一结果与已有研究的结果相似（Pu，Sun and Shao，2020），可以为供应链企业在关注自身收益的同时也关注供应链合作伙伴的利益提供理论指导。

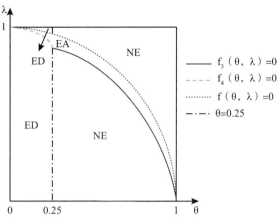

图 6 - 7　制造商对渠道情形的偏好

3. 平台的渠道偏好

通过比较两种情形下平台的利润，可以得到以下定理。

定理 6 - 9　两种情形下平台利润的比较展示在表 6 - 4 中。

表 6 - 4　　　　　　　　两种情形下平台利润的比较

条件	比较结果
$f_6(\theta, \lambda) > 0$	$\pi_p^{EA} > \pi_p^{ER}$
$f_6(\theta, \lambda) \leq 0$	$\pi_p^{EA} \leq \pi_p^{ER}$

注：$f_6(\theta, \lambda)$ 展示在证明中。

证明　首先，给出阈值：$f_6(\theta, \lambda) = \lambda(5 + 7\theta)^2(7 - 4\theta^2)^2 T_1 T_2 - 4A^2(3 + \lambda)^2(12 + 7\theta - 4\theta^2)^2(1 - \theta^2)$，其中，$T_1 = 2\theta^2(2 - \lambda)^2 + 6\lambda + 4\lambda^2 + \theta(2 + 5\lambda - 3\lambda^2) - 10$，$T_2 = 6\lambda + 4\lambda^2 + \theta(3\lambda - 3\lambda^2 - 4) + \theta^2(14 - 9\lambda + \lambda^2) - 10$。

其次，比较情形 ER 和情形 EA 下平台的利润，可得：$\pi_p^{EA} - \pi_p^{ER} = \dfrac{\lambda(5 + 7\theta)^2(7 - 4\theta^2)^2 T_1 T_2 - 4A^2(3 + \lambda)^2(12 + 7\theta - 4\theta^2)^2(1 - \theta^2)}{4(3 + \lambda)^2(\theta^2(2 - \lambda)^2 + \lambda + \lambda^2 - \theta(2 - 3\lambda + \lambda^2) - 2)^2(5 + 7\theta)^2(7 - 4\theta^2)^2}$。由 $\pi_p^{EA} - \pi_p^{ER}$ 的表达式可知，$\pi_p^{EA} - \pi_p^{ER}$ 为正或为负取决于分子的值。因此，当 $f_6(\theta, \lambda) > 0$ 时，$\pi_p^{EA} > \pi_p^{ER}$，否则，$\pi_p^{EA} \leq \pi_p^{ER}$。证毕。

定理 6 - 9 展示了平台利润的对比结果。对于平台而言，当代理费 λ 很小或产品可替代性 θ 和代理费 λ 都很大时，情形 ER 优于情形 EA；否则，情形 EA 更好。图 6 - 8 以直观的方式说明了定理 6 - 9 的结果。这一结果与多项已有的研究结果相吻合。例如，已有研究指出，当代理费较低时，平台应采用转售形式，当代理费足够高时，平台更倾向于代销（Wang，Zhao and Ji，2022；Zhong，Shen，Zhang，et al.，2022）。此外，有学者发现平台选择销售协议取决于代理费和线下进入成本（Zhang and Zhang，2020）。如果代理费非常小或非常大，线下进入成本很小，平台选择转售；否则选择代销。现实中，对于不同的产品品类，京东、亚马逊、沃尔玛的代理费分别为 1% ～ 10%、5% ～ 15%、6% ～ 20%。也就是说，平台设定的代理费一般不超过 0.2。因此，平台在大多数情况下作为转售商是合适的，只有当产品的可替代性非常高时，作为市场是合适的。

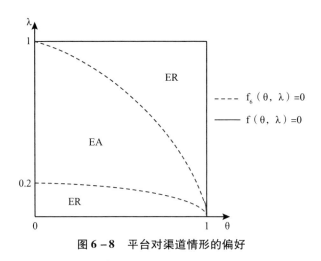

图 6 - 8　平台对渠道情形的偏好

6.4　扩展模型

基础模型中假设不同品牌产品的研发投资水平相同。在实践中，供应商可以针对不同品牌的产品进行差异化的研发投资。本节将制造商品牌产品和供应商品牌产品的研发投资水平分别表示为 e_f 和 e_o，因此，代表性消费者效用可以表示为：

$$U = (a + e_o)D_o + (a + e_f)D_f - \frac{D_o^2 + D_f^2}{2} - \theta D_o D_f - p_o D_o - p_f D_f \quad (6-16)$$

根据式（6-16）可得，供应商品牌需求和制造商品牌需求分别为：

$$D_o^E = \frac{a(1-\theta) + e_o - \theta e_f - p_o + \theta p_f}{1 - \theta^2} \quad (6-17)$$

$$D_f^E = \frac{a(1-\theta) + e_f - \theta e_o - p_f + \theta p_o}{1 - \theta^2} \quad (6-18)$$

当供应商不入侵时，制造商品牌需求为：

$$D_f^N = a + e_f - p_f \quad (6-19)$$

将上述需求函数代入不同情形下的企业利润中，采用逆向归纳法可以得到差异化研发投资下的均衡结果，如表 6-5 所示。具体求解过程与基础模型的求解相似，这里不再赘述。在此给出不同情形下最优解存在的约束条件，情形 ED 中的约束为 $\theta < 0.75$，情形 ER 中的约束为 $\theta < \sqrt{0.75}$，情形 EA 中的约束为 $\theta < \theta_3 = \sqrt{\dfrac{3(3 - 2\lambda - \lambda^2)}{4(\lambda - 2)^2}}$。

接下来，分别比较四种情形下供应商、制造商和平台的利润，分析不同企业对渠道情形的偏好。为便于描述，在此给出下文中用到的阈值：$\theta_3 = \sqrt{\dfrac{3(3 - 2\lambda - \lambda^2)}{4(\lambda - 2)^2}}$，$F_5 = \dfrac{(1-\lambda)\left(12\theta^2(\lambda-2)^2 + 18\lambda + 11\lambda^2 - 4\theta(\lambda + \lambda^2 - 6) - 45\right)}{4(3+\lambda)(4\theta^2(-2+\lambda)^2 + 3(-3 + 2\lambda + \lambda^2))} - \dfrac{5 + 4\theta}{4(3 + 4\theta)}$，$f_{10}(\theta, \lambda) = 3(\lambda - 1)(3 + 2\theta(\lambda - 2) + \lambda)^2 - (3 + \lambda)\Big(4\theta^2(\lambda - 2)^2 + \lambda\Big[2\theta^2(\lambda-2)^2 - \theta(\lambda + \lambda^2 - 6) + 3(2\lambda + \lambda^2 - 3)\Big] + 3(2\lambda + \lambda^2 - 3)\Big)$，$f_{11}(\theta, \lambda) = \dfrac{\Big[\theta(3 - 8\lambda - 3\lambda^2) + 6(2\lambda + \lambda^2 - 3) + 2\theta^2(14 - 9\lambda + \lambda^2)\Big]}{(3 + \lambda)^2 A_1^2} - \dfrac{2(1 - \theta^2)(21 - 14\theta - 20\theta^2 + 8\theta^3)^2}{49(21 - 40\theta^2 + 16\theta^4)^2}$。

表6-5　差异化研发投资下的均衡结果

均衡结果	情形			
	NE	ED	ER	EA
m^i	$\dfrac{a}{2}$	$\dfrac{a(3-4\theta)}{6}$	$\dfrac{a(7-4\theta-4\theta^2)}{2(7-4\theta^2)}$	$\dfrac{a(3-4\theta+\lambda+2\theta\lambda)}{2(3+\lambda)}$
e_f^i	$\dfrac{a}{6}$	$\dfrac{a}{6+8\theta}$	$\dfrac{a(7-4\theta-4\theta^2)}{42-56\theta^2}$	$\dfrac{a(\lambda-1)(3+2\theta(\lambda-2)+\lambda)}{2A_1}$
e_o^i	N/A	$\dfrac{a(3+2\theta)}{9+12\theta}$	$\dfrac{a(21-14\theta-20\theta^2+8\theta^3)}{7(21-40\theta^2+16\theta^4)}$	$\dfrac{a(\lambda-1)\left((3+\lambda\theta-2\theta-3\lambda)(3+\lambda)-2\theta^2(\lambda-2)^2\right)}{(3+\lambda)A_1}$
w_f^i	$\dfrac{a}{3}$	$\dfrac{a(3+6\theta+4\theta^2)}{9+12\theta}$	$\dfrac{a(49+14\theta-84\theta^2-24\theta^3+32\theta^4)}{7(21-40\theta^2+16\theta^4)}$	$a(1-\lambda)\left[\dfrac{\begin{array}{c}4\theta^3(\lambda-2)^2-2\theta^2(\lambda+\lambda^2-6)\\+2\theta(5\lambda+2\lambda^2-3)-(3+\lambda)^2\end{array}}{(3+\lambda)A_1}\right]$
w_o^i	N/A	N/A	$\dfrac{a(84-7\theta-150\theta^2+4\theta^3+56\theta^4)}{7(21-40\theta^2+16\theta^4)}$	N/A
p_o^i	N/A	$\dfrac{a(6+7\theta)}{9+12\theta}$	$\dfrac{a(126-35\theta-232\theta^2+48\theta^3+96\theta^4-16\theta^5)}{7(21-40\theta^2+16\theta^4)}$	$a\left[\dfrac{\begin{array}{c}\theta(3-8\lambda-3\lambda^2)+2\theta^2(14-9\lambda+\lambda^2)\\+6(2\lambda+\lambda^2-3)\end{array}}{(3+\lambda)A_1}\right]$
p_f^i	$\dfrac{5a}{6}$	$\dfrac{a(15+12\theta-8\theta^2)}{6(3+4\theta)}$	$\dfrac{a(245-56\theta-448\theta^2+64\theta^3+176\theta^4)}{14(21-40\theta^2+16\theta^4)}$	$a\left[\dfrac{\begin{array}{c}\theta^2(72-60\lambda-4\lambda^2+8\lambda^3)-8\theta^3(\lambda-2)^2\\-2\theta(5\lambda+6\lambda^2+\lambda^3-12)+5(\lambda-1)(3+\lambda)^2\end{array}}{2(3+\lambda)A_1}\right]$
D_o^i	N/A	$\dfrac{2a(3+2\theta)}{9+12\theta}$	$\dfrac{2a(21-14\theta-20\theta^2+8\theta^3)}{7(21-40\theta^2+16\theta^4)}$	$\dfrac{2a(2\theta^2(\lambda-2)^2-\theta(\lambda+\lambda^2-6)+3(2\lambda+\lambda^2-3))}{(3+\lambda)A_1}$

续表

均衡结果	情形			
	NE	ED	ER	EA
D_f^i	$\dfrac{a}{3}$	$\dfrac{a}{3+4\theta}$	$\dfrac{a(7-4\theta-4\theta^2)}{7(3-4\theta^2)}$	$\dfrac{a(\lambda-1)(3+2\theta(\lambda-2)+\lambda)}{A_1}$
π_m^i	$\dfrac{a^2}{6}$	$\dfrac{a^2(3-4\theta)}{6(3+4\theta)}$	$\dfrac{a^2(7-4\theta-4\theta^2)^2}{14(21-40\theta^2+16\theta^4)}$	$\dfrac{a^2(\lambda-1)(3+2\theta(\lambda-2)+\lambda)^2}{2(3+\lambda)A_1}$
π_s^i	$\dfrac{a^2}{12}$	$\dfrac{a^2(5+4\theta)}{4(3+4\theta)}-F$	$\dfrac{a^2(133-56\theta-152\theta^2+32\theta^3+16\theta^4)}{28(21-40\theta^2+16\theta^4)}$	$a^2(1-\lambda)\left[\dfrac{\begin{array}{c}12\theta^2(\lambda-2)^2+18\lambda+11\lambda^2\\-4\theta(\lambda+\lambda^2-6)-45\end{array}}{4(3+\lambda)A_1}\right]$
π_p^i	N/A	N/A	$\dfrac{4a^2(1-\theta^2)(21-14\theta-20\theta^2+8\theta^3)^2}{49(21-40\theta^2+16\theta^4)^2}$	$\dfrac{2a^2\lambda\left[\begin{array}{c}2\theta^2(\lambda-2)^2\\+3(2\lambda+\lambda^2-3)\\-\theta(\lambda+\lambda^2-6)\end{array}\right]\left[\begin{array}{c}\theta(3-8\lambda-3\lambda^2)\\+6(2\lambda+\lambda^2-3)\\+2\theta^2(14-9\lambda+\lambda^2)\end{array}\right]}{(3+\lambda)^2A_1^2}$

注：N/A 表示"不可用"和 $A_1=4\theta^2(\lambda-2)^2+3(2\lambda+\lambda^2-3)$。

首先，令 $a=1$ 和 $\lambda=0.2$，比较四种情形下供应商的利润，得到供应商的渠道选择策略，如图 6-9 所示。由图 6-9 可知，与基础模型的结果相似，当产品可替代性 θ 较小时，如果进入成本 F 较小，供应商建立直销渠道，否则，其建立代销渠道。随 θ 逐渐增加并超过某一固定值（$\theta>\theta_3$）时，供应商将配置一个转售渠道。由于 $\theta>\theta_3$ 时，参数取值已经满足不了情形 ED 和情形 EA 中最优解存在的约束条件，因此，情形 ER 最优。当 θ 非常大且超过某一固定值（$\theta>\sqrt{0.75}$）时，参数取值不满足所有入侵情形下最优解存在的约束条件，因此，供应商选择情形 NE。

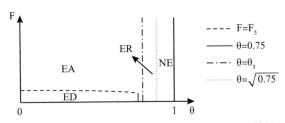

图 6-9 差异化研发投资下供应商的渠道选择策略

其次，比较四种情形下制造商的利润，得到制造商对渠道情形的偏好，如图 6-10 所示。由图 6-10 可知，情形 NE 或情形 EA 主导了其余情形。与基础模型的结果相比，制造商更不愿意供应商入侵。这是因为差异化的研发投资使供应商对自己品牌的产品投入了更多的技术，而对制造商品牌的产品进行更少的研发投资，使制造商处于不利的环境中。

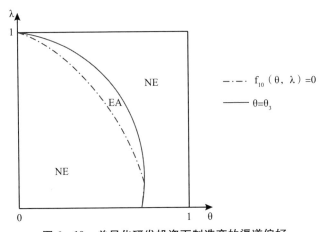

图 6-10 差异化研发投资下制造商的渠道偏好

最后，对比两种情形下平台的利润，得到平台对渠道情形的偏好，如图 6 – 11 所示。由于平台代理费一般低于 0.2，因此在大多数情况下，平台作为经销商是更有利的。这一结果证明了主要研究结论的稳健性。

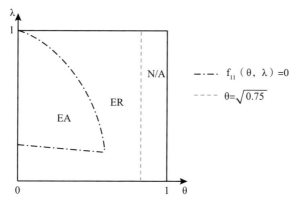

图 6 – 11　差异化研发投资下平台的渠道偏好

6.5　管理启示

基于本章所构建的模型，进行深入的理论分析，挖掘所得到的命题和定理，可以为现实中的供应链管理者、供应商、制造商和平台提供一定的管理启示，这主要体现在以下三个方面。

首先，本章的研究结果可以为供应链管理者提供决策指导。本章的工作从整个供应链的角度解决了制造商和平台如何在四种不同的渠道情形下进行最优定价决策，以及供应商如何进行定价和研发投资决策的问题。因此，供应链管理者可以根据企业的渠道情形作出最优决策。

其次，本章的研究成果可以为企业管理者制定渠道配置策略提供实践指导。从供应商的经济效益出发，探讨了配置哪种渠道的问题。具体而言，供应商应根据不同参数的值，如进入成本、产品可替代性、代理费、研发投资水平和基础市场需求，配置最优的渠道情形。

最后，本章的研究结果为研发投资制造商和平台模式偏好提供了管理启示。研究发现，当产品可替代性高时，供应商入侵对制造商是有害的，但总是有利于产品的研发投资水平。因此，制造商可以选择牺牲自己的利润来追求高研发投资水平。然而，当供应商对不同品牌的产品进行差异化研发投资时，制造商不应该这样做，因为供应商不会提高制造商品牌的研发投资水平。此外，对平台而言，当代理费较低或代理费和产品可替代性都较高时，平台更倾向于转售模式，反之则更倾向于代销模式。

6.6　本章小结

本章考虑了由一个制造商和由一个供应商组成的供应链，其中，制造商将部分或全部生产外包给供应商，供应商承诺采用新技术来生产制造商的产品。此外，供应商可以推出自己的品牌，通过配置直销、代销或转售渠道入侵制造商的零售市场。基于供应商是否以及如何入侵，本章提出了四种渠道情形；比较不同情形下的均衡结果，分析了不同入侵模式的影响，并获得了供应商、制造商和平台的最优渠道选择策略。此外，考虑不同品牌的产品具有差异化的研发投资水平，对基础模型进行扩展，进一步探讨了企业的最优渠道选择策略，推导出指导实践的结论和管理启示。

（1）供应商总是愿意开辟新的渠道以推出自有品牌产品，这是因为新渠道的增加不仅可以让供应商销售其自有品牌的产品，还可以让其从批发价格的提高中获得更多的利润。具体而言，供应商应该在进入成本较低时配置直销渠道，在产品可替代性很高时配置转售渠道，在其余情况下配置代销渠道。

（2）制造商在大多数情况下会受到供应商入侵的危害，只有当产品可替代性较低或产品可替代性较高且代理费处于中间时，制造商才会受益于供应商入侵。当供应商对不同品牌进行差异化研发投资时，制造商受到供应商入侵的伤害更大。因为差异化投资使供应商对其自有品牌投资更多，对制造商产品投资更少。

（3）平台一直倾向于供应商入侵。基于现实中代理费一般不大于0.2，平台在大多数情况下愿意充当中间商，只有当产品可替代性非常大时，才愿意充当市场。

（4）与无入侵相比，在一定条件下，三种入侵情形均能实现 Pareto 改进，即入侵可以提高所有成员的利润。具体而言，当产品可替代性和进入成本均较小时，直销入侵可以实现 Pareto 改进；当产品可替代性很小时，转售入侵可以实现 Pareto 改进；当产品可替代性很小或产品可替代性和代理费都很大时，代销入侵可以实现 Pareto 改进。

第7章 潜在供应商市场入侵下企业 研发投资和渠道选择策略

制造商从单一供应商采购变为从多家供应商采购时，潜在供应商的进入给在位供应商带来了巨大挑战。为提高自身竞争力，在位供应商会对产品进行研发投资。现实中，由于潜在供应商入侵，在位供应商进行研发投资的实例在多个行业都有发生。例如，在计算机领域，人工智能计算公司英伟达推出了一系列适用于数据中心和人工智能应用的 GPU 产品，入侵了英特尔的核心业务领域；为了对抗英伟达的崛起，英特尔开始加大对 GPU 技术的研发投资，并推出了自己的 GPU 产品线。在汽车行业中，一些大型汽车制造商通常会与多个零部件供应商合作，为了应对潜在的供应商，后者需要在研发或生产方面进行投资，以提供更高质量的零部件。对潜在供应商而言，尽管入侵新的市场领域能够为其带来收益，然而新渠道的建立也可能带来一些损害，如增加成本或增加管理难度等。对在位供应商而言，研发投资能够增强其市场竞争力，拓展市场份额，然而研发需要大量人力、物力和资金的投入。各企业有必要权衡市场入侵和研发投资的利弊，选择最优的投资策略并配置合适的销售渠道。因此，在潜在供应商市场入侵的背景下，对企业研发投资和渠道选择策略进行研究具有一定的理论意义和实践意义。

本章考虑潜在供应商可以入侵和在位供应商可以研发投资，针对不入侵不投资、不入侵投资、入侵不投资和入侵投资四种情形，配置包含下游制造商的四种渠道情形，构建与价格和研发投资水平相关的消费者效用函数，推导出消费者对不同品牌产品的需求。以企业利润最大化为目标，应用 Stackelberg 博弈理论，采用逆向求解方法求得不同情形下制造商、潜在供应商和在位供应商的最优定价、研发投资决策和利润。对比不同情形下的均衡结果，分析在位供应商研发投资和潜在供应商入侵的影响，并探讨企业的渠道选择策略，得到有价值的结论和管理启示。

7.1 问题描述、符号说明和模型假设

本节首先对潜在供应商市场入侵下企业研发投资和渠道选择策略问题进行详细描述，然后对本章涉及的符号进行说明并给出研究模型的基本假设。

7.1.1 问题描述

考虑由一个在位供应商、一个潜在的进入供应商（简称潜在供应商）和一个制造商组成的供应链，其中，在位供应商和潜在供应商都能够为制造商生产关键零部件。在位供应商拥有先进技术，可以选择是否对其产品进行研发投资；潜在供应商可以选择是否进入在位供应商的市场。当潜在供应商不进入时，市场中只存在在位供应商和制造商，此时，制造商将部分或全部生产外包给在位供应商，然后，将生产的最终产品销售给终端消费者。当潜在供应商进入市场时，制造商可以同时将其生产外包给在位供应商和潜在供应商。为便于表述，记在位供应商和潜在供应商供货生产的最终产品分别为产品 SB 和 EB。值得注意的是，由在位供应商和潜在供应商供货生产的最终产品被视为部分可替代的差异化产品，这是由于不同供应商在成本、质量、品牌知名度和客户偏好等方面具有差异（Liu，Wang and Shao，2023）。

基于潜在供应商是否入侵以及在位供应商是否进行研发投资，本章探讨四种情形：NN、NI、EN、EI，如表 7 -1 所示。针对潜在供应商不入侵的情形 N，分别考虑在位供应商不进行研发投资和进行研发投资的情形 NN 和情形 NI；针对潜在供应商入侵的情形 E，分别考虑在位供应商不进行研发投资和进行研发投资的情形 EN 和情形 EI，四种情形下的渠道情形如图 7 -1 所示。

表 7 -1　　　　　　　　　　　　　四种情形

潜在供应商入侵策略	在位供应商研发投资策略	
	不投资（N）	投资（I）
不入侵（N）	NN	NI
入侵（E）	EN	EI

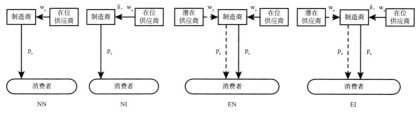

图 7 - 1　渠道情形

本章的研究问题是，研究在位供应商、潜在供应商和制造商的最优定价和研发投资策略以及渠道情形选择策略。具体的研究问题如下。

（1）不同渠道情形下，在位供应商、潜在供应商和制造商的最优定价和研发投资决策以及企业利润是什么？

（2）针对潜在供应商入侵和不入侵的情形，在位供应商何时会对其品牌进行研发投资？

（3）潜在供应商是否以及何时会入侵在位供应商的市场？

（4）消费者对潜在供应商品牌的估值、研发投资成本系数和投资效率如何影响企业研发投资水平、定价决策和利润？

7.1.2　符号说明

为便于清晰描述问题，下面对本章所涉及的符号进行定义和说明，见表 7 - 2。

表 7 - 2　　　　　　　　　　　　　　符号说明

符号		定义
决策变量	δ^i	情形 i 中，在位供应商的研发投资水平
	w_s^i	情形 i 中，在位供应商的批发价格
	w_e^i	情形 i 中，潜在供应商的批发价格
	p_s^i	情形 i 中，产品 SB 的零售价格
	p_e^i	情形 i 中，产品 EB 的零售价格
参数	i	渠道情形，$i \in \{NN, NI, EN, EI, EI-S\}$，分别表示无入侵无研发投资、无入侵进行研发投资、入侵无研发投资、入侵进行研发投资和入侵进行研发投资但制造商仅销售在位供应商产品的情形
	v	消费者对产品感知价值的支付意愿，$v \sim U(0, 1)$

符号		定义
参数	θ	消费者对 EB 产品的感知价值，描述了产品 EB 与产品 SB 的相对质量，$\theta > 0$
	t	研发投资水平对消费者效用的影响，亦称研发投资效率
	k	研发投资成本系数
	F	潜在供应商进入市场的固定进入成本
函数	D_s^i	情形 i 中，产品 SB 的市场需求
	D_e^i	情形 i 中，产品 EB 的市场需求
	π_S^i	情形 i 中，在位供应商的利润
	π_E^i	情形 i 中，潜在供应商的利润
	π_M^i	情形 i 中，制造商的利润

7.1.3 模型假设

不失一般性，在本章的研究中，做出如下假设。

（1）市场需求。假设消费者是异质的且最多购买一单位产品。标准化消费者对 SB 产品的感知价值为 1，令 $\theta(\theta > 0)$ 表示消费者对 EB 产品的感知价值，θ 也描述了产品 EB 与产品 SB 的相对质量（Zhang, Nan, Li, et al., 2022）。其中，$\theta > 1$ 意味着产品 EB 比产品 SB 有更高的质量且消费者愿意花费更多来购买产品 EB；$0 < \theta < 1$ 意味着产品 SB 比产品 EB 有更高的质量且消费者愿意花费更多来购买产品 SB；$\theta = 1$ 表示消费者对两种产品的喜好相同。基础模型中，假设 $\theta \geq 1$；在扩展模型中，考虑 $0 < \theta < 1$ 的情形。

令 v 表示消费者对产品感知价值的支付意愿，遵循 [0，1] 的均匀分布。当在位供应商进行研发投资时，每单位的研发投资水平 δ 会增加消费者对 SB 产品的效用 $t\delta$，其中，t 表示研发投资效率；若在位供应商不进行研发投资，则 $\delta = 0$。因此，制造商分别以价格 p_s 和 p_e 销售 SB 和 EB 产品时，购买 SB 和 EB 产品的消费者获得的效用分别为：

$$U_s = v - p_s + t\delta \tag{7-1}$$

$$U_e = \theta v - p_e \tag{7-2}$$

基于上述效用函数，消费者通过评估哪种产品的效用最高来做出购买决定。如果任何产品的净效用是非正的，消费者则不购买任何产品。因此，当 $U_s \geq U_e$ 和 $U_s \geq 0$ 时，消费者购买产品 SB；否则，当 $U_e \geq U_s$ 和 $U_e \geq 0$ 时，消费者购买产品 EB。表 7 - 3 总结了不同情形下的市场需求函数。

表 7 - 3　　　　　　　　　不同情形下市场需求（$\theta \geqslant 1$）

情形	θ 的范围	产品 SB 需求	产品 EB 需求
NN	N/A	$1 - p_s$	N/A
NI	N/A	$1 - p_s + t\delta$	N/A
EN	$1 < \theta < 1 + p_e - p_s$	$1 - p_s$	0
	$1 + p_e - p_s < \theta < p_e/p_s$	$\dfrac{p_e - p_s}{\theta - 1} - p_s$	$1 - \dfrac{p_e - p_s}{\theta - 1}$
	$\theta > p_e/p_s$	0	$1 - \dfrac{p_e}{\theta}$
EI	$1 < \theta < 1 + p_e - p_s + t\delta$	$1 - p_s + t\delta$	0
	$1 + p_e - p_s + t\delta < \theta < p_e/(p_s - t\delta)$	$\dfrac{p_e - p_s + t\delta}{\theta - 1} - (p_s - t\delta)$	$1 - \dfrac{p_e - p_s + t\delta}{\theta - 1}$
	$\theta > p_e/(p_s - t\delta)$	0	$1 - \dfrac{p_e}{\theta}$

注：N/A 表示"不可用"。

（2）博弈顺序。假设在位供应商、潜在供应商和制造商之间进行 Stackelberg 博弈。一般而言，入侵策略和研发投资策略作为长期决策，在生产决策前进行。据此，给出不同情形下博弈的决策序列，如图 7 - 2 所示。首先，潜在供应商决定是否入侵；然后，在位供应商决定是否进行研发投资；基于入侵和研发投资策略，探讨四种情形。情形 NN 中，在位供应商决定批发价格，制造商决定零售价格；情形 NI 中，在位供应商决定研发投资水平和批发价格，制造商决定零售价格；情形 EN 中，在位供应商和潜在供应商分别决定各自的批发价格，制造商决定两种产品的零售价格；情形 EI 中，在位供应商决定研发投资水平，在位供应商和潜在供应商分别决定各自的批发价格，制造商决定两种产品的零售价格，消费者作出购买决策，企业获得各自的利润。

（3）研发投资与相关成本。在位供应商进行研发投资时，决定研发投资水平 δ；假设研发投资成本是研发投资水平的下凸函数，即当研发投资水平增加时，成本会显著增加。令 k 表示研发投资成本系数，则研发投资成本为二次形式 $k\delta^2/2$（Hua and Yuan，2022；Liu，Wang and Shao，2023）。潜在供应商选择进入市场时，假设进入成本为固定且非负的，记为 F（Huang, Guan and Chen, 2018；Liu, Gupta and Zhang, 2006；Xu and Xiao, 2021）。为了简化分析，将供应商和制造商的单位生产成本归一化为零（Cao and Shen, 2022；Niu, Li, Zhang, et al., 2019）。

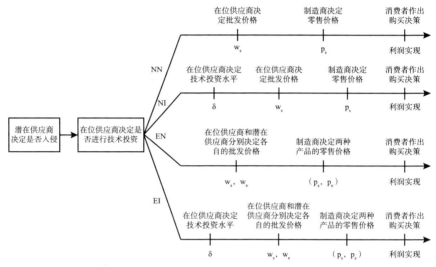

图 7 - 2　不同情形下博弈的决策序列

7.2　供应链企业的最优定价和研发投资策略

分别针对潜在供应商不入侵在位供应商不进行研发投资、潜在供应商不入侵在位供应商进行研发投资、潜在供应商入侵在位供应商不进行研发投资和潜在供应商入侵在位供应商进行研发投资四种模式，构建供应链企业的优化模型，研究在位供应商、潜在供应商和制造商的最优定价和研发投资策略。

7.2.1　无入侵且不进行研发投资下均衡策略

该情形下，在位供应商和制造商的优化问题分别为：

$$\max_{w_s}\pi_S^{NN}(w_s) = w_s D_s^{NN} \tag{7-3}$$

$$\max_{p_s}\pi_M^{NN}(p_s) = (p_s - w_s) D_s^{NN} \tag{7-4}$$

根据式（7-3）和式（7-4），采用逆向归纳法求解上述优化问题，可得如下命题。

命题 7 – 1　情形 NN 下，在位供应商的最优批发价格 $w_s^{NN} = \dfrac{1}{2}$，制造商的最优零售价格 $p_s^{NN} = \dfrac{3}{4}$。

证明　首先，将表 7 – 3 中的需求函数代入式（7 – 4）；根据式（7 – 4），求解 π_M^{NN} 关于 p_s 的二阶导函数，可得 $\dfrac{\partial^2 \pi_M^{NN}}{\partial p_s^2} = -2 < 0$，即 π_M^{NN} 是关于 p_s 的单峰凹函数。令一阶导函数 $\dfrac{\partial \pi_M^{NN}}{\partial p_s} = 0$，可得 $p_s(w_s) = \dfrac{1 + w_s}{2}$。

其次，将上述反应函数 $p_s(w_s)$ 和表 7 – 3 中的需求函数代入式（7 – 3）；根据式（7 – 3），求解 π_S^{NN} 关于 w_s 的二阶导函数，可得 $\dfrac{\partial^2 \pi_S^{NN}}{\partial w_s^2} = -1 < 0$，即 π_S^{NN} 是关于 w_s 的单峰凹函数。令一阶导函数 $\dfrac{\partial \pi_S^{NN}}{\partial w_s} = 0$，可得 $w_s^{NN} = \dfrac{1}{2}$。

最后，将 w_s^{NN} 代入 $p_s(w_s)$ 中，可以得到制造商的最优零售价格 $p_s^{NN} = \dfrac{3}{4}$。证毕。

根据命题 7 – 1 中在位供应商和制造商的均衡决策，可以得到 SB 产品需求 $D_s^{NN} = \dfrac{1}{4}$，在位供应商利润 $\pi_S^{NN} = \dfrac{1}{8}$，制造商利润 $\pi_M^{NN} = \dfrac{1}{16}$。

7.2.2　无入侵进行研发投资下均衡策略

该情形下，在位供应商和制造商的优化问题分别为：

$$\max_{\delta, w_s} \pi_S^{NI}(\delta, w_s) = w_s D_s^{NI} - \frac{k\delta^2}{2} \tag{7 – 5}$$

$$\max_{p_s} \pi_M^{NI}(p_s) = (p_s - w_s) D_s^{NI} \tag{7 – 6}$$

根据式（7 – 5）和式（7 – 6），采用逆向归纳法求解上述优化问题，可得如下命题。

命题 7 – 2　情形 NI 下，在位供应商的最优研发投资水平 $\delta^{NI} = \dfrac{t}{4k - t^2}$，在位供应商的最优批发价格 $w_s^{NI} = \dfrac{2k}{4k - t^2}$，制造商的最优零售价格 $p_s^{NI} = \dfrac{3k}{4k - t^2}$。

证明　首先，将表 7 – 3 中的需求函数代入式（7 – 6）；根据式（7 – 6），

求解 π_M^{NI} 关于 p_s 的二阶导函数，可得 $\dfrac{\partial^2 \pi_M^{NI}}{\partial p_s^2} = -2 < 0$，即 π_M^{NI} 是关于 p_s 的单峰凹函数。令一阶导函数 $\dfrac{\partial \pi_M^{NI}}{\partial p_s} = 0$，可得 $p_s(\delta, w_s) = \dfrac{1}{2}(1 + t\delta + w_s)$。

其次，将上述反应函数 $p_s(\delta, w_s)$ 和表 7-3 中的需求函数代入式 (7-5)；根据式 (7-5)，求解 π_S^{NI} 关于 w_s 的二阶导函数，可得 $\dfrac{\partial^2 \pi_S^{NI}}{\partial w_s^2} = -1 < 0$，即 π_S^{NI} 是关于 w_s 的单峰凹函数。令一阶导函数 $\dfrac{\partial \pi_S^{NI}}{\partial w_s} = 0$，可得 $w_s(\delta) = \dfrac{1}{2}(1 + t\delta)$。将 $w_s(\delta)$ 代入 $p_s(\delta, w_s)$ 可得 $p_s(\delta) = \dfrac{3}{4}(1 + t\delta)$。

然后，将反应函数 $w_s(\delta)$ 和 $p_s(\delta)$ 代入式 (7-5) 中，求解 π_S^{NI} 关于 δ 的二阶导函数，可知当 $t^2 < 4k$ 时，$\dfrac{\partial^2 \pi_S^{NI}}{\partial \delta^2} = \dfrac{t^2}{4} - k < 0$，即 π_S^{NI} 是关于 δ 的单峰凹函数。因此，限制约束 $t^2 > 4k$，以确保最优内部解 δ^{NI} 存在且唯一。令一阶导函数 $\dfrac{\partial \pi_S^{NI}}{\partial \delta} = 0$，可得 $\delta^{NI} = \dfrac{t}{4k - t^2}$。

最后，将 δ^{NI} 代入 $w_s(\delta)$ 和 $p_s(\delta)$ 中，可以得到在位供应商的最优批发价格 $w_s^{NI} = \dfrac{2k}{4k - t^2}$，制造商的最优零售价格 $p_s^{NI} = \dfrac{3k}{4k - t^2}$。证毕。

根据命题 7-2 中在位供应商和制造商的均衡决策，可以得到 SB 产品需求 $D_s^{NI} = \dfrac{k}{4k - t^2}$，在位供应商利润 $\pi_S^{NI} = \dfrac{k}{8k - 2t^2}$，制造商利润 $\pi_M^{NI} = \dfrac{k^2}{(4k - t^2)^2}$。

7.2.3 入侵不进行研发投资下均衡策略

该情形下，在位供应商、潜在供应商和制造商的优化问题分别为：

$$\max_{w_s} \pi_S^{EN}(w_s) = w_s D_s^{EN} \tag{7-7}$$

$$\max_{w_e} \pi_E^{EN}(w_e) = w_e D_e^{EN} - F \tag{7-8}$$

$$\max_{p_s, p_e} \pi_M^{EN}(p_s, p_e) = (p_s - w_s) D_s^{EN} + (p_e - w_e) D_e^{EN} \tag{7-9}$$

根据式 (7-7) 至式 (7-9)，采用逆向归纳法求解上述优化问题，可得如下命题。

命题 7-3 情形 EN 下，在位供应商的最优批发价格 $w_s^{EN} = \dfrac{\theta - 1}{4\theta - 1}$，潜在供

应商的最优批发价格 $w_e^{EN} = \dfrac{2(\theta-1)\theta}{4\theta-1}$，制造商的最优零售价格 $p_s^{EN} = \dfrac{2-5\theta}{2-8\theta}$ 和

$p_e^{EN} = \dfrac{3\theta(2\theta-1)}{8\theta-2}$。

证明　首先，将表 7 - 3 中情形 EN 下，两种产品均被销售时的需求函数代入式（7 - 9）；根据式（7 - 9），求解得到 π_M^{EN} 关于 p_s 和 p_e 的海塞矩阵

$H_5 = \begin{pmatrix} \dfrac{2\theta}{1-\theta} & \dfrac{2}{\theta-1} \\ \dfrac{2}{\theta-1} & \dfrac{2}{1-\theta} \end{pmatrix}$。由于 $\dfrac{\partial^2 \pi_M^{EN}}{\partial p_s^2} = \dfrac{2\theta}{1-\theta} < 0$ 和 $|H_5| = \dfrac{4}{\theta-1} > 0$，所以海塞矩阵

H_5 负定，即 π_M^{EN} 是关于 p_s 和 p_e 的联合凹函数。令一阶导函数 $\dfrac{\partial \pi_M^{EN}}{\partial p_s} = 0$ 和 $\dfrac{\partial \pi_M^{EN}}{\partial p_e} =$

0，联立可得 $p_s(w_s, w_e) = \dfrac{1}{2}(1+w_s)$ 和 $p_e(w_s, w_e) = \dfrac{1}{2}(\theta+w_e)$。

其次，将上述反应函数 $p_s(w_s, w_e)$ 和 $p_e(w_s, w_e)$ 代入式（7 - 7）和式（7 - 8）中，求解 π_S^{EN} 和 π_E^{EN} 分别关于 w_s 和 w_e 的二阶导函数，可得 $\dfrac{\partial^2 \pi_S^{EN}}{\partial w_s^2} =$

$\dfrac{\theta}{1-\theta} < 0$ 和 $\dfrac{\partial^2 \pi_E^{EN}}{\partial w_e^2} = \dfrac{1}{1-\theta} < 0$，因此，$\pi_S^{EN}$ 和 π_E^{EN} 分别是关于 w_s 和 w_e 的单峰凹

函数。令一阶导函数 $\dfrac{\partial \pi_S^{EN}}{\partial w_s} = 0$ 和 $\dfrac{\partial \pi_E^{EN}}{\partial w_e} = 0$，联立求解可得批发价格 $w_s^{EN} = \dfrac{\theta-1}{4\theta-1}$

和 $w_e^{EN} = \dfrac{2(\theta-1)\theta}{4\theta-1}$。

然后，将 w_s^{EN} 和 w_e^{EN} 代入 $p_s(w_s, w_e)$ 和 $p_e(w_s, w_e)$ 中，可以得到制造

商的零售价格 $p_s^{EN} = \dfrac{2-5\theta}{2-8\theta}$ 和 $p_e^{EN} = \dfrac{3\theta(2\theta-1)}{8\theta-2}$。

最后，根据 p_s^{EN} 和 p_e^{EN}，可得 SB 产品需求 $D_s^{EN} = \dfrac{\theta}{8\theta-2}$，EB 产品需求

$D_e^{EN} = \dfrac{\theta}{4\theta-1}$。由于 $\theta \geq 1$，可知 $D_s^{EN} > 0$ 和 $D_e^{EN} > 0$ 恒成立，因此，$\theta \geq 1$ 时，两

种产品均被销售，最优决策展示在命题 7 - 3 中。证毕。

根据命题 7 - 3 中在位供应商、潜在供应商和制造商的均衡决策，可以得

到 SB 产品需求 $D_s^{EN} = \dfrac{\theta}{8\theta-2}$，EB 产品需求 $D_e^{EN} = \dfrac{\theta}{4\theta-1}$，在位供应商利润 $\pi_S^{EN} =$

$\dfrac{(\theta-1)\theta}{2(1-4\theta)^2}$，潜在供应商利润 $\pi_E^{EN}=\dfrac{2(\theta-1)\theta^2}{(1-4\theta)^2}-F$，制造商利润 $\pi_M^{EN}=$

$\dfrac{\theta^2(5+4\theta)}{4(1-4\theta)^2}$。

7.2.4　入侵且进行研发投资下均衡策略

该情形下，在位供应商、潜在供应商和制造商的优化问题分别为：

$$\max_{\delta,w_s}\pi_S^{EI}(\delta,w_s)=w_s D_s^{EI}-\dfrac{k\delta^2}{2} \tag{7-10}$$

$$\max_{w_e}\pi_E^{EI}(w_e)=w_e D_e^{EI}-F \tag{7-11}$$

$$\max_{p_s,p_e}\pi_M^{EI}(p_s,p_e)=(p_s-w_s)D_s^{EI}+(p_e-w_e)D_e^{EI} \tag{7-12}$$

根据式（7-10）至式（7-12），采用逆向归纳法求解上述优化问题，可得如下命题。

命题 7-4　情形 EI 下，$\theta\geqslant\underline{\theta}^{EI}$ 时，在位供应商的最优研发投资水平 $\delta^{EI}=$

$\dfrac{t(\theta-1)\theta(2\theta-1)}{k(1-4\theta)^2(\theta-1)-t^2(1-2\theta)^2\theta}$ 和最优批发价格 $w_s^{EI}=\dfrac{k(\theta-1)^2(4\theta-1)}{k(1-4\theta)^2(\theta-1)}$，潜

$-t^2(1-2\theta)^2\theta$

在供应商的最优批发价格 $w_e^{EI}=\dfrac{(\theta-1)\theta(t^2(1-2\theta)\theta+2k(1-5\theta+4\theta^2))}{k(1-4\theta)^2(\theta-1)-t^2(1-2\theta)^2\theta}$，制

造商的最优零售价格 $p_s^{EI}=\dfrac{t^2(1-2\theta)\theta^2+k(15\theta-33\theta^2+20\theta^3-2)}{2k(1-4\theta)^2(\theta-1)-2t^2(1-2\theta)^2\theta}$ 和 $p_e^{EI}=$

$\dfrac{\theta(2\theta-1)(t^2(2-3\theta)\theta+3k(1-5\theta+4\theta^2))}{2k(1-4\theta)^2(\theta-1)-2t^2(1-2\theta)^2\theta}$。其中，$\underline{\theta}^{EI}=\dfrac{10k-t^2+\sqrt{36k^2-4kt^2+t^4}}{2(8k-2t^2)}$。

证明　首先，将表 7-3 中情形 EI 下，两种产品均被销售时的需求函数代入式（7-12）；根据式（7-12），求解得到 π_M^{EI} 关于 p_s 和 p_e 的海塞矩阵 $H_6=$

$\begin{pmatrix}\dfrac{2\theta}{1-\theta} & \dfrac{2}{\theta-1}\\[2mm] \dfrac{2}{\theta-1} & \dfrac{2}{1-\theta}\end{pmatrix}$。由于 $\dfrac{\partial^2\pi_M^{EI}}{\partial p_s^2}=\dfrac{2\theta}{1-\theta}<0$ 和 $|H_6|=\dfrac{4}{\theta-1}>0$，所以海塞矩阵 H_6 负

定，即 π_M^{EI} 是关于 p_s 和 p_e 的联合凹函数。令一阶导函数 $\dfrac{\partial\pi_M^{EI}}{\partial p_s}=0$ 和 $\dfrac{\partial\pi_M^{EI}}{\partial p_e}=0$，

联立可得 $p_s(\delta,w_s,w_e)=\dfrac{1}{2}(1+t\delta+w_s)$ 和 $p_e(\delta,w_s,w_e)=\dfrac{1}{2}(\theta+w_e)$。

其次，将上述反应函数 $p_s(\delta,w_s,w_e)$ 和 $p_e(\delta,w_s,w_e)$ 代入式（7-10）

和式（7 - 11）中，求解 π_S^{EI} 和 π_E^{EI} 分别关于 w_s 和 w_e 的二阶导函数，可得 $\frac{\partial^2 \pi_S^{EI}}{\partial w_s^2} = \frac{\theta}{1-\theta} < 0$ 和 $\frac{\partial^2 \pi_E^{EI}}{\partial w_e^2} = \frac{1}{1-\theta} < 0$，因此，$\pi_S^{EI}$ 和 π_E^{EI} 分别是关于 w_s 和 w_e 的单峰凹函数。令一阶导函数 $\frac{\partial \pi_S^{EI}}{\partial w_s} = 0$ 和 $\frac{\partial \pi_E^{EI}}{\partial w_e} = 0$，联立可得 $w_s(\delta) = \frac{\theta + 2t\delta\theta - 1 - t\delta}{4\theta - 1}$ 和 $w_e(\delta) = \frac{2\theta^2 - 2\theta - t\delta\theta}{4\theta - 1}$。

再次，将反应函数 $w_s(\delta)$ 和 $w_e(\delta)$ 代入式（7 - 10）中，求解 π_S^{EI} 关于 δ 的二阶导函数，可知当 $k > \frac{t^2(1-2\theta)^2\theta}{(1-4\theta)^2(\theta-1)}$ 时，$\frac{\partial^2 \pi_S^{EI}}{\partial \delta^2} = \frac{-k(1-4\theta)^2(\theta-1) - t^2(1-2\theta)^2\theta}{(1-4\theta)^2(\theta-1)} < 0$，即 π_S^{EI} 是关于 δ 的单峰凹函数。因此，限制约束 $k > \frac{t^2(1-2\theta)^2\theta}{(1-4\theta)^2(\theta-1)}$，以确保最优内部解 δ^{EI} 存在且唯一。令一阶导函数 $\frac{\partial \pi_S^{EI}}{\partial \delta} = 0$，可得 $\delta^{EI} = \frac{t\theta(\theta-1)(2\theta-1)}{k(1-4\theta)^2(-1+\theta) - t^2(1-2\theta)^2\theta}$。

然后，将 δ^{EI} 代入 $w_s(\delta)$ 和 $w_e(\delta)$ 中，可以得到供应商的最优批发价格 $w_s^{EI} = \frac{k(\theta-1)^2(4\theta-1)}{k(1-4\theta)^2(\theta-1) - t^2(1-2\theta)^2\theta}$ 和 $w_e^{EI} = \frac{(\theta-1)\theta(t^2(1-2\theta)\theta + 2k(1-5\theta+4\theta^2))}{k(1-4\theta)^2(\theta-1) - t^2(1-2\theta)^2\theta}$；再将 δ^{EI}，w_s^{EI} 和 w_e^{EI} 代入 $p_s(\delta, w_s, w_e)$ 和 $p_e(\delta, w_s, w_e)$ 中，可以得到制造商的最优零售价格 $p_s^{EI} = \frac{t^2(1-2\theta)\theta^2 + k(15\theta - 33\theta^2 + 20\theta^3 - 2)}{2k(1-4\theta)^2(\theta-1) - 2t^2(1-2\theta)^2\theta}$ 和 $p_e^{EI} = \frac{\theta(2\theta-1)(t^2(2-3\theta)\theta + 3k(1-5\theta+4\theta^2))}{2k(1-4\theta)^2(\theta-1) - 2t^2(1-2\theta)^2\theta}$。

最后，根据 p_s^{EI} 和 p_e^{EI}，可得 SB 产品需求 $D_s^{EI} = \frac{k\theta(1-5\theta+4\theta^2)}{2k(1-4\theta)^2(\theta-1) - 2t^2(1-2\theta)^2\theta}$，EB 产品需求 $D_e^{EI} = \frac{\theta(t^2(1-2\theta)\theta + 2k(1-5\theta+4\theta^2))}{2k(1-4\theta)^2(\theta-1) - 2t^2(1-2\theta)^2\theta}$。由于 $\theta \geq 1$，可知 $D_s^{EI} > 0$ 恒成立，当且仅当 $\theta > \underline{\theta}^{EI} = \frac{10k - t^2 + \sqrt{36k^2 - 4kt^2 + t^4}}{2(8k - 2t^2)}$ 时，$D_e^{EI} > 0$。因此，当 $\theta \geq \underline{\theta}^{EI}$ 时，两种产品均被销售，最优决策展示在命题 7 - 4 中。证毕。

根据命题 7 - 4 中在位供应商、潜在供应商和制造商的均衡决策，可以得

到 $\theta \geqslant \underline{\theta}^{EI}$ 时，SB 产品需求 $D_s^{EI} = \dfrac{k\theta(1 - 5\theta + 4\theta^2)}{2k(1 - 4\theta)^2(\theta - 1) - 2t^2(1 - 2\theta)^2\theta}$，EB 产品

需求 $D_e^{EI} = \dfrac{\theta(t^2(1 - 2\theta)\theta + 2k(1 - 5\theta + 4\theta^2))}{2k(1 - 4\theta)^2(\theta - 1) - 2t^2(1 - 2\theta)^2\theta}$，在位供应商利润 $\pi_S^{EI} =$

$\dfrac{k(\theta - 1)^2\theta}{2k(1 - 4\theta)^2(\theta - 1) - 2t^2(1 - 2\theta)^2\theta}$，潜在供应商利润 $\pi_E^{EI} = \dfrac{(\theta - 1)\theta^2(t^2(1 - 2\theta)\theta + 2k(1 - 5\theta + 4\theta^2))^2}{2(k(1 - 4\theta)^2(1 - \theta) + t^2(1 - 2\theta)^2\theta)^2} -$

F，制造商利润 $\pi_M^{EI} = \dfrac{\theta^2(t^4(1 - 2\theta)^2\theta^3 + k^2(5 + 4\theta)(1 - 5\theta + 4\theta^2)^2 + 2kt^2\theta(1 - 5\theta + 20\theta^3 - 16\theta^4))}{4(k(1 - 4\theta)^2(\theta - 1) - t^2(1 - 2\theta)^2\theta)^2}$。

推论 7 - 1　情形 EI 下，$1 < \theta < \underline{\theta}^{EI}$ 时，在位供应商的最优研发投资水平 $\delta^{EI-S} = \dfrac{t}{4k - t^2}$ 和最优批发价格 $w_s^{EI-S} = \dfrac{2k}{4k - t^2}$，制造商的最优零售价格 $p_s^{EI-S} = \dfrac{3k}{4k - t^2}$。其中，$\underline{\theta}^{EI} = \dfrac{10k - t^2 + \sqrt{36k^2 - 4kt^2 + t^4}}{2(8k - 2t^2)}$。

证明　由命题 7 - 4 可知，当 $1 < \theta < \underline{\theta}^{EI}$ 时，制造商仅采购在位供应商的产品。该情形下的证明过程与命题 7 - 2 相似，为节省篇幅，这里不再赘述。

根据推论 7 - 1 中在位供应商和制造商的均衡决策，可以得到 $1 < \theta < \underline{\theta}^{EI}$ 时，SB 产品需求 $D_s^{EI-S} = \dfrac{k}{4k - t^2}$，在位供应商利润 $\pi_S^{EI-S} = \dfrac{k}{8k - 2t^2}$，潜在供应商利润 $\pi_E^{EI-S} = -F$，制造商利润 $\pi_M^{EI-S} = \dfrac{k^2}{(4k - t^2)^2}$。

7.3　渠道选择策略与均衡结果分析

从命题 7 - 1 至命题 7 - 4 和推论 7 - 1 可以看出，在不同的入侵和研发投资模式下，在位供应商、潜在供应商和制造商的最优定价和研发投资策略有所不同，进而导致各企业的利润有所差异。接下来，首先对比无研发投资和研发投资存在下的均衡结果，分析在位供应商研发投资对均衡决策的影响；其次对比无入侵和入侵存在下的均衡结果，分析潜在供应商入侵对均衡决策的影响；最后基于给定的企业的博弈顺序，分析在位供应商的研发投资和潜在供应商的入侵策略，探讨企业的渠道选择策略。

7.3.1　在位供应商研发投资的影响

分析在位供应商研发投资对企业均衡决策、产品需求和利润的影响，可以得到以下定理。

定理 7－1　当潜在供应商不入侵时，比较情形 NN 和情形 NI 下企业的最优决策、产品需求和企业利润，可得：$w_s^{NI} > w_s^{NN}$；$p_s^{NI} > p_s^{NN}$；$D_s^{NI} > D_s^{NN}$；$\pi_S^{NI} > \pi_S^{NN}$；$\pi_M^{NI} > \pi_M^{NN}$。

证明　根据命题 7－1 和命题 7－2，可以求得 $w_s^{NI} - w_s^{NN} = \dfrac{2k}{4k - t^2} - \dfrac{1}{2} = \dfrac{t^2}{8k - 2t^2}$，由于外生参数需满足情形 NI 下均衡决策存在且唯一的条件，即 $t^2 < 4k$，因此，可得 $w_s^{NI} - w_s^{NN} > 0$，即 $w_s^{NI} > w_s^{NN}$；同理，可得 $p_s^{NI} - p_s^{NN} = \dfrac{3k}{4k - t^2} - \dfrac{3}{4} = \dfrac{3t^2}{16k - 4t^2} > 0$，$D_s^{NI} - D_s^{NN} = \dfrac{k}{4k - t^2} - \dfrac{1}{4} = \dfrac{t^2}{16k - 4t^2} > 0$，$\pi_S^{NI} - \pi_S^{NN} = \dfrac{k}{8k - 2t^2} - \dfrac{1}{8} = \dfrac{t^2}{32k - 8t^2} > 0$ 和 $\pi_M^{NI} - \pi_M^{NN} = \dfrac{k^2}{(4k - t^2)^2} - \dfrac{1}{16} = \dfrac{t^2(8k - t^2)}{16(4k - t^2)^2} > 0$。证毕。

定理 7－1 表明，潜在供应商不入侵时，在位供应商的研发投资提高了在位供应商的批发价格、SB 产品的销售价格、SB 产品的需求、在位供应商利润和制造商利润。当进行研发投资时，在位供应商会设定更高的批发价格，目的是弥补一定的投资成本。在此情形下，制造商必须增加产品的销售价格，以保持获得的利润在一定水平。SB 产品的需求增加，是由于研发投资对产品需求的正向影响超过了销售价格增加对需求的负向影响。此外，对于在位供应商而言，尽管进行研发投资会花费一定的投资成本，但投资后批发价格和产品需求的增加使得其可以获得更多的收益。对于制造商而言，边际收益和产品需求的增加使得其可以获得更多的利润。

定理 7－2　当潜在供应商入侵时，比较情形 EN 和情形 EI 下企业的最优决策、产品需求和企业利润，可得：

（1）当 $\theta \geq \underline{\theta}^{EI}$ 时，$w_s^{EI} > w_s^{EN}$；$w_e^{EI} < w_e^{EN}$；$p_s^{EI} > p_s^{EN}$；$p_e^{EI} < p_e^{EN}$；$D_s^{EI} > D_s^{EN}$；$D_e^{EI} < D_e^{EN}$；$\pi_S^{EI} > \pi_S^{EN}$；$\pi_E^{EI} < \pi_E^{EN}$；$\pi_M^{EI} > \pi_M^{EN}$。

（2）当 $1 \leq \theta < \underline{\theta}^{EI}$ 时，$w_s^{EI-S} > w_s^{EN}$；$p_s^{EI-S} > p_s^{EN}$；$D_s^{EI-S} > D_s^{EN}$；$\pi_S^{EI-S} > \pi_S^{EN}$；$\pi_E^{EI-S} < \pi_E^{EN}$；$\pi_M^{EI-S} > \pi_M^{EN}$。

证明　首先，当 $\theta \geq \underline{\theta}^{EI}$ 时，根据命题 7－3 和命题 7－4，可以求得 $w_s^{EI} -$

$w_s^{EN} = \dfrac{(\theta-1)\theta t^2(1-2\theta)^2}{(4\theta-1)(k(1-4\theta)^2(\theta-1)-t^2(1-2\theta)^2\theta)}$，由于外生参数需满足情形

EI 下均衡决策存在且唯一的条件，即 $k > \dfrac{t^2\theta(2\theta-1)^2}{(\theta-1)(4\theta-1)^2}$，因此，可得 $w_s^{EI} -$

$w_s^{EN} > 0$，即 $w_s^{EI} > w_s^{EN}$。令 $A = k(1-4\theta)^2(\theta-1)-t^2(1-2\theta)^2\theta$，同理可得

$w_e^{EI} - w_e^{EN} = \dfrac{-t^2(\theta-1)\theta^2(2\theta-1)}{(4\theta-1)A} < 0$，$p_s^{EI} - p_s^{EN} = \dfrac{t^2\theta(6\theta-11\theta^2+6\theta^3-1)}{(4\theta-1)A} > 0$，

$p_e^{EI} - p_e^{EN} = \dfrac{-t^2(\theta-1)\theta^2(2\theta-1)}{2(4\theta-1)A} < 0$，$D_s^{EI} - D_s^{EN} = \dfrac{t^2(1-2\theta)^2\theta^2}{2(4\theta-1)A} > 0$，$D_e^{EI} -$

$D_e^{EN} = \dfrac{-t^2(2\theta-1)\theta^2}{2(4\theta-1)A} < 0$ 和 $\pi_S^{EI} - \pi_S^{EN} = \dfrac{t^2(1-2\theta)^2(\theta-1)\theta^2}{2(1-4\theta)^2A} > 0$。$\pi_E^{EI} - \pi_E^{EN} =$

$\dfrac{t^2(\theta-1)\theta^3(2\theta-1)(t^2\theta(3-14\theta+16\theta^2)-4k(1-4\theta)^2(\theta-1))}{2(1-4\theta)^2(k(1-4\theta)^2(\theta-1)-t^2(1-2\theta)^2\theta)^2}$，$\pi_E^{EI} - \pi_E^{EN}$ 为

正或为负取决于分子中 $t^2\theta(3-14\theta+16\theta^2)-4k(1-4\theta)^2(\theta-1)$ 的值，由于产品需

求 D_e^{EI} 需为正值，可得 $k > \dfrac{\theta t^2(2\theta-1)}{2(1-5\theta+4\theta^2)}$，因此，$t^2\theta(3-14\theta+16\theta^2)-4k(1-$

$4\theta)^2(\theta-1) < t^2\theta(3-14\theta+16\theta^2)-2t^2(2\theta-1)(4\theta-1) = t^2\theta(1-2\theta) < 0$，故

可得 $\pi_E^{EI} < \pi_E^{EN}$。$\pi_M^{EI} - \pi_M^{EN} = \dfrac{t^2\theta^3(1-3\theta+2\theta^2)(8k(1-4\theta)^2(\theta-1)-t^2\theta(5-22\theta+24\theta^2))}{4(1-4\theta)^2(k(1-4\theta)^2(\theta-1)-t^2(1-2\theta)^2\theta)^2}$，

$\pi_M^{EI} - \pi_M^{EN}$ 为正或为负取决于分子中 $8k(1-4\theta)^2(\theta-1)-t^2\theta(5-22\theta+24\theta^2)$ 的

值，由于产品需求 D_e^{EI} 需为正值，可得 $k > \dfrac{\theta t^2(2\theta-1)}{2(1-5\theta+4\theta^2)}$，因此，$8k(4\theta-1)^2$

$(\theta-1)-t^2\theta(5-22\theta+24\theta^2) > 4t^2(2\theta-1)(4\theta-1)-t^2\theta(5-22\theta+24\theta^2) = t^2$

$\theta(8\theta^2-1-2\theta) > 0$，故可得 $\pi_M^{EI} > \pi_M^{EN}$。

其次，当 $1 \le \theta < \theta^{EI}$ 时，根据命题 7-3 和推论 7-1，可以求得 $w_s^{EI-S} - w_s^{EN} =$

$\dfrac{t^2(\theta-1)+k(2+4\theta)}{(4k-t^2)(4\theta-1)}$，由于外生参数需满足情形 EI-S 下均衡决策存在且唯一

的条件，即 $t^2 < 4k$，因此，可得 $w_s^{EI-S} > w_s^{EN}$。同理，可得 $p_s^{EI-S} - p_s^{EN} =$

$\dfrac{k(2+4\theta)+t^2(5\theta-2)}{2(4k-t^2)(4\theta-1)} > 0$，$D_s^{EI-S} - D_s^{EN} = \dfrac{t^2\theta+k(4\theta-2)}{2(4k-t^2)(4\theta-1)} > 0$，$\pi_S^{EI-S} - \pi_S^{EN} =$

$\dfrac{t^2(\theta-1)\theta+k(1-4\theta+12\theta^2)}{2(4k-t^2)(1-4\theta)^2} > 0$，$\pi_E^{EI-S} - \pi_E^{EN} = -\dfrac{2(\theta-1)\theta^2}{(4\theta-1)^2} < 0$。进一步，

$\pi_M^{EI-S} - \pi_M^{EN} = \dfrac{8kt^2\theta^2(5+4\theta)-t^4\theta^2(5+4\theta)+4k^2(1-8\theta-4\theta^2-16\theta^3)}{4(4k-t^2)^2(1-4\theta)^2}$，$\pi_M^{EI-S} -$

π_M^{EN} 为正或为负取决于分子中 $8kt^2\theta^2(5+4\theta)-t^4\theta^2(5+4\theta)+4k^2(1-8\theta-4\theta^2-16\theta^3)$ 的值，由于 $t^2<4k$，可得 $8kt^2\theta^2(5+4\theta)+4k^2(1-8\theta-4\theta^2-16\theta^3)-t^4\theta^2(5+4\theta)>2t^4\theta^2(5+4\theta)+\frac{1}{4}t^4(1-8\theta-4\theta^2-16\theta^3)-t^4\theta^2(5+4\theta)=\frac{1}{4}t^4(1-4\theta)^2>0$，故可得 $\pi_M^{EI-S}>\pi_M^{EN}$。证毕。

定理 7-2 展示了潜在供应商入侵时，在位供应商的研发投资对企业均衡决策的影响。其中，当 θ 属于结果（1）中的范围时，无论在位供应商是否进行研发投资，制造商始终同时销售两种产品；当 θ 属于结果（2）中的范围时，如果在位供应商进行研发投资，制造商则仅销售在位供应商的产品；该结果可以从命题 7-4 和推论 7-1 中获得。

结果（1）表明，潜在供应商入侵时，在位供应商的研发投资提高了在位供应商的批发价格、SB 产品的销售价格、SB 产品的需求、在位供应商利润和制造商利润，降低了潜在供应商的批发价格、EB 产品的销售价格、EB 产品的需求和潜在供应商的利润。这是因为当进行研发投资时，为弥补一定的投资成本，在位供应商会设定更高的批发价格；在此情形下，制造商必须增加 SB 产品的销售价格，以保持获得的利润在一定水平。当存在研发投资时，为了保证 EB 产品的销售，潜在供应商需要降低其批发价格，以诱导制造商降低 EB 产品的销售价格。此外，研发投资对 SB 产品需求的正向影响超过价格增加对需求的负向影响，使得 SB 产品需求增加；尽管 EB 产品的销售价格降低，但由于在位供应商研发投资对其负向影响较大，因此，EB 产品的需求减少。进一步，对于在位供应商而言，尽管进行研发投资会花费一定的投资成本，但研发投资对批发价格和 SB 产品需求的正向影响，使得在位供应商能够获得较高的利润。对于潜在供应商而言，批发价格和需求同时减少使得其获得的利润降低。对于制造商而言，当在位供应商进行研发投资时，尽管 EB 产品需求的减少使得其从 EB 产品中获得的利润有所降低，但 SB 产品需求和边际利润的同时增加使得其可以从 SB 产品的销售中获得更多的利润，因此，其总利润呈现增加的趋势。

结果（2）表明，潜在供应商入侵时，在位供应商的研发投资提高了在位供应商的批发价格、SB 产品的销售价格和在位供应商的利润，降低了潜在供应商的利润。这是因为为弥补一定的投资成本，在位供应商会提高其批发价格；此外，当进行研发投资时，在 $1\leqslant\theta<\underline{\theta}^{EI}$ 的结果（2）中，制造商仅采购在位供应商的产品，因此，后者有更大的话语权，可以更进一步提高其批发价

格。在此情形下，制造商必须增加 SB 产品的销售价格，以保持获得的利润在一定水平。对于在位供应商而言，尽管进行研发投资会花费一定的成本，但批发价格的提升使得其能够获得较高的利润。对于潜在供应商而言，由于制造商不采购其产品，故该情形下其花费了进入成本但不会获得任何利润，因此，研发投资有害于潜在供应商。进一步，在结果（2）中，研发投资始终能够提高 SB 产品的需求和制造商的利润。因为当 $1 \leqslant \theta < \theta^{EI}$ 时，消费者对潜在供应商产品的估值高于在位供应商的产品，若在位供应商不进行研发投资，SB 产品需求占总产品需求的比例较低（$D_s^{EN}/(D_s^{EN}+D_e^{EN})=1/3$），此时，SB 产品需求更容易被改进，因此，研发投资是一种能够有效提高 SB 产品需求的方式。对于制造商而言，SB 产品需求的增加使得其可以获得更多的利润。

7.3.2 潜在供应商入侵的影响

分析潜在供应商入侵对企业均衡决策、不同品牌产品需求和企业利润的影响，可以得到以下定理。

定理 7 − 3 当在位供应商不进行研发投资时，比较情形 NN 和情形 EN 下企业的最优决策、产品需求和企业利润，可得：$w_s^{EN} < w_s^{NN}$；$p_s^{EN} < p_s^{NN}$；$D_s^{EN} < D_s^{NN}$；$\pi_S^{EN} < \pi_S^{NN}$；$\pi_M^{EN} > \pi_M^{NN}$。

证明 根据命题 7 − 1 和命题 7 − 3，可以求得 $w_s^{EN} - w_s^{NN} = \dfrac{1+2\theta}{2-8\theta} < 0$，

$p_s^{EN} - p_s^{NN} = \dfrac{1+2\theta}{4-16\theta} < 0$，$D_s^{EN} - D_s^{NN} = \dfrac{1-2\theta}{4(4\theta-1)} < 0$，$\pi_S^{EN} - \pi_S^{NN} = \dfrac{4\theta-12\theta^2-1}{8(1-4\theta)^2} < 0$

和 $\pi_M^{EN} - \pi_M^{NN} = \dfrac{4\theta(2+\theta+4\theta^2)-1}{16(1-4\theta)^2} > 0$。证毕。

定理 7 − 3 表明，在位供应商不进行研发投资时，潜在供应商入侵降低了在位供应商的批发价格、SB 产品的零售价格、SB 产品的需求和在位供应商的利润，提高了制造商的利润。这种结论是直观的，由于潜在供应商的入侵，在位供应商不得不通过降低批发价格来增强自己的竞争优势；在此情形下，制造商有能力降低 SB 产品的销售价格，以获取更多的 SB 产品需求。然而，尽管制造商降低了 SB 产品的零售价格，其需求也没有增加，这是因为消费者对潜在供应商产品的估值较高，因此，更多的消费者选择购买 EB 产品。对于在位供应商而言，新企业的入侵增强了供应商之间的竞争，促使在位供应商降低批发价格，从而损害其利益。对于制造商而言，上游企业的竞争使得其能从不同企业采购产品，增强话语权，从而获取更大的利润。

定理 7-4　当在位供应商进行研发投资时，比较情形 NI 和情形 EI 下企业的最优决策、产品需求和企业利润，可得：

（1）当 $1 \leqslant \theta < \underline{\theta}^{EI}$ 时，$\delta^{EI-S} = \delta^{NI}$；$w_s^{EI-S} = w_s^{NI}$；$p_s^{EI-S} = p_s^{NI}$；$D_s^{EI-S} = D_s^{NI}$；$\pi_S^{EI-S} = \pi_S^{NI}$；$\pi_E^{EI-S} < \pi_E^{NI}$；$\pi_M^{EI-S} = \pi_M^{NI}$。

（2）当 $\theta \geqslant \underline{\theta}^{EI}$ 时，如果 $k < k_3 = \dfrac{t^2\theta^2(2\theta-1)}{5\theta-12\theta^2+8\theta^3-1}$，$\delta^{EI} > \delta^{NI}$；如果 $k < \dfrac{t^2(1-4\theta+\theta^2+4\theta^3)}{2(1-3\theta-6\theta^2+8\theta^3)}$，$w_s^{EI} > w_s^{NI}$；如果 $k < k_4 = \dfrac{t^2(2-9\theta+13\theta^2-4\theta^3+\sqrt{A_2})}{4(1-3\theta-6\theta^2+8\theta^3)}$，$p_s^{EI} > p_s^{NI}$；如果 $k < k_5 = \dfrac{t^2\theta(1-3\theta+4\theta^2)}{2(7\theta-14\theta^2+8\theta^3-1)}$，$D_s^{EI} > D_s^{NI}$；$\pi_S^{EI} < \pi_S^{NI}$；$\pi_M^{EI} > \pi_M^{NI}$；其中，$A_2 = 4-36\theta+125\theta^2-210\theta^3+241\theta^4-264\theta^5+144\theta^6$。

证明　首先，当 $1 \leqslant \theta < \underline{\theta}^{EI}$ 时，根据命题 7-2 和推论 7-1，可知 $\delta^{EI-S} = \delta^{NI}$，$w_s^{EI-S} = w_s^{NI}$，$p_s^{EI-S} = p_s^{NI}$，$D_s^{EI-S} = D_s^{NI}$，$\pi_S^{EI-S} = \pi_S^{NI}$，$\pi_E^{EI-S} - \pi_E^{NI} = -F < 0$ 和 $\pi_M^{EI-S} = \pi_M^{NI}$。

其次，当 $\theta \geqslant \underline{\theta}^{EI}$ 时，根据命题 7-2 和命题 7-4，可以求得 $\delta^{EI} - \delta^{NI} = \dfrac{t(t^2\theta^2(2\theta-1)-k(5\theta-12\theta^2+8\theta^3-1))}{(4k-t^2)(k(1-4\theta)^2(\theta-1)-t^2(1-2\theta)^2\theta)}$，由于外生参数需满足情形 NI 和情形 EI 下均衡决策存在且唯一的条件，即 $k > \dfrac{t^2}{4}$ 和 $k > \dfrac{t^2(1-2\theta)^2\theta}{(1-4\theta)^2(\theta-1)}$，因此，$\delta^{EI} - \delta^{NI}$ 为正或为负取决于分子中 $t^2\theta^2(2\theta-1)-k(5\theta-12\theta^2+8\theta^3-1)$ 的值，可知当 $k < \dfrac{t^2\theta^2(2\theta-1)}{5\theta-12\theta^2+8\theta^3-1}$ 时，$\delta^{EI} > \delta^{NI}$。同理，可得 $w_s^{EI} - w_s^{NI} = \dfrac{k(t^2(1-4\theta+\theta^2+4\theta^3)-2k(1-3\theta-6\theta^2+8\theta^3))}{(4k-t^2)(k(1-4\theta)^2(\theta-1)-t^2(1-2\theta)^2\theta)}$，故可以求得，当 $k < \dfrac{t^2(1-4\theta+\theta^2+4\theta^3)}{2(1-3\theta-6\theta^2+8\theta^3)}$ 时，$w_s^{EI} > w_s^{NI}$；$p_s^{EI} - p_s^{NI} = \dfrac{t^4\theta^2(2\theta-1)+kt^2(2-9\theta+13\theta^2-4\theta^3)-2k^2(1-3\theta-6\theta^2+8\theta^3)}{2(4k-t^2)(k(1-4\theta)^2(\theta-1)-t^2(1-2\theta)^2\theta)}$，可以求得当 $k < \dfrac{t^2(2-9\theta+13\theta^2-4\theta^3+\sqrt{4-36\theta+125\theta^2-210\theta^3+241\theta^4-264\theta^5+144\theta^6})}{4(1-3\theta-6\theta^2+8\theta^3)}$ 时，$p_s^{EI} > p_s^{NI}$；$D_s^{EI} - D_s^{NI} = \dfrac{k(t^2\theta(1-3\theta+4\theta^2)-2k(7\theta-14\theta^2+8\theta^3-1))}{2(4k-t^2)(k(1-4\theta)^2(\theta-1)-t^2(1-2\theta)^2\theta)}$，可知当 $k < \dfrac{t^2\theta(1-3\theta+4\theta^2)}{2(7\theta-14\theta^2+8\theta^3-1)}$ 时，$D_s^{EI} > D_s^{NI}$。此外，$\pi_S^{EI} - \pi_S^{NI} = \dfrac{k(t^2(3\theta-2)\theta^2-k(5\theta-16\theta^2+12\theta^3-1))}{2(4k-t^2)(k(1-4\theta)^2(\theta-1)-t^2(1-2\theta)^2\theta)}$，

由于需求 D_e^{EI} 需为正值，可得 $t^2 < \dfrac{2k(1-5\theta+4\theta^2)}{(2\theta-1)\theta}$，因此 $t^2(3\theta-2)\theta^2 - k(5\theta-16\theta^2+12\theta^3-1) < \dfrac{2k(1-5\theta+4\theta^2)}{(2\theta-1)\theta}(3\theta-2)\theta^2 - k(5\theta-16\theta^2+12\theta^3-1) = \dfrac{k(3\theta-2\theta^3-1)}{2\theta-1} < 0$，故可得 $\pi_S^{EI} < \pi_S^{NI}$。

进一步，$\pi_M^{EI} - \pi_M^{NI} = \dfrac{f}{4(k(1-4\theta)^2(\theta-1) - t^2(1-2\theta)^2\theta)^2(4k-t^2)^2}$，其中，$f = \theta^2(t^4(1-2\theta)^2\theta^3 + k^2(5+4\theta)(1-5\theta+4\theta^2)^2 + 2kt^2\theta(1-5\theta+20\theta^3-16\theta^4))(4k-t^2)^2 - 4k^2(k(1-4\theta)^2(\theta-1) - t^2(1-2\theta)^2\theta)^2$，接下来证明表达式 $f > 0$。求 f 关于 k 的导函数，可得 $f'_k = 16k^3(1-5\theta+4\theta^2)^2(-1+8\theta+4\theta^2+16\theta^3) - 2t^6\theta^3(-1+5\theta+4\theta^2-36\theta^3+32\theta^4) + 2kt^2\theta^2(1-30\theta+109\theta^2+76\theta^3-528\theta^4+384\theta^5) - 24k^2t^2\theta(1-8\theta+14\theta^2-3\theta^3+92\theta^4-224\theta^5+128\theta^6)$，$f''_k = 48k^2(1-5\theta+4\theta^2)^2(-1+8\theta+4\theta^2+16\theta^3) + 2t^4\theta^2(1-30\theta+109\theta^2+76\theta^3-528\theta^4+384\theta^5) - 48kt^2\theta(1-8\theta+14\theta^2-3\theta^3+92\theta^4-224\theta^5+128\theta^6)$，$f'''_k = 48(1-5\theta+4\theta^2)(t^2\theta(-1+3\theta+5\theta^2+16\theta^3-32\theta^4) + 2k(-1+13\theta-40\theta^2+28\theta^3-64\theta^4+64\theta^5))$ 和 $f_k^{(4)} = 96(1-5\theta+4\theta^2)^2(-1+8\theta+4\theta^2+16\theta^3)$。计算可得在 $\theta>1$ 的范围内，$f_k^{(4)}>0$ 恒成立，因此，三阶导函数 f'''_k 在 $\theta>1$ 的范围内始终随 k 单调递增；由于需求 D_e^{EI} 需为正值，可得 $k > \dfrac{t^2(2\theta-1)\theta}{2(1-5\theta+4\theta^2)}$，因此，$f'''_k > f'''_k\big|_{k=\frac{t^2(2\theta-1)\theta}{2(1-5\theta+4\theta^2)}} = 48t^2\theta^2(1-5\theta+4\theta^2)(17\theta+8\theta^2-7)>0$，故二阶导函数 f''_k 在 $\theta>1$ 的范围内始终随 k 单调递增；计算可得 $f''_k > f''_k\big|_{k=\frac{t^2(2\theta-1)\theta}{2(1-5\theta+4\theta^2)}} = 2t^4\theta^2(7-18\theta-71\theta^2+196\theta^3-48\theta^4)>0$，故一阶导函数 f'_k 在 $\theta>1$ 的范围内始终随 k 单调递增；计算可得 $f'_k > f'_k\big|_{k=\frac{t^2(2\theta-1)\theta}{2(1-5\theta+4\theta^2)}} = \dfrac{t^6\theta^3(3-14\theta+17\theta^2-2\theta^3)}{\theta-1}>0$，故表达式 f 在 $\theta>1$ 的范围内始终随 k 单调递增；计算可得 $f > f\big|_{k=\frac{t^2(2\theta-1)\theta}{2(1-5\theta+4\theta^2)}} = \dfrac{t^8(1-2\theta)^2\theta^5(5\theta-2)}{4(1-5\theta+4\theta^2)^2}>0$，故 $\pi_M^{EI} - \pi_M^{NI}>0$。证毕。

定理 7-4 展示了在位供应商进行研发投资时，潜在供应商入侵对企业均衡决策的影响。结果（1）表明，潜在供应商入侵只会损害其自身利益，而不会改变企业均衡决策和利润。这是因为当 $1 \leqslant \theta < \underline{\theta}^{EI}$ 时，即使潜在供应商入侵现有市场，制造商也不会销售其产品，因此，企业均衡决策与不入侵时的结果相同。对于潜在供应商而言，入侵现有市场花费了一定的进入成本，但并没有

使其获得任何收益，因此，潜在供应商入侵有损于其自身利益。

结果（2）表明，当研发投资成本系数小于一定阈值时，潜在供应商入侵能够提高在位供应商的研发投资水平。当研发投资成本系数较小时，为了增强自身竞争力以应对潜在供应商的入侵，在位供应商会花费一定的成本来提升研发投资水平，这与直觉是一致的；然而，当研发投资成本系数较大时，在位供应商无法承担昂贵的投资成本，因此，即使潜在供应商入侵现有市场，在位供应商也不会提升研发投资水平。

此外，与定理 7 - 3 中潜在供应商入侵始终降低在位供应商的批发价格和 SB 产品的零售价格不同，当在位供应商进行研发投资时，研发投资水平也会影响批发价格和零售价格决策。在 $\theta \geqslant \theta^{EI}$ 的结果（2）中，当研发投资成本系数较小时，研发投资水平的提升促使在位供应商提高批发价格和制造商提高 SB 产品的销售价格；否则，批发价格和销售价格均降低。

进一步，与定理 7 - 3 中潜在供应商入侵降低了 SB 产品的需求不同，在 $\theta \geqslant \theta^{EI}$ 的结果（2）中，当研发投资成本系数较小（$k < k_5$）时，入侵能够增加 SB 产品的需求，这是由研发投资水平和零售价格共同作用的结果。具体而言，$k > k_5$ 时，研发投资水平降低对需求的负向影响大于零售价格减少对需求的正向影响，$k_3 < k < k_5$ 时，结果相反；$k_4 < k < k_3$ 时，研发投资水平和零售价格均对需求有正向影响；$k < k_4$ 时，研发投资水平对需求的正向影响大于零售价格的负向影响。

最后，结果（2）表明，潜在供应商入侵始终能够提高制造商的利润，降低在位供应商的利润，该结论与定理 7 - 3 是一致的。对于制造商而言，新企业的进入使其能够同时从多个企业采购产品，具有更强的话语权，从而能够获利更多。对于在位供应商而言，如果固定其进行研发投资，那么潜在供应商能够相应地调整其定价决策，这种情况下，无论在位供应商如何调整其研发投资和批发价格决策，也不能改变其受到入侵损害的事实。结合定理 7 - 3 和定理 7 - 4 中入侵对在位供应商利润的影响可知，入侵有害于在位供应商的主要原因是研发投资策略先于入侵策略，即研发投资不是应对入侵的一种有效方式。接下来，在 7.3.3 小节，依据图 7 - 2 中入侵策略先于研发投资策略时不同情形下的博弈顺序，逆向分析以获得企业的最优渠道选择策略。

7.3.3　供应链企业的渠道选择策略

依据图 7 - 2 中入侵策略先于研发投资策略的博弈顺序，逆向推导企业的最优策略。首先分析在位供应商的研发投资策略，然后分析潜在供应商的入侵策略，可以得到如下定理。

定理 7 – 5　在均衡决策存在且唯一的条件下，进行研发投资是在位供应商的均衡策略。具体而言：

（1）当潜在供应商不入侵时，比较情形 NN 和情形 NI 下在位供应商的利润，可得：在 $k > k_8 = \dfrac{t^2}{4}$ 的条件下，$\pi_S^{NI} > \pi_S^{NN}$；

（2）当潜在供应商入侵时，比较情形 EN 和情形 EI 下在位供应商的利润，可得：

①当 $1 \leqslant \theta < \underline{\theta}^{EI}$ 时，在 $k > k_8 = \dfrac{t^2}{4}$ 的条件下，$\pi_S^{EI-S} > \pi_S^{EN}$；

②当 $\theta \geqslant \underline{\theta}^{EI}$ 时，在 $k > k_{10} = \dfrac{t^2 \theta (2\theta - 1)^2}{(\theta - 1)(4\theta - 1)^2}$ 的条件下，$\pi_S^{EI} > \pi_S^{EN}$。

证明　根据定理 7 – 1 和定理 7 – 2 的证明过程易得，为节省篇幅，这里不再赘述。

定理 7 – 5 表明，在均衡决策存在且唯一的条件下，与无研发投资相比，进行研发投资是在位供应商的主导策略。这表明无论潜在供应商是否入侵现有市场，研发投资总是能够给在位供应商带来更多的收益。记 $k = 1$ 和 $t = 0.8$，图 7 – 3 以直观的方式说明了定理 7 – 5 中的结果。此外，通过计算可得，阈值 $k_{10} > k_8$，接下来，分析潜在供应商的入侵策略。

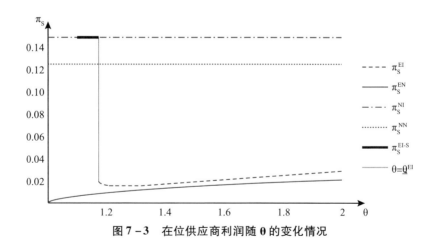

图 7 – 3　在位供应商利润随 θ 的变化情况

定理 7 - 6　潜在供应商的入侵策略如下：

（1）在均衡决策存在且唯一的条件下，在位供应商始终会进行研发投资，因此，比较情形 NI 和情形 EI 下潜在供应商的利润，可得：

①当 $1 \leqslant \theta < \underline{\theta}^{EI}$ 时，潜在供应商不入侵；

②当 $\theta \geqslant \underline{\theta}^{EI}$ 时，若 $F < F_1 = \dfrac{(\theta-1)\theta^2 (t^2(1-2\theta)\theta + 2k(1-5\theta+4\theta^2))^2}{2(k(1-4\theta)^2(1-\theta) + t^2(1-2\theta)^2\theta)^2}$，则潜在供应商入侵，否则不入侵；

（2）若外生参数不满足进行研发投资时均衡决策存在且唯一的条件，比较情形 NN 和情形 EN 下潜在供应商的利润，可得：在 $k_8 < k < k_{10}$ 的条件下，若 $F < F_2 = \dfrac{2(\theta-1)\theta^2}{(4\theta-1)^2}$，则潜在供应商入侵，否则不入侵。

证明　首先，根据推论 7 - 1 可得，当 $1 \leqslant \theta < \underline{\theta}^{EI}$ 时，$\pi_E^{EI-S} = -F$，故 $\pi_E^{EI-S} < 0$，因此，潜在供应商不会入侵现有市场。其次，根据命题 7 - 4 可得，当 $\theta \geqslant \underline{\theta}^{EI}$ 时，$\pi_E^{EI} = \dfrac{(\theta-1)\theta^2 (t^2(1-2\theta)\theta + 2k(1-5\theta+4\theta^2))^2}{2(k(1-4\theta)^2(1-\theta) + t^2(1-2\theta)^2\theta)^2} - F$，因此，若 $F < \dfrac{(\theta-1)\theta^2 (t^2(1-2\theta)\theta + 2k(1-5\theta+4\theta^2))^2}{2(k(1-4\theta)^2(1-\theta) + t^2(1-2\theta)^2\theta)^2}$，则潜在供应商入侵，否则不入侵。最后，根据命题 7 - 3 可得，潜在供应商利润 $\pi_E^{EN} = \dfrac{2(\theta-1)\theta^2}{(1-4\theta)^2} - F$，与上述分析类似，易得结果（2）。证毕。

定理 7 - 6 表明，当在位供应商进行研发投资且 θ 属于 $1 \leqslant \theta < \underline{\theta}^{EI}$ 的范围时，潜在供应商不愿意入侵。这是因为在该条件下，制造商不会采购潜在供应商的产品，因此，对潜在供应商而言，入侵只会花费成本，而不会使其获得任何收益。进一步，当不满足上述条件时，制造商始终会销售潜在供应商的产品，那么入侵的潜在供应商就可能有利可图，因此，只要进入成本小于所获利润，潜在供应商就选择入侵，否则不入侵。

最后，记 $k = 1$ 和 $t = 0.8$，表 7 - 4 直观描述了定理 7 - 5 和定理 7 - 6 中在位供应商的研发投资和潜在供应商的入侵策略。具体而言，当 θ 和 F 处于区域 Ⅰ 和区域 Ⅱ 中时，在位供应商会进行研发投资，且制造商同时从两个供应商处采购部件，因此，比较投资情形下潜在供应商入侵与不入侵情形的利润可知，进入成本 F 较小（处于区域 Ⅱ）时，潜在供应商入侵，反之不入侵。当 θ 和 F 处于区域 Ⅲ 中时，在位供应商会进行研发投资，但制造商仅从在位供应商处采购部件，因此，潜在供应商不入侵，从而节省了进入成本。当 θ 和 F 处于区域

Ⅳ和区域Ⅴ中时，外生参数已经不满足情形 EI 下均衡决策存在且唯一的条件，因此，在不投资情形下，比较潜在供应商入侵和不入侵情形的利润，可知，进入成本 F 较小（处于区域Ⅴ）时，潜在供应商入侵，反之不入侵。

表 7 - 4 供应商的研发投资和入侵策略

（θ，F）的区域	均衡策略
Ⅰ	不入侵投资（NI）
Ⅱ	入侵投资（EI）
Ⅲ	不入侵投资（NI）
Ⅳ	不入侵不投资（NN）
Ⅴ	入侵不投资（EN）

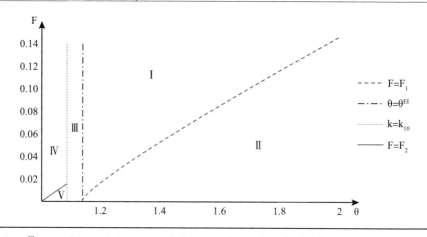

注：θ^{EI} 展示在命题 7 - 4 中，k_{10} 展示在定理 7 - 5 中，F_1 和 F_2 展示在定理 7 - 6 中。

7.4 扩展模型

上述基础模型考虑了潜在供应商的高质量入侵，即 $\theta \geqslant 1$。本节考虑潜在供应商低质量入侵的扩展模型，即 $0 < \theta < 1$。接下来，构建入侵不进行研发投资和入侵且进行研发投资模式下的博弈模型，分析研发投资和入侵的影响，并探讨企业的渠道选择策略。为便于说明，用 "i - L" 表示潜在供应商低质量入侵的情况。例如，EN - L 表示低质量入侵无研发投资的情形，EI - L 表示低质量入侵进行研发投资的情形，EN - LS 表示低质量入侵进行研发投资但制造商仅销售在位供应商产品的情形。

首先，根据式（7-1）和式（7-2）中的效用函数，求得不同情形下的市场需求函数，如表 7-5 所示。

表 7-5　　　　　　　　　　不同情形下市场需求（$0 < \theta < 1$）

情形	θ 的范围	产品 SB 需求	产品 EB 需求
NN	N/A	$1 - p_s$	N/A
NI	N/A	$1 - p_s + t\delta$	N/A
EN-L	$0 < \theta < p_e/p_s$	$1 - p_s$	0
	$p_e/p_s < \theta < 1 + p_e - p_s$	$1 - \dfrac{p_s - p_e}{1 - \theta}$	$\dfrac{p_s - p_e}{1 - \theta} - \dfrac{p_e}{\theta}$
	$1 + p_e - p_s < \theta < 1$	0	$1 - \dfrac{p_e}{\theta}$
EI-L	$0 < \theta < p_e/(p_s - t\delta)$	$1 - p_s + t\delta$	0
	$p_e/(p_s - t\delta) < \theta < 1 + p_e - p_s + t\delta$	$1 - \dfrac{p_s - p_e - t\delta}{1 - \theta}$	$\dfrac{p_s - p_e - t\delta}{1 - \theta} - \dfrac{p_e}{\theta}$
	$1 + p_e - p_s + t\delta < \theta < 1$	0	$1 - \dfrac{p_e}{\theta}$

注：N/A 表示"不可用"。

其次，采用逆向归纳法求解不同情形下企业的均衡决策。由于潜在供应商不入侵时的均衡结果与基础模型相同，因此，仅求解入侵不进行研发投资和入侵且进行研发投资两种情形下的均衡策略，可以得到如下命题和推论。

命题 7-5　情形 EN-L 下，在位供应商的最优批发价格 $w_s^{EN-L} = \dfrac{2(1 - \theta)}{4 - \theta}$，潜在供应商的最优批发价格 $w_e^{EN-L} = \dfrac{(1 - \theta)\theta}{4 - \theta}$，制造商的最优零售价格 $p_s^{EN-L} = \dfrac{3(2 - \theta)}{2(4 - \theta)}$ 和 $p_e^{EN-L} = \dfrac{\theta(5 - 2\theta)}{2(4 - \theta)}$。

证明　首先，将表 7-5 中情形 EN-L 下，两种产品均被销售时的需求函数代入式（7-9）；根据式（7-9），求解得到 π_M^{EN} 关于 p_s 和 p_e 的海塞矩阵 $H_7 = \begin{pmatrix} \dfrac{2}{\theta - 1} & \dfrac{2}{1 - \theta} \\ \dfrac{2}{1 - \theta} & \dfrac{2}{(\theta - 1)\theta} \end{pmatrix}$。由于 $\dfrac{\partial^2 \pi_M^{EN}}{\partial p_s^2} = \dfrac{2}{\theta - 1} < 0$ 和 $|H_7| = \dfrac{4}{\theta(1 - \theta)} > 0$，所以海塞矩阵 H_7 负定，即 π_M^{EN} 是关于 p_s 和 p_e 的联合凹函数。令一阶导函数 $\dfrac{\partial \pi_M^{EN}}{\partial p_s} = 0$ 和

$\dfrac{\partial \pi_M^{EN}}{\partial p_e} = 0$，联立可得 $p_s(w_s, w_e) = \dfrac{1}{2}(1 + w_s)$ 和 $p_e(w_s, w_e) = \dfrac{1}{2}(\theta + w_e)$。

其次，将上述反应函数 $p_s(w_s, w_e)$ 和 $p_e(w_s, w_e)$ 代入式（7-7）和式（7-8）中，求解 π_S^{EN} 和 π_E^{EN} 分别关于 w_s 和 w_e 的二阶导函数，可得 $\dfrac{\partial^2 \pi_S^{EN}}{\partial w_s^2} = \dfrac{1}{\theta - 1} < 0$ 和 $\dfrac{\partial^2 \pi_E^{EN}}{\partial w_e^2} = \dfrac{1}{(\theta - 1)\theta} < 0$，因此，$\pi_S^{EN}$ 和 π_E^{EN} 分别是关于 w_s 和 w_e 的单峰凹函数。令一阶导函数 $\dfrac{\partial \pi_S^{EN}}{\partial w_s} = 0$ 和 $\dfrac{\partial \pi_E^{EN}}{\partial w_e} = 0$，联立求解可得批发价格 $w_s^{EN-L} = \dfrac{2(1 - \theta)}{4 - \theta}$ 和 $w_e^{EN-L} = \dfrac{(1 - \theta)\theta}{4 - \theta}$。

然后，将 w_s^{EN-L} 和 w_e^{EN-L} 代入 $p_s(w_s, w_e)$ 和 $p_e(w_s, w_e)$ 中，可以得到制造商的零售价格 $p_s^{EN-L} = \dfrac{3(2 - \theta)}{2(4 - \theta)}$ 和 $p_e^{EN-L} = \dfrac{\theta(5 - 2\theta)}{2(4 - \theta)}$。

最后，根据 p_s^{EN-L} 和 p_e^{EN-L}，可得 SB 产品需求 $D_s^{EN-L} = \dfrac{1}{4 - \theta}$，EB 产品需求 $D_e^{EN-L} = \dfrac{1}{8 - 2\theta}$。由于 $0 < \theta < 1$，可知 $D_s^{EN-L} > 0$ 和 $D_e^{EN-L} > 0$ 恒成立，因此，$0 < \theta < 1$ 时，两种产品均被销售，最优决策展示在命题 7-5 中。证毕。

根据命题 7-5 中在位供应商、潜在供应商和制造商的均衡决策，可以得到 SB 产品需求 $D_s^{EN-L} = \dfrac{1}{4 - \theta}$，EB 产品需求 $D_e^{EN-L} = \dfrac{1}{8 - 2\theta}$，在位供应商利润 $\pi_S^{EN-L} = \dfrac{2(1 - \theta)}{(4 - \theta)^2}$，潜在供应商利润 $\pi_E^{EN-L} = \dfrac{(1 - \theta)\theta}{2(4 - \theta)^2} - F$，制造商利润 $\pi_M^{EN-L} = \dfrac{4 + 5\theta}{4(4 - \theta)^2}$。

命题 7-6 情形 EI-L 下，$\theta < \underline{\theta}^{EI-L}$ 时，在位供应商的最优研发投资水平 $\delta^{EI-L} = \dfrac{2t(2 - \theta)(1 - \theta)}{k(4 - \theta)^2(1 - \theta) - t^2(2 - \theta)^2}$ 和最优批发价格 $w_s^{EI-L} = \dfrac{2k(4 - \theta)(1 - \theta)^2}{k(4 - \theta)^2(1 - \theta) - t^2(2 - \theta)^2}$，潜在供应商的最优批发价格 $w_e^{EI-L} = \dfrac{(1 - \theta)\theta(k(4 - 5\theta + \theta^2) - t^2(2 - \theta))}{k(4 - \theta)^2(1 - \theta) - t^2(2 - \theta)^2}$，制造商的最优零售价格 $p_s^{EI-L} = \dfrac{(2 - \theta)(3k(4 - 5\theta + \theta^2) - t^2\theta)}{2(k(4 - \theta)^2(1 - \theta) - t^2(2 - \theta)^2)}$ 和 $p_e^{EI-L} = \dfrac{\theta(k(20 - 33\theta + 15\theta^2 - 2\theta^3) - t^2(6 - 7\theta + 2\theta^2))}{2(k(4 - \theta)^2(1 - \theta) - t^2(2 - \theta)^2)}$。其中，$\underline{\theta}^{EI-L} = \dfrac{5k - t^2 - \sqrt{9k^2 - 2kt^2 + t^4}}{2k}$。

证明　首先，将表 7 - 5 中情形 EI - L 下，两种产品均被销售时的需求函数代入式（7 - 12）；根据式（7 - 12），求解得到 π_M^{EI} 关于 p_s 和 p_e 的海塞矩阵

$$H_8 = \begin{pmatrix} \dfrac{2}{\theta - 1} & \dfrac{2}{1 - \theta} \\[3mm] \dfrac{2}{1 - \theta} & \dfrac{2}{(\theta - 1)\theta} \end{pmatrix}$$

。由于 $\dfrac{\partial^2 \pi_M^{EI}}{\partial p_s^2} = \dfrac{2}{\theta - 1} < 0$ 和 $|H_8| = \dfrac{4}{\theta(1 - \theta)} > 0$，所以海

塞矩阵 H_8 负定，即 π_M^{EI} 是关于 p_s 和 p_e 的联合凹函数。令一阶导函数 $\dfrac{\partial \pi_M^{EI}}{\partial p_s} = 0$

和 $\dfrac{\partial \pi_M^{EI}}{\partial p_e} = 0$，联立可得 $p_s(\delta, w_s, w_e) = \dfrac{1}{2}(1 + t\delta + w_s)$ 和 $p_e(\delta, w_s, w_e) = \dfrac{1}{2}$

$(\theta + w_e)$。

其次，将上述反应函数 $p_s(\delta, w_s, w_e)$ 和 $p_e(\delta, w_s, w_e)$ 代入式（7 - 10）

和式（7 - 11）中，求解 π_S^{EI} 和 π_E^{EI} 分别关于 w_s 和 w_e 的二阶导函数，可得

$\dfrac{\partial^2 \pi_S^{EI}}{\partial w_s^2} = \dfrac{1}{\theta - 1} < 0$ 和 $\dfrac{\partial^2 \pi_E^{EI}}{\partial w_e^2} = \dfrac{1}{(\theta - 1)\theta} < 0$，因此，$\pi_S^{EI}$ 和 π_E^{EI} 分别是关于 w_s 和 w_e

的单峰凹函数。令一阶导函数 $\dfrac{\partial \pi_S^{EI}}{\partial w_s} = 0$ 和 $\dfrac{\partial \pi_E^{EI}}{\partial w_e} = 0$，联立可得 $w_s(\delta) = $

$\dfrac{t\delta(2 - \theta) + 2(1 - \theta)}{4 - \theta}$ 和 $w_e(\delta) = \dfrac{\theta(1 - t\delta - \theta)}{4 - \theta}$。

再次，将反应函数 $w_s(\delta)$ 和 $w_e(\delta)$ 代入式（7 - 10）中，求解 π_S^{EI} 关于 δ 的

二阶导函数，可知当 $k > \dfrac{t^2(2 - \theta)^2}{(4 - \theta)^2(1 - \theta)}$ 时，$\dfrac{\partial^2 \pi_S^{EI}}{\partial \delta^2} = \dfrac{t^2(2 - \theta)^2 - k(4 - \theta)^2(1 - \theta)}{(4 - \theta)^2(1 - \theta)} < 0$，

即 π_S^{EI} 是关于 δ 的单峰凹函数。因此，限制约束 $k > \dfrac{t^2(2 - \theta)^2}{(4 - \theta)^2(1 - \theta)}$，以确保

最优内部解 δ^{EI} 存在且唯一。令一阶导函数 $\dfrac{\partial \pi_S^{EI}}{\partial \delta} = 0$，可得 $\delta^{EI - L} = $

$\dfrac{2t(2 - \theta)(1 - \theta)}{k(4 - \theta)^2(1 - \theta) - t^2(2 - \theta)^2}$。

然后，将 $\delta^{EI - L}$ 代入 $w_s(\delta)$ 和 $w_e(\delta)$ 中，可以得到供应商的最优批发价格

$$w_s^{EI - L} = \dfrac{2k(4 - \theta)(1 - \theta)^2}{k(4 - \theta)^2(1 - \theta) - t^2(2 - \theta)^2} \quad \text{和} \quad w_e^{EI - L} = \dfrac{(1 - \theta)\theta(k(4 - 5\theta + \theta^2) - t^2(2 - \theta))}{k(4 - \theta)^2(1 - \theta) - t^2(2 - \theta)^2};$$

再将 $\delta^{EI - L}$，$w_s^{EI - L}$ 和 $w_e^{EI - L}$ 代入 $p_s(\delta, w_s, w_e)$ 和 $p_e(\delta, w_s, w_e)$ 中，可以得

到制造商的最优零售价格 $p_s^{EI - L} = \dfrac{(2 - \theta)(3k(4 - 5\theta + \theta^2) - t^2\theta)}{2(k(4 - \theta)^2(1 - \theta) - t^2(2 - \theta)^2)}$ 和 $p_e^{EI - L} = $

$$\frac{\theta\left(k\left(20-33\theta+15\theta^2-2\theta^3\right)-t^2\left(6-7\theta+2\theta^2\right)\right)}{2\left(k\left(4-\theta\right)^2\left(1-\theta\right)-t^2\left(2-\theta\right)^2\right)}。$$

最后，根据 p_s^{EI-L} 和 p_e^{EI-L}，可得 SB 产品需求 $D_s^{EI-L}=\dfrac{k\left(4-5\theta+\theta^2\right)}{k\left(4-\theta\right)^2\left(1-\theta\right)-t^2\left(2-\theta\right)^2}$，

EB 产品需求 $D_e^{EI-L}=\dfrac{k\left(4-5\theta+\theta^2\right)-t^2\left(2-\theta\right)}{2\left(k\left(4-\theta\right)^2\left(1-\theta\right)-t^2\left(2-\theta\right)^2\right)}$。由于 $0<\theta<1$，可知

$D_s^{EI-L}>0$ 恒成立，当且仅当 $\theta<\underline{\theta}^{EI-L}=\dfrac{5k-t^2-\sqrt{9k^2-2kt^2+t^4}}{2k}$ 时，$D_e^{EI-L}>0$。

因此，当 $\theta<\underline{\theta}^{EI-L}$ 时，两种产品均被销售，最优决策展示在命题 7-6 中。
证毕。

根据命题 7-6 中在位供应商、潜在供应商和制造商的均衡决策，可以得

到 $\theta<\underline{\theta}^{EI-L}$ 时，SB 产品需求 $D_s^{EI-L}=\dfrac{k\left(4-5\theta+\theta^2\right)}{k\left(4-\theta\right)^2\left(1-\theta\right)-t^2\left(2-\theta\right)^2}$，EB 产品需

求 $D_e^{EI-L}=\dfrac{k\left(4-5\theta+\theta^2\right)-t^2\left(2-\theta\right)}{2\left(k\left(4-\theta\right)^2\left(1-\theta\right)-t^2\left(2-\theta\right)^2\right)}$，在位供应商利润 $\pi_S^{EI-L}=$

$\dfrac{2k\left(1-\theta\right)^2}{k\left(4-\theta\right)^2\left(1-\theta\right)-t^2\left(2-\theta\right)^2}$，潜在供应商利润 $\pi_E^{EI-L}=\dfrac{\left(1-\theta\right)\theta\left(k\left(4-5\theta+\theta^2\right)-t^2\left(2-\theta\right)\right)^2}{2\left(k\left(4-\theta\right)^2\left(1-\theta\right)-t^2\left(2-\theta\right)^2\right)^2}-F$，

制造商利润 $\pi_M^{EI-L}=\dfrac{t^4\left(2-\theta\right)^2\theta+k^2\left(4+5\theta\right)\left(4-5\theta+\theta^2\right)^2+6kt^2\theta\left(14\theta-7\theta^2+\theta^3-8\right)}{4\left(k\left(4-\theta\right)^2\left(1-\theta\right)-t^2\left(2-\theta\right)^2\right)^2}$。

推论 7-2 情形 EI 下，$\underline{\theta}^{EI-L}\leqslant\theta<1$ 时，在位供应商的最优研发投资水平

$\delta^{EI-LS}=\dfrac{t}{4k-t^2}$ 和最优批发价格 $w_s^{EI-LS}=\dfrac{2k}{4k-t^2}$，制造商的最优零售价格 $p_s^{EI-LS}=$

$\dfrac{3k}{4k-t^2}$。其中，$\underline{\theta}^{EI-L}=\dfrac{5k-t^2-\sqrt{9k^2-2kt^2+t^4}}{2k}$。

证明 由命题 7-6 可知，当 $\underline{\theta}^{EI-L}\leqslant\theta<1$ 时，制造商仅采购在位供应商的
产品。该情形下的证明过程与命题 7-2 相似，为节省篇幅，这里不再赘述。

根据推论 7-2 中在位供应商和制造商的均衡决策，可以得到 $\underline{\theta}^{EI-L}<\theta<1$

时，SB 产品需求 $D_s^{EI-LS}=\dfrac{k}{4k-t^2}$，在位供应商利润 $\pi_S^{EI-LS}=\dfrac{k}{8k-2t^2}$，潜在供应

商利润 $\pi_E^{EI-LS}=-F$，制造商利润 $\pi_M^{EI-LS}=\dfrac{k^2}{\left(4k-t^2\right)^2}$。

接下来，分析在位供应商研发投资对企业均衡决策、产品需求和利润的影
响。潜在供应商不入侵时，在位供应商研发投资对均衡结果的影响已经在定理

7-1 中进行了分析，在此，分析潜在供应商低质量入侵时，研发投资对均衡结果的影响，可以得到以下定理。

定理 7-7　当潜在供应商低质量入侵时，比较情形 EN-L 和情形 EI-L 下企业的最优决策、产品需求和企业利润，可得：

（1）当 $\theta < \underline{\theta}^{EI-L}$ 时，$w_s^{EI-L} > w_s^{EN-L}$；$w_e^{EI-L} < w_e^{EN-L}$；$p_s^{EI-L} > p_s^{EN-L}$；$p_e^{EI-L} < p_e^{EN-L}$；$D_s^{EI-L} > D_s^{EN-L}$；$D_e^{EI-L} < D_e^{EN-L}$；$\pi_S^{EI-L} > \pi_S^{EN-L}$；$\pi_E^{EI-L} < \pi_E^{EN-L}$；$\pi_M^{EI-L} > \pi_M^{EN-L}$；

（2）当 $\underline{\theta}^{EI-L} \leqslant \theta < 1$ 时，$w_s^{EI-S} > w_s^{EN-L}$；$p_s^{EI-S} > p_s^{EN-L}$；如果 $k < t^2/\theta$，$D_s^{EI-S} > D_s^{EN-L}$；$\pi_S^{EI-S} > \pi_S^{EN-L}$；$\pi_E^{EI-S} < \pi_E^{EN-L}$；如果 $k_1 < k < k_2$，$\pi_M^{EI-S} > \pi_M^{EN-L}$；其中，

$$k_1 = \frac{8t^2 + 10t^2\theta - \sqrt{A_1}}{2(\theta^2 - 28\theta)}, \quad k_2 = \frac{8t^2 + 10t^2\theta + \sqrt{A_1}}{2(\theta^2 - 28\theta)} 和 A_1 = 64t^4 + 48t^4\theta - 36t^4\theta^2 + 5t^4\theta^3。$$

证明　首先，当 $\theta < \underline{\theta}^{EI-L}$ 时，根据命题 7-5 和命题 7-6，可以求得

$$w_s^{EI-L} - w_s^{EN-L} = \frac{2t^2(2-\theta)^2(1-\theta)}{(k(4-\theta)^2(1-\theta) - t^2(2-\theta)^2)(4-\theta)},$$ 由于外生参数需满足情形 EI-L 下均衡决策存在且唯一的条件，即 $k > \frac{t^2(2-\theta)^2}{(4-\theta)^2(1-\theta)}$，因此可得 $w_s^{EI-L} > w_s^{EN-L}$。令 $B = k(4-\theta)^2(1-\theta) - t^2(2-\theta)^2$，同理可得 $w_e^{EI-L} - w_e^{EN-L} = \frac{-2t^2(2-\theta)(1-\theta)\theta}{(4-\theta)B} < 0$，$p_s^{EI-L} - p_s^{EN-L} = \frac{2t^2(2-\theta)(3-4\theta+\theta^2)}{(4-\theta)B} > 0$，

$p_e^{EI-L} - p_e^{EN-L} = \frac{-t^2\theta(2-3\theta+\theta^2)}{(4-\theta)B} < 0$，$D_s^{EI-L} - D_s^{EN-L} = \frac{t^2(2-\theta)^2}{(4-\theta)B} > 0$，$D_e^{EI-L} - D_e^{EN-L} = \frac{-t^2(2-\theta)}{(4-\theta)B} < 0$ 和 $\pi_S^{EI-L} - \pi_S^{EN-L} = \frac{2t^2(2-\theta)^2(1-\theta)}{(4-\theta)^2B} > 0$。进一步，

$\pi_E^{EI-L} - \pi_E^{EN-L} = \frac{2t^2(2-\theta)(1-\theta)\theta(t^2(6-5\theta+\theta^2) - k(4-\theta)^2(1-\theta))}{(k(4-\theta)^2(1-\theta) - t^2(2-\theta)^2)^2(4-\theta)^2}$，$\pi_E^{EI-L} - \pi_E^{EN-L}$ 为正或为负取决于分子中 $t^2(6-5\theta+\theta^2) - k(4-\theta)^2(1-\theta)$ 的值，由于产品需求 D_e^{EI-L} 需为正值，可得 $k > \frac{t^2(2-\theta)^2}{(4-\theta)(1-\theta)}$，因此，$t^2(6-5\theta+\theta^2) - k(4-\theta)^2(1-\theta) < t^2(6-5\theta+\theta^2) - t^2(2-\theta)^2(4-\theta) = t^2(-10+15\theta-7\theta^2+\theta^3) < 0$，故可得 $\pi_E^{EI-L} < \pi_E^{EN-L}$。$\pi_M^{EI-L} - \pi_M^{EN-L} = \dfrac{t^2(2-3\theta+\theta^2)(k(4-\theta)^2(4-3\theta-\theta^2) - t^2(8-2\theta-3\theta^2+\theta^3))}{(k(4-\theta)^2(1-\theta) - t^2(2-\theta)^2)^2(4-\theta)^2}$，$\pi_M^{EI-L} - \pi_M^{EN-L}$ 为正或为负取决于分子中 $k(4-\theta)^2(4-3\theta-\theta^2) - t^2(8-2\theta-3\theta^2+$

θ^3)的值，由于 D_e^{EI-L} 需为正值，可得 $k > \dfrac{t^2(2-\theta)^2}{(4-\theta)(1-\theta)}$，因此，$k(4-\theta)^2(1-\theta)(4+\theta) - t^2(8-2\theta-3\theta^2+\theta^3) > t^2(2-\theta)^2(4+\theta)(4-\theta) - t^2(8-2\theta-3\theta^2+\theta^3) = t^2(56-62\theta+15\theta^2+3\theta^3-\theta^4) > 0$，故可得 $\pi_M^{EI-L} > \pi_M^{EN-L}$。

其次，当 $\underline{\theta}^{EI-L} \leq \theta < 1$ 时，根据命题 7-5 和推论 7-2，可以求得 $w_s^{EI-S} - w_s^{EN-L} = \dfrac{2(t^2(1-\theta)+3k\theta)}{(4k-t^2)(4-\theta)}$，由于外生参数需满足情形 EI-S 下均衡决策存在且唯一的条件，即 $t^2 < 4k$，因此可得 $w_s^{EI-S} > w_s^{EN-L}$。同理，可得 $p_s^{EI-S} - p_s^{EN-L} = \dfrac{3t^2(2-\theta)+6k\theta}{2(4k-t^2)(4-\theta)} > 0$；$D_s^{EI-S} - D_s^{EN-L} = \dfrac{t^2-k\theta}{(4k-t^2)(4-\theta)}$，可知当 $t^2 > k\theta$ 时，$D_s^{EI-S} > D_s^{EN-L}$；$\pi_S^{EI-S} - \pi_S^{EN-L} = \dfrac{4t^2(1-\theta)+k\theta(8+\theta)}{2(4k-t^2)(4-\theta)^2} > 0$；$\pi_E^{EI-S} - \pi_E^{EN-L} = -\dfrac{(1-\theta)\theta}{2(4-\theta)^2} < 0$；$\pi_M^{EI-S} - \pi_M^{EN-L} = \dfrac{t^2(4+5\theta)(8k-t^2) - 4k^2(28-\theta)\theta}{4(t^2-4k)^2(4-\theta)^2}$，可知当 $k_1 < k < k_2$ 时，$\pi_M^{EI-S} - \pi_M^{EN-L} > 0$，其中，$k_1 = \dfrac{8t^2+10t^2\theta - \sqrt{A_1}}{2(\theta^2-28\theta)}$，$k_2 = \dfrac{8t^2+10t^2\theta + \sqrt{A_1}}{2(\theta^2-28\theta)}$ 和 $A_1 = 64t^4+48t^4\theta-36t^4\theta^2+5t^4\theta^3$。证毕。

定理 7-7 展示了潜在供应商低质量入侵时，在位供应商研发投资对企业均衡决策的影响。低质量入侵时研发投资对均衡结果的影响与高质量入侵时大体相同，具体分析可参见定理 7-2。唯一的区别是当 θ 属于 $1 \leq \theta < \underline{\theta}^{EI-H}$ 的高质量入侵时，研发投资始终能够提高 SB 产品的需求和制造商的利润。然而，当 θ 属于 $\underline{\theta}^{EI-L} \leq \theta < 1$ 的低质量入侵的结果（2）中，只有研发投资成本系数在一定范围内时，研发投资才可以提高 SB 产品的需求和制造商的利润。因为当 $\underline{\theta}^{EI-L} \leq \theta < 1$ 时，消费者对潜在供应商产品的估值低于在位供应商的产品，尽管在位供应商不进行研发投资，SB 产品需求占总产品需求的比例也较高（$D_s^{EN-L}/(D_s^{EN-L}+D_e^{EN-L})=2/3$），因此，该情形下 SB 产品需求很难被改进，故只有当研发投资成本系数较低时，研发投资才可以增加 SB 产品的需求。对于制造商而言，只有当研发投资成本系数处于一定范围时，研发投资才有利于制造商。

分析潜在供应商低质量入侵对企业均衡决策、产品需求和利润的影响，可以得到以下定理。

定理 7-8 当在位供应商不进行研发投资时，比较情形 NN 和情形 EN-L 下企业的最优决策、产品需求和企业利润，可得：$w_s^{EN-L} < w_s^{NN}$；$p_s^{EN-L} < p_s^{NN}$；

$D_S^{EN-L} > D_S^{NN}$；$\pi_S^{EN-L} < \pi_S^{NN}$；$\pi_M^{EN-L} > \pi_M^{NN}$。

证明　根据命题 7 - 1 和命题 7 - 5，可以求得 $w_s^{EN-L} - w_s^{NN} = \dfrac{3\theta}{2(\theta-4)} < 0$，

$p_s^{EN-L} - p_s^{NN} = \dfrac{3\theta}{4(\theta-4)} < 0$，$D_s^{EN-L} - D_s^{NN} = \dfrac{\theta}{16-4\theta} > 0$，$\pi_S^{EN-L} - \pi_S^{NN} = -\dfrac{\theta(8+\theta)}{8(4-\theta)^2} < 0$

和 $\pi_M^{EN-L} - \pi_M^{NN} = \dfrac{(28-\theta)\theta}{16(4-\theta)^2} > 0$。证毕。

定理 7 - 8 表明，在位供应商不进行研发投资时，潜在供应商低质量入侵降低了在位供应商的批发价格、SB 产品的零售价格和在位供应商的利润，提高了制造商的利润。这种结论是直观的，具体分析过程与定理 7 - 3 相同。不同的是，定理 7 - 3 中表明潜在供应商的高质量入侵降低了 SB 产品的需求，而定理 7 - 8 表明低质量入侵增加了 SB 产品的需求，主要是因为低质量入侵诱使在位供应商降低了批发价格，从而制造商能够降低 SB 产品的零售价格，因此，潜在供应商产品的低质量和 SB 产品的低零售价格共同促进了 SB 产品需求的增加。

定理 7 - 9　当在位供应商进行研发投资时，比较情形 NI 和情形 EI - L 下企业的最优决策、产品需求和企业利润，可得：

（1）当 $\underline{\theta}^{EI-L} \leq \theta < 1$ 时，$\delta^{EI-S} = \delta^{NI}$；$w_s^{EI-S} = w_s^{NI}$；$p_s^{EI-S} = p_s^{NI}$；$D_s^{EI-S} = D_s^{NI}$；$\pi_S^{EI-S} = \pi_S^{NI}$；$\pi_E^{EI-S} < \pi_E^{NI}$；$\pi_M^{EI-S} = \pi_M^{NI}$。

（2）当 $\theta < \underline{\theta}^{EI-L}$ 时，如果 $k < k_6 = \dfrac{t^2(2-\theta)}{(1-\theta)\theta}$，$\delta^{EI-L} > \delta^{NI}$；$w_s^{EI-L} < w_s^{NI}$；如果 $k < k_7 = \dfrac{10t^2 - 11t^2\theta + 3t^2\theta^2 + t^2\sqrt{A_3}}{12(4-5\theta+\theta^2)}$，$p_s^{EI-L} > p_s^{NI}$；$D_s^{EI-L} > D_s^{NI}$；$\pi_S^{EI-L} < \pi_S^{NI}$；$\pi_M^{EI-L} > \pi_M^{NI}$；其中，$A_3 = 292 - 556\theta + 349\theta^2 - 90\theta^3 + 9\theta^4$。

证明　首先，当 $\underline{\theta}^{EI-L} \leq \theta < 1$ 时，根据命题 7 - 2 和推论 7 - 2，可知 $\delta^{EI-S} = \delta^{NI}$，$w_s^{EI-S} = w_s^{NI}$，$p_s^{EI-S} = p_s^{NI}$，$D_s^{EI-S} = D_s^{NI}$，$\pi_S^{EI-S} = \pi_S^{NI}$，$\pi_E^{EI-S} - \pi_E^{NI} = -F < 0$ 和 $\pi_M^{EI-S} = \pi_M^{NI}$。

其次，当 $\theta < \underline{\theta}^{EI-L}$ 时，根据命题 7 - 2 和命题 7 - 6，可以求得 $\delta^{EI-L} - \delta^{NI} = \dfrac{t\theta(t^2(2-\theta) - k(1-\theta)\theta)}{(4k-t^2)(k(4-\theta)^2(1-\theta) - t^2(2-\theta)^2)}$，可知 $k < \dfrac{t^2(2-\theta)}{(1-\theta)\theta}$ 时，$\delta^{EI-L} > \delta^{NI}$；$w_s^{EI-L} - w_s^{NI} = \dfrac{2k\theta(t^2(5-5\theta+\theta^2) - 3k(4-5\theta+\theta^2))}{(4k-t^2)(k(4-\theta)^2(1-\theta) - t^2(2-\theta)^2)}$，由于需求 D_e^{EI-L} 需为正

值，可得 $t^2 < \dfrac{k(4-\theta)(1-\theta)}{2-\theta}$，因此 $t^2(5-5\theta+\theta^2) - 3k(4-5\theta+\theta^2) <$

$\dfrac{k(4-\theta)(1-\theta)}{2-\theta}(5-5\theta+\theta^2) - 3k(4-5\theta+\theta^2) = \dfrac{k(13\theta^2-7\theta^3+\theta^4-4-3\theta)}{2-\theta} < 0$，

故可得 $w_s^{EI-L} < w_s^{NI}$；$p_s^{EI-L} - p_s^{NI} = \dfrac{\theta(t^4(2-\theta) - kt^2(11\theta-3\theta^2 \\ -10) - 6k^2(4-5\theta+\theta^2))}{2(4k-t^2)(k(4-\theta)^2(1-\theta) - t^2(2-\theta)^2)}$，可以

求得当 $k < \dfrac{10t^2 - 11t^2\theta + 3t^2\theta^2 + t^2\sqrt{292-556\theta+349\theta^2-90\theta^3+9\theta^4}}{12(4-5\theta+\theta^2)}$ 时，$p_s^{EI-L} >$

p_s^{NI}；$D_s^{EI-L} - D_s^{NI} = \dfrac{k\theta(t^2 + k(4-5\theta+\theta^2))}{(4k-t^2)(k(4-\theta)^2(1-\theta) - t^2(2-\theta)^2)} > 0$；$\pi_S^{EI-L} - \pi_S^{NI} =$

$\dfrac{k\theta(t^2(4-3\theta) - k(8-7\theta-\theta^2))}{2(4k-t^2)(k(4-\theta)^2(1-\theta) - t^2(2-\theta)^2)}$，由于需求 D_e^{EI-L} 需为正值，可得

$t^2 < \dfrac{k(4-\theta)(1-\theta)}{2-\theta}$，因此 $t^2(4-3\theta) - k(8-7\theta-\theta^2) < \dfrac{k(4-\theta)(1-\theta)}{2-\theta}(4-$

$3\theta) - k(8-7\theta-\theta^2) = \dfrac{2k\theta(7\theta-2\theta^2-5)}{2-\theta} < 0$，故可得 $\pi_S^{EI-L} < \pi_S^{NI}$。进一步，

$\pi_M^{EI-L} - \pi_M^{NI} = \dfrac{\theta g}{4(k(4-\theta)^2(1-\theta) - t^2(2-\theta)^2)^2(4k-t^2)^2}$，其中，$g = t^8(2-$

$\theta)^2 + 4k^4(28-\theta)(4-5\theta+\theta^2)^2 + 2kt^6(-40+58\theta-25\theta^2+3\theta^3) + k^2t^4(496 -$

$900\theta + 509\theta^2 - 98\theta^3 + 5\theta^4) - 8k^3t^2(176-384\theta+273\theta^2-71\theta^3+6\theta^4)$。与定理

7-4 中 $f>0$ 的证明过程类似，可以求得在 $0<\theta<1$ 的范围内，$g>0$ 恒成立，

为节省篇幅，这里不再赘述，故 $\pi_M^{EI-L} > \pi_M^{NI}$。证毕。

定理 7-9 展示了在位供应商进行研发投资时，潜在供应商低质量入侵对企业均衡决策的影响。结果（1）表明，潜在供应商入侵只会损害其自身利益，而不会改变企业均衡决策和利润，这是因为当 $\theta^{EI-L} \leqslant \theta < 1$ 时，即使潜在供应商入侵到现有市场，制造商也不会销售其产品。

结果（2）表明，当研发投资成本系数小于一定阈值时，潜在供应商低质量入侵能够提高在位供应商的研发投资水平，此外，低质量入侵始终能够提高制造商的利润和降低在位供应商的利润。该结果与高质量入侵的影响一致，具体分析可参见定理 7-4。与高质量入侵的影响不同的是，在 θ 属于 $\theta < \underline{\theta}^{EI-L}$ 的低质量入侵的结果（2）中，入侵对批发价格的负向影响大于研发投资的正向影响，因此在位供应商降低其批发价格。然而，尽管降低了批发价格，但当研发投资成本系数较小时，制造商也会增加 SB 产品的零售价格。这是因为上游

新企业的进入使得制造商有更多的选择，能够同时从两个企业采购产品。进一步，在 $\theta < \theta^{EI-L}$ 的结果（2）中，潜在供应商低质量入侵始终能够增加 SB 产品的需求，这是零售价格和研发投资水平共同作用的结果。具体而言，$k > k_6$ 时，价格减少对需求的正向影响大于研发投资水平降低对需求的负向影响；$k < k_7$ 时，研发投资水平增加对需求的正向影响大于价格增加对需求的负向影响；$k_7 < k < k_6$ 时，研发投资水平和价格均对需求有正向影响。

进一步，依据图 7-2 中入侵策略先于研发投资策略的博弈顺序，逆向推导出在位供应商的研发投资策略和潜在供应商的入侵策略，得到如下定理。

定理 7-10　在均衡决策存在且唯一的条件下，进行研发投资是在位供应商的均衡策略。具体而言：

（1）当潜在供应商不入侵时，比较情形 NN 和情形 NI 下在位供应商的利润，可得：在 $k > k_8 = \dfrac{t^2}{4}$ 的条件下，$\pi_S^{NI} > \pi_S^{NN}$；

（2）当潜在供应商低质量入侵时，比较情形 EN-L 和情形 EI-L 下在位供应商的利润，可得：

①当 $\underline{\theta}^{EI-L} \leq \theta < 1$ 时，在 $k > k_8 = \dfrac{t^2}{4}$ 的条件下，$\pi_S^{EI-S} > \pi_S^{EN-L}$；

②当 $\theta < \underline{\theta}^{EI-L}$ 时，在 $k > k_9 = \dfrac{t^2(2-\theta)^2}{(4-\theta)^2(1-\theta)}$ 的条件下，$\pi_S^{EI-L} > \pi_S^{EN-L}$；

证明　根据定理 7-1 和定理 7-7 的证明过程易得，为节省篇幅，这里不再赘述。

与定理 7-5 一致，定理 7-10 表明在均衡决策存在且唯一的条件下，与无研发投资相比，进行研发投资是在位供应商的主导策略。这表明无论潜在供应商是否入侵现有市场，研发投资总是能够给在位供应商带来更多的收益。记 $k = 1$ 和 $t = 0.8$，图 7-4 以直观的方式说明了定理 7-10 中的结果。此外，通过计算可得，阈值 $k_9 > k_8$，接下来，分析潜在供应商的低质量入侵策略。

定理 7-11　潜在供应商的低质量入侵策略如下：

（1）在均衡决策存在且唯一的条件下，在位供应商始终会进行研发投资，因此，比较情形 NI 和情形 EI-L 下潜在供应商的利润，可得：

①当 $\underline{\theta}^{EI-L} \leq \theta < 1$ 时，潜在供应商不入侵；

②当 $\theta < \underline{\theta}^{EI-L}$ 时，若 $F < F_3 = \dfrac{(1-\theta)\theta(k(4-5\theta+\theta^2)-t^2(2-\theta))^2}{2(k(4-\theta)^2(1-\theta)-t^2(2-\theta)^2)^2}$，则潜在供应商入侵，否则不入侵；

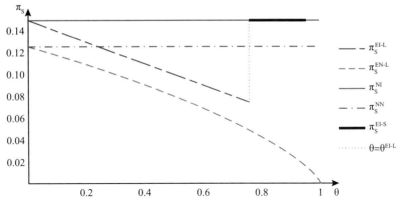

图7-4 低质量入侵下在位供应商利润随 θ 的变化情况

（2）若外生参数不满足进行研发投资时均衡决策存在且唯一的条件，比较情形 NN 和情形 EN-L 下潜在供应商的利润，可得：在 $k_8 < k < k_9$ 的条件下，若 $F < F_4 = \dfrac{(1-\theta)\theta}{2(4-\theta)^2}$，则潜在供应商入侵，否则不入侵；

证明 首先，根据推论 7-2 可得，当 $\underline{\theta}^{EI-L} \leq \theta < 1$ 时，$\pi_E^{EI-S} = -F$，故 $\pi_E^{EI-S} < 0$，因此，潜在供应商不会入侵到现有市场。其次，根据命题 7-6 可得，当 $\theta < \underline{\theta}^{EI-L}$ 时，$\pi_E^{EI-L} = \dfrac{(1-\theta)\theta(k(4-5\theta+\theta^2)-t^2(2-\theta))^2}{2(k(4-\theta)^2(1-\theta)-t^2(2-\theta)^2)^2} - F$，故当 $F < \dfrac{(1-\theta)\theta(k(4-5\theta+\theta^2)-t^2(2-\theta))^2}{2(k(4-\theta)^2(1-\theta)-t^2(2-\theta)^2)^2}$ 时，潜在供应商入侵，否则不入侵。

最后，根据命题 7-5 可得，潜在供应商利润 $\pi_E^{EN-L} = \dfrac{(1-\theta)\theta}{2(4-\theta)^2} - F$，与上述分析类似，易得结果（2）。证毕。

与定理 7-6 一致，定理 7-11 表明，当在位供应商进行研发投资且 θ 属于 $\underline{\theta}^{EI-L} \leq \theta < 1$ 的范围时，潜在供应商不愿意入侵，因为在该条件下，制造商不会采购潜在供应商的产品。当不满足上述条件时，制造商始终会销售潜在供应商的产品，那么入侵的潜在供应商就有利可图，因此，只要进入成本小于所获利润，潜在供应商就选择入侵，否则不入侵。

记 $k=1$ 和 $t=0.8$，表 7-6 直观描述了定理 7-10 和定理 7-11 中在位供应商的研发投资和潜在供应商的入侵策略。具体分析与基础模型中表 7-4 的分析一致，这里不再赘述。

表 7-6　　　　　　　　低质量入侵下供应商的研发投资和入侵策略

(θ, F) 的区域	均衡策略
I	不入侵投资（NI）
II	入侵投资（EI）
III	不入侵投资（NI）
IV	不入侵不投资（NN）
V	入侵不投资（EN）

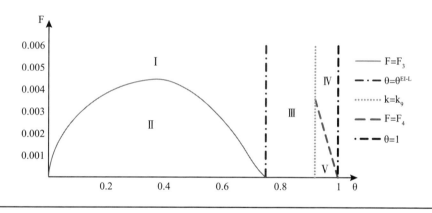

注：θ^{EI-L} 展示在命题 7-6 中，k_9 展示在定理 7-10 中，F_3 和 F_4 展示在定理 7-11 中。

7.5　管理启示

　　基于本章所构建的模型，进行深入的理论分析，挖掘所得到的命题、推论和定理，可以为现实中的供应链管理者、潜在供应商、在位供应商和制造商提供一定的管理启示，这主要体现在以下三个方面。

　　首先，本章的研究结果可以为供应链管理者的定价和研发投资决策提供指导。本章工作针对四种不同的渠道情形，从供应链中各企业利润最大化的角度解决了制造商和潜在供应商如何在四种不同的渠道情形下进行最优定价决策，以及在位供应商如何进行定价和研发投资决策的问题。

　　其次，本章的研究成果可以为企业的渠道选择策略提供实践指导。企业应根据不同参数的取值，如消费者对潜在供应商品牌的估值、研发投资成本系数、投资效率和进入成本等，选择最优的渠道情形。对于制造商而言，在位供应商的研发投资和潜在供应商的入侵均能够提升其利润，因此，在位供应商应采取多种措施激励潜在供应商进入市场，如对潜在供应商提供创业支持，也可以通过开展技术交流合作或采用成本共担等措施激励在位供应商进行研发投资。

最后，本章的研究结果可以为在位供应商的研发投资和潜在供应商的入侵策略提供管理启示。对于在位供应商而言，无论潜在供应商是否入侵以及其选择高质量或低质量入侵，在位供应商都应该积极地对其品牌进行研发投资，这可以为其带来额外的收益。对于潜在供应商而言，除非制造商不销售其产品，否则，只要新市场带来的利润能够弥补其进入成本，潜在供应商就应该入侵。

7.6　本章小结

本章考虑一个制造商可以将其产品生产外包给一个在位供应商和一个潜在的进入供应商，其中，潜在供应商可以选择是否进入该市场，在位供应商拥有先进技术可以对产品进行研发投资。针对潜在供应商是否入侵和在位供应商是否进行研发投资，配置无入侵且不进行研发投资、无入侵进行研发投资、入侵不进行研发投资和入侵且进行研发投资四种情形。比较不同情形下的均衡结果，分析了研发投资和入侵的影响，并探讨了在位供应商、潜在供应商和制造商的渠道选择策略。此外，考虑潜在供应商低质量入侵的情形，对基础模型进行扩展，进一步探讨了低质量入侵下企业的最优研发投资和渠道选择策略，推导出指导实践的结论和管理启示。

（1）分析了在位供应商研发投资对市场需求和企业利润的影响。无论潜在供应商是否入侵，在位供应商的研发投资始终有益于其自有品牌的销售、自身利润的增加以及制造商利润的增加。此外，当潜在供应商在市场中存在时，研发投资会损害潜在供应商利润。该结果可以解释市场中许多企业进行研发投资的事实。例如，英特尔对芯片技术和设计进行研发投资以提高计算机性能；此外，为了应对戴尔的竞争，惠普对新的计算机和打印机技术进行研发投资。

（2）分析了潜在供应商入侵对研发投资决策和市场需求的影响。当在位供应商不进行研发投资时，潜在供应商入侵始终会降低 SB 产品的需求。当在位供应商进行研发投资时，若消费者对潜在供应商品牌估值较低，则入侵不会对企业决策产生影响；否则，当研发投资成本小于一定阈值时，入侵能够提高研发投资水平和 SB 产品需求。

（3）分析了潜在供应商入侵对企业利润的影响。当在位供应商不进行研发投资时，潜在供应商入侵始终会损害在位供应商的利润，而有益于制造商。当在位供应商进行研发投资时，若消费者对潜在供应商品牌估值较低，则入侵不会对在位企业产生影响；否则，潜在供应商入侵始终会损害在位供应商的利润，增加制造商的利润。

（4）探讨了在位供应商的研发投资策略和潜在供应商的入侵策略。具体而言，在均衡决策存在且唯一的条件下，进行研发投资是在位供应商的主导策略；当在位供应商进行研发投资且消费者对潜在供应商品牌估值较低时，潜在供应商不愿意入侵，否则，只要进入成本小于新市场带来的利润，潜在供应商就会入侵。

（5）考虑低质量入侵的扩展情形，发现了几个不同于基础模型的结果。研究发现，研发投资不一定能够提升 SB 产品需求和制造商利润。此外，无论在位供应商是否进行研发投资，低质量入侵都有可能增加 SB 产品需求。

第 8 章 结论与展望

企业建立新渠道的方式逐渐多样化和复杂化，且越来越多的企业开始生产并销售自有品牌。然而，当存在多个销售渠道或多种品牌竞争时，企业研发投资决策制定和渠道策略的选择是企业亟待解决的难题。因此，针对不同企业差异化市场入侵情境，开展关于企业研发投资和渠道选择策略的研究具有重要的理论意义和实践价值。本书针对制造商市场入侵下考虑跨渠道效应的渠道选择策略、潜在制造商市场入侵下企业研发投资和渠道选择策略、供应商市场入侵下企业研发投资和渠道选择策略以及潜在供应商市场入侵下企业研发投资和渠道选择策略进行研究，取得了一些有价值的研究成果。本章将对本书的研究成果与结论、主要贡献和研究工作的局限进行总结，并对未来研究工作的展望进行说明。

8.1 研究成果与结论

第一，制造商市场入侵下考虑跨渠道效应的渠道选择策略。具体地，对研究问题进行描述，构建并求解供应链企业优化模型，并对均衡决策进行对比与分析，该方面的研究成果主要体现在以下六个方面。

（1）针对直销、代销和双在线渠道入侵三种模式的差异，考虑在线渠道建立对线下销售的影响，描述制造商市场入侵下考虑跨渠道效应的渠道选择策略问题，并构建包含线下渠道的三种供应链情形。

（2）考虑在线渠道对线下销售的溢出效应，构建与价格和平台服务相关的市场需求函数；以制造商和平台利润最大化为目标，构建不同情形下的企业优化模型，并采用逆向求解方法进行求解，获得制造商的单位销售价格决策、平台的单位交易费用决策、不同品牌的产品需求以及制造商和平台的最优利润。

（3）对比不同情形下制造商和平台的最优定价决策、产品需求和利润，分析渠道建立对制造商和平台最优决策的影响，并探讨制造商、平台和供应链视角下的渠道选择策略。

（4）对外生参数赋值进行敏感性分析，分析了基础市场需求、交易费用影响因子、渠道竞争强度和跨渠道效应对制造商的单位销售价格决策、平台的单位交易费用决策、产品需求以及制造商和平台最优利润的影响。

（5）考虑具有需求驱动的数据价值，对基础模型的研究进行了扩展。

（6）对所构建的模型进行深入的理论分析，挖掘所得到的命题和定理，为现实中企业的定价决策、交易费用决策、入侵策略以及渠道选择策略提供一定的管理启示。

第二，潜在制造商市场入侵下企业研发投资和渠道选择策略。具体地，对研究问题进行描述，构建并求解供应链企业优化模型，并对均衡决策进行对比与分析，该方面的研究成果主要体现在以下六个方面。

（1）针对潜在制造商不入侵、潜在制造商入侵和潜在制造商入侵且开放技术三种模式的差异，考虑技术嵌入成本、技术许可费和研发投资的影响，描述潜在制造商市场入侵下企业研发投资和渠道选择策略问题，并构建三种渠道情形。

（2）构建不同情形下与价格和研发投资水平相关的代表性消费者效用函数，推导出消费者对不同品牌的需求；以在位制造商和潜在制造商利润最大化为目标，构建不同情形的企业优化模型，并采用逆向求解方法进行求解，获得在位制造商的生产数量决策、潜在制造商的生产数量和研发投资决策、不同品牌的零售价格以及在位制造商和潜在制造商的最优利润。

（3）对比不同情形下在位制造商和潜在制造商的最优生产数量和利润，分析潜在制造商入侵对在位制造商的影响，并探讨潜在制造商的技术开放策略和在位制造商的技术采用策略，获得最优的渠道选择策略。

（4）对外生参数赋值进行敏感性分析，分析了技术嵌入成本、技术许可费和产品可替代性对潜在制造商的研发投资水平、在位制造商和潜在制造商的生产数量、不同品牌的零售价格以及在位制造商和潜在制造商最优利润的影响。

（5）考虑一个拥有技术的潜在制造商可以同时入侵多个在位制造商的产品领域，对基础模型的研究进行了扩展。

（6）对所构建的模型进行深入的理论分析，挖掘所得到的命题和定理，为现实中企业的生产决策、定价决策、研发投资决策、渠道选择策略以及技术开放和策略采用提供一定的管理启示。

第三，供应商市场入侵下企业研发投资和渠道选择策略。具体地，对研究问题进行描述，构建并求解供应链企业优化模型，并对均衡决策进行对比与分析，该方面的研究成果主要体现在以下五个方面。

（1）针对供应商不入侵、直销渠道、代销渠道和转售渠道入侵四种模式的差异，考虑进入成本、产品可替代性和研发投资的影响，描述供应商市场入侵下企业研发投资和渠道选择策略问题，并构建包含原有外包渠道的四种渠道情形。

（2）构建不同情形下与价格和研发投资水平相关的代表性消费者效用函数，推导出消费者对不同品牌的需求；以制造商、供应商和平台利润最大化为目标，构建不同渠道情形下的企业优化模型，并采用逆向求解方法进行求解，获得制造商的定价决策、供应商的定价和研发投资决策、不同品牌的产品需求以及制造商、供应商和平台的最优利润。

（3）对比不同情形下制造商的定价决策、供应商的定价和研发投资决策、不同品牌的产品需求以及制造商、供应商和平台的最优利润，分析不同入侵模式对企业最优决策和利润的影响，探讨供应商、制造商和平台视角下的渠道选择策略。

（4）考虑供应商可以针对不同品牌的产品进行差异化的研发投资，对基础模型的研究进行了扩展。

（5）对所构建的模型进行深入的理论分析，挖掘所得到的命题和定理，为现实中企业的定价决策、生产决策、研发投资决策、入侵策略以及渠道选择策略提供一定的管理启示。

第四，潜在供应商市场入侵下企业研发投资和渠道选择策略。具体地，对研究问题进行描述，构建并求解供应链企业优化模型，并对均衡决策进行对比与分析，该方面的研究成果主要体现在以下五个方面。

（1）考虑潜在供应商可以入侵和在位供应商可以进行研发投资，针对不入侵不投资、不入侵投资、入侵不投资和入侵投资四种模式的差异，探究进入成本、潜在供应商品牌估值、研发投资成本系数和研发投资效率的影响，描述潜在供应商市场入侵下企业研发投资和渠道选择策略问题，并构建包含下游制造商的四种渠道情形。

（2）构建与价格和研发投资水平相关的消费者效用函数，推导出消费者对不同品牌的需求；以在位供应商、潜在供应商和制造商利润最大化为目标，构建不同情形的企业优化模型，并采用逆向求解方法进行求解，获得在位供应商的研发投资和批发价格决策、潜在供应商的批发价格决策、制造商的零售价格决策、不同品牌的产品需求以及在位供应商、潜在供应商和制造商的最优利润。

（3）对比不同情形下制造商、在位供应商和潜在供应商的定价决策、研发投资决策、不同品牌的产品需求和最优利润，分析在位供应商研发投资和潜在供应商入侵对制造商、在位供应商和潜在供应商的最优决策和利润的影响，并探讨供应商们的渠道选择策略。

（4）考虑潜在供应商低质量入侵，即消费者对潜在供应商品牌的估值低于在位供应商品牌的估值，对基础模型的研究进行了扩展。

（5）对所构建的模型进行深入的理论分析，挖掘所得到的命题和定理，为现实中企业的定价决策、生产决策、研发投资决策、入侵策略以及渠道选择策略提供一定的管理启示。

基于上述研究成果，本书的主要研究结论总结如下。

第一，针对制造商市场入侵下考虑跨渠道效应的渠道选择策略问题的研究，获得如下结论。

（1）拥有传统渠道的企业不会建立一个完全由直销组成的在线渠道，主要原因是这种情形完全被包含了直销和代销的双渠道情形所主导。该结果证明，只包括直销的在线渠道已经变得不那么有利。

（2）制造商选择代销模式还是双渠道模式取决于渠道竞争强度和交易费用影响因子的大小。具体而言，当这两个因素都大或小时，双渠道入侵模式是最优选择；否则，选择代销模式。

（3）双渠道情形中的单位交易费用低于代销渠道中的值，说明开发直销渠道会削弱平台的服务力度，这表明如果制造商想要更专注于平台服务，在打开直销渠道时应该更加谨慎。

（4）考虑需求渠道的数据价值，为本章中提出的渠道选择策略提供了有力的支持，证明了研究结果的稳健性。

第二，针对潜在制造商市场入侵下企业研发投资和渠道选择策略问题的研究，获得如下结论。

（1）只有当技术嵌入成本在一定范围内时，潜在制造商才会进入市场。

随着潜在制造商进入，在位制造商的地位将被蚕食，然而，如果在位制造商采用潜在制造商的技术，这种现象能够得到缓解。

（2）在位制造商只有在技术许可费不太高的情况下才会采用潜在制造商的技术；随着技术嵌入成本的上升，在位制造商更不愿意采用该技术。

（3）只要技术许可费不是特别低，潜在制造商就会开放其技术；产品可替代性越低和（或）技术嵌入成本越高，潜在制造商就越愿意开放技术。此外，在一定条件下技术开放可以是一种双赢策略。

（4）在竞争情形中，潜在制造商的生产数量可能会随着产品竞争激烈程度的增大而增加；竞合情形下，技术嵌入成本越高，潜在制造商可能生产的产品越多；该结果可以为潜在制造商进入新产品领域时的生产决策提供指导。

（5）潜在制造商总是愿意进入新的产品领域，且潜在制造商入侵的产品领域越多，在位制造商就越渴望使用其技术。

第三，针对供应商市场入侵下企业研发投资和渠道选择策略问题的研究，获得如下结论。

（1）供应商总是愿意开辟新的渠道以推出自有品牌产品。具体而言，进入成本较低时，供应商配置直销渠道；产品可替代性很高时，配置转售渠道；否则，配置代销渠道。

（2）大多数情况下，制造商会受到供应商入侵的危害，只有当产品可替代性较低或产品可替代性较高且代理费处于中间值时，制造商才会受益于供应商入侵。此外，若供应商对不同品牌的产品进行差异化研发投资，制造商受到供应商入侵的伤害会更大。

（3）基于现实中代理费一般不大于收入的 20%，平台在大多数情况下愿意充当中间商，只有当产品可替代性非常大时，平台才愿意充当市场。

（4）与无入侵相比，在一定条件下，三种入侵情形均能实现 Pareto 改进。具体而言，当产品可替代性和进入成本均较小时，直销入侵可以实现 Pareto 改进；当产品可替代性很小时，转售入侵可以实现 Pareto 改进；当产品可替代性很小或产品可替代性和代理费都很大时，代销入侵可以实现 Pareto 改进。

第四，针对潜在供应商市场入侵下企业研发投资和渠道选择策略问题的研究，获得如下结论。

（1）无论潜在供应商是否入侵，在位供应商的研发投资始终有益于其自有品牌的销售、自身利润的增加以及制造商利润的增加。此外，当潜在供应商在市场中存在时，研发投资会损害潜在供应商利润。该结果可以解释市场中许多企业进行研发投资的事实。

（2）当在位供应商不进行研发投资时，潜在供应商入侵始终会降低 SB 产品的需求。当在位供应商进行研发投资时，若消费者对潜在供应商品牌估值较低，则入侵不会对企业决策产生影响；否则，当研发投资成本小于一定阈值时，入侵能够提高研发投资水平和 SB 产品需求。

（3）当在位供应商不进行研发投资时，潜在供应商入侵始终会损害在位供应商的利润，而有益于制造商。当在位供应商进行研发投资时，若消费者对潜在供应商品牌估值较低，则入侵不会对在位企业产生影响；否则，潜在供应商入侵始终会损害在位供应商的利润并增加制造商的利润。

（4）均衡决策存在且唯一的条件下，进行研发投资是在位供应商的主导策略；当在位供应商进行研发投资且消费者对潜在供应商品牌估值较低时，潜在供应商不愿意入侵，否则，只要进入成本小于新市场带来的利润，潜在供应商就入侵。

（5）考虑低质量入侵的扩展情形，发现研发投资不一定能够提升 SB 产品需求和制造商利润。此外，无论在位供应商是否进行研发投资，低质量入侵都有可能增加 SB 产品需求。

8.2　本书的主要贡献

本书针对制造商入侵、潜在制造商入侵、供应商入侵和潜在供应商入侵，考虑直销、代销、转售和双渠道的建立以及自有品牌引进等复杂情形，从理论和模型等方面对企业研发投资和渠道选择策略问题进行了深入探讨。本书的主要贡献体现在以下四个方面。

（1）针对已有传统渠道的供应链，提出了直销、代销和双渠道的三种在线渠道结构；通过综合考虑渠道竞争、跨渠道效应和平台服务等因素对不同渠道产品需求的影响，研究了制造商入侵下企业的渠道选择策略问题，弥补了关于市场入侵和渠道选择的研究缺口。研究结果可以为制造商的定价和生产数量、平台的单位交易费用提供决策依据，为制造商和平台的渠道选择提供理论指导。

（2）考虑了潜在制造商不入侵、潜在制造商入侵和潜在制造商入侵且开放技术的三种情形；通过综合考虑技术嵌入成本、技术许可费和产品可替代性等因素对不同品牌产品需求的影响，研究了潜在制造商市场入侵下企业研发投资和渠道选择策略问题，丰富了市场入侵、研发投资和渠道选择的相关研究。研究回答了潜在制造商是否入侵、入侵对在位制造商的影响、潜在制造商是否开发技术和在位制造商是否采用该技术等问题，研究结果可以为在位供应商的定价、潜在供应商的定价和技术投资提供决策依据，为制造商的入侵、技术开放和采用策略以及渠道选择提供理论指导。

（3）针对单一制造商将产品生产外包给单一供应商，考虑供应商不入侵、直销渠道、代销渠道和转售渠道入侵四种情形；通过综合考虑渠道进入成本、代理费和产品可替代性等因素对不同品牌产品需求的影响，研究了供应商市场入侵下企业研发投资和渠道选择策略问题。研究回答了供应商是否会推出自有品牌、以何种入侵方式推出自有品牌以及不同入侵方式对在位企业的影响等问题，研究结果可以为供应商的定价和研发投资、制造商和平台的定价提供决策依据，为供应商的入侵策略、制造商和平台的渠道选择策略提供理论指导。

（4）考虑单一制造商可以将生产外包给潜在或在位供应商，针对潜在供应商是否入侵以及拥有先进技术的在位供应商是否进行研发投资，探究了不入侵不投资、不入侵投资、入侵不投资和入侵投资四种情形；通过综合考虑研发投资效率、进入成本和产品估值等因素对不同品牌产品需求的影响，研究了潜在供应商市场入侵下企业研发投资和渠道选择策略问题。研究回答了潜在供应商是否以及何时会入侵、在位供应商何时会对其品牌进行研发投资等问题，研究结果可以为在位供应商的定价和研发投资、潜在供应商和制造商的定价提供决策依据，为潜在供应商的入侵策略、在位供应商和制造商的渠道选择策略提供理论指导。

8.3　研究工作的局限

本书对考虑市场入侵的企业研发投资和渠道选择策略问题进行了较为深入的研究，虽然研究结果为相关研究作出了一定的贡献，但尚存在一些局限性，具体体现在以下四个方面。

（1）本书研究的市场入侵情境均是供应链中制造企业的入侵，并未考虑零售企业市场入侵的影响。然而，在实际中，存在许多大型的零售商开发自有品牌并入侵到现有市场的情况，如天猫建立了天猫超市，沃尔玛生产"惠宜"和"沃集鲜"等自有品牌，这使得本书的研究具有一定的局限性。

（2）本书在信息完全对称的条件下对企业研发投资和渠道选择策略进行

了研究，未考虑信息不对称对企业决策的影响。现实中，制造商、供应商和平台可能会获得各自的私有信息，例如，制造商或供应商拥有产品质量和生产成本的私有信息，而平台比制造商或供应商拥有更多的市场需求信息，这是本书的另一个局限之处。

（3）本书考虑制造商或供应商仅销售一种产品，未涉及多种产品类别的情形。然而，在实际中，由于消费者对不同品牌、不同类型、不同质量的产品具有差异化的感知程度，许多企业正在使其产品多样化，且为每种类别的产品配置有针对性的销售渠道，这使得本书的研究具有一定的局限。

（4）本书针对多个研究问题主要采用博弈论、效用理论和优化建模等方法进行建模和求解，采用数值算例的方法验证模型的有效性，尚未采用实证研究方法，也未将研究结果应用到实际案例中进行检验，使得本书具有一定局限性。

8.4　研究工作的展望

本书对考虑市场入侵的企业研发投资和渠道选择策略问题进行了探索，然而，关于这一问题的研究还有许多方面可以进行延伸。基于上述研究工作的局限并为贴近企业现实，后续研究工作可以从以下四个方面进行扩展。

（1）考虑零售企业市场入侵或制造企业与零售企业市场入侵策略互动的情形。供应链中企业的分销渠道策略日益复杂，现实中存在供应商或制造商入侵，也存在零售商入侵现有市场的情况，因此，未来可以对零售商或电子零售商入侵的问题进行研究，或考虑制造企业与零售企业市场入侵策略之间的互动等问题。

（2）考虑需求信息、成本信息或质量信息不对称。供应商或制造商等制造企业拥有产品生产成本和产品质量的私有信息，更接近消费市场的零售商具有市场需求的私有信息，因此，未来分别针对私有信息共享和私有信息不共享的情形，对企业研发投资和渠道选择策略进行研究是有意义的。

（3）考虑企业销售多种类别产品或多个企业竞争。供应商或制造商等制造企业有可能会生产多种类别的产品，在这种情况下，一个理性的供应商或制造商不仅应该考虑选择哪种渠道策略，还应该研究每种类别的产品应该通过哪个渠道进行销售的问题。更广泛地说，考虑在同一个市场中有多个供应商、制造商或零售商竞争的情况可能是一个合理而有趣的方向。

（4）考虑采用实证研究方法或实证与理论相结合的方法进行研究。应用实证研究方法对考虑市场入侵的企业研发投资和渠道选择策略进行更深入的研究，探索研究结果与理论建模所获结果的差异并给出相应的管理启示，对已有研究进行拓展，是未来研究值得深入探索的课题。

参 考 文 献

[1] 曹宗宏, 张成堂, 赵菊, 等. 基于资金约束的风险厌恶制造商融资策略和渠道选择研究 [J]. 中国管理科学, 2019, 27 (6): 30 - 40.

[2] 邓喜才, 郭华华. 两阶段主从博弈均衡解的存在性 [J]. 经济数学, 2009, 26 (4): 50 - 53.

[3] 翟东升, 李梦洋, 何喜军, 等. 非线性技术演化条件下的专利研发投资决策研究 [J]. 中国管理科学, 2021, 29 (12): 168 - 178.

[4] 范丹丹, 徐琪, 程方正. 考虑退货影响的品牌商 o2o 渠道选择与决策优化 [J]. 中国管理科学, 2019, 27 (11): 138 - 148.

[5] 冯利伟, 李寅龙, 赵景华. 动态竞争视角下的企业技术投资战略选择研究 [J]. 管理评论, 2019, 31 (5): 109 - 117, 127.

[6] 高鹏, 聂佳佳, 陆玉梅. R&D 投资策略对再制造供应链运作模式的影响 [J]. 系统管理学报, 2018, 27 (6): 1166 - 1175.

[7] 国家邮政局. 欧洲跨境电商市场去年营业额超 1400 亿欧元 [EB/OL]. [2022 - 10 - 14]. https://www.spb.gov.cn/gjyzj/c200007/202210/1e34f5dc00224da7aaeac1492435317f.shtml.

[8] 郝海波. 序数效用论的缺陷与不足: 一个文献综述 [J]. 山东社会科学, 2011, 188 (4): 141 - 144, 169.

[9] 洪定军, 范建昌, 付红. 电商平台销售模式下考虑供应商研发的供应链决策 [J]. 工业工程与管理, 2021, 26 (1): 102 - 110.

[10] 黄甫, 宋华明, 杨慧, 等. 考虑消费者退货的制造商入侵策略研究 [J]. 中国管理科学, 2022, 30 (7): 264 - 275.

[11] 金亮. 专利技术授权、产品分销与分销渠道选择研究 [J]. 中国管理科学, 2022, 30 (11): 137 - 148.

[12] 金亮. 市场入侵下跨国最优专利授权与产量决策研究 [J]. 中国管理科学, 2023: 1 - 12.

[13] 金亮，郭萌. 不同权力结构下品牌差异化制造商市场入侵的影响研究 [J]. 管理学报，2018，15（1）：135 – 143.

[14] 金亮，温焜. 市场入侵下存在品牌差异化的供应链权力结构模型 [J]. 管理工程学报，2020，34（4）：68 – 78.

[15] 金亮，武倩. 售后服务对品牌差异化制造商市场入侵的影响研究 [J]. 管理评论，2021，33（3）：170 – 181.

[16] 金亮，熊婧，徐露. 绿色产品定价与市场入侵研究：基于市场权力结构的视角 [J]. 运筹与管理，2021，30（9）：225 – 231.

[17] 李荣耀，李朝柱，何益欣. 顾客忠诚对差异化竞争制造商市场入侵的影响研究 [J]. 中国管理科学，2021，29（3）：239 – 248.

[18] 梁喜，聂思英，杨茜. 考虑联盟链和订货量波动的双渠道供应链定价与渠道选择 [J]. 系统工程理论与实践，2022，42（11）：2976 – 2989.

[19] 鲁芳，吴健，罗定提. 考虑产品体验性和营销努力的分销渠道合作策略研究 [J]. 中国管理科学，2020，28（10）：144 – 155.

[20] 浦徐进，覃熙焙，刘燃. 考虑实体店公平关切的制造商线上入侵策略研究 [J]. 中国管理科学，2021，29（4）：149 – 157.

[21] 任廷海，周茂森，曾能民. 软件服务供应链中软件开发商的授权销售与市场入侵策略 [J]. 中国管理科学，2024，32（7）：117 – 128.

[22] 邵同，魏杰，常美静，等. 考虑传统零售商零售服务投资的制造商入侵策略研究 [J]. 系统工程理论与实践，2022，42（12）：3335 – 3348.

[23] 孙自来，王旭坪，詹红鑫，等. 考虑顾客新旧产品偏好的制造商多产品线上渠道运营策略选择 [J]. 系统工程理论与实践，2021，41（8）：2076 – 2089.

[24] 王超发，杨德林. 基于研发资本存量的企业研发与模仿博弈及其良策 [J]. 管理工程学报，2023，37（1）：98 – 105.

[25] 王梦迪，郭菊娥，晏文隽. 企业需求驱动下技术成果持续研发的合作博弈与投资决策 [J]. 管理学报，2022，19（11）：1703 – 1713.

[26] 夏晶，牛文举. 考虑非对称溢出效应的竞争企业研发投资 [J]. 科研管理，2022，43（2）：108 – 117.

[27] 谢识予. 经济博弈论 [M]. 上海：复旦大学出版社，2002.

[28] 新华社. 我国网民规模达 10.51 亿 [EB/OL]. http：//www.gov.cn/xinwen/2022 – 08/31/content_ 5707605. htm.

［29］许前，吕一帆，黄甫，等. 风险规避制造商市场入侵策略［J］. 控制与决策，2021，36（10）：2528 – 2536.

［30］杨善学，刘红卫，周学君，等. 投资效率和生产成本对供应商生产策略选择的影响［J］. 系统工程学报，2022，37（4）：549 – 563.

［31］余明珠，高琦，弋泽龙，等. 考虑假货入侵的零售商信息共享策略研究［J］. 系统工程理论与实践，2021，41（12）：3212 – 3231.

［32］张维迎. 博弈论与信息经济学［M］. 上海：上海人民出版社，2004.

［33］张雪峰，李果，郑鸿. 市场入侵风险下供应链渠道成本信息共享策略研究［J］. 管理工程学报，2023，37（5）：230 – 237.

［34］赵骅，张晗，李志国. 零售商信息禀赋优势下制造商电商直销渠道决策［J］. 中国管理科学，2022，30（3）：96 – 105.

［35］周艳菊，陈惠琴. 市场入侵情形下的非营利性组织品牌扶贫策略研究［J］. 中国管理科学，2023，31（8）：253 – 260.

［36］Abhishek V，Jerath K，Zhang Z J. Agency selling or reselling？Channel structures in electronic retailing［J］. Management Science，2016，62（8）：2259 – 2280.

［37］Alba J，Lynch J，Weitz B，et al. Interactive home shopping：Consumer retailer and manufacturer incentives to participate in electronic marketplaces［J］. Journal of Marketing，1997，61（3）：38 – 53.

［38］Arya A，Mittendorf B. The changing face of distribution channels：Partial forward integration and strategic investments［J］. Production and Operations Management，2013，22（5）：1077 – 1088.

［39］Arya A，Mittendorf B，Sappington D E. The bright side of supplier encroachment［J］. Marketing Science，2007，26（5）：651 – 659.

［40］Balakrishnan J，Cheng C H. The theory of constraints and the make-or-buy decision：An update and review［J］. The Journal of Supply Chain Management，2005，41（1）：40 – 47.

［41］Braverman S. Global review of data-driven marketing and advertising［J］. Journal of Direct，Data and Digital Marketing Practice，2015，16（3）：181 – 183.

［42］Brynjolfsson E，Hu Y，Rahman M S. Battle of the retail channels：How product selection and geography drive cross-channel competition [J]. Management Science, 2009, 55 (11): 1755 – 1765.

[43] Cao Y, Shen B. Adopting blockchain technology to block less sustainable products' entry in global trade [J]. Transportation Research Part E: Logistics and Transportation Review, 2022 (161): 102695.

[44] Chen J, Liang L, Yao D-Q. Factory encroachment and channel selection in an outsourced supply chain [J]. International Journal of Production Economics, 2019 (215): 73 – 83.

[45] Chen Y, Karamemis G, Zhang J. A win-win strategy analysis for an original equipment manufacturer and a contract manufacturer in a competitive market [J]. European Journal of Operational Research, 2021, 293 (1): 177 – 189.

[46] Choi J P, Jeon D-S, Kim B-C. Privacy and personal data collection with information externalities [J]. Journal of Public Economics, 2019 (173): 113 – 124.

[47] Chung H, Lee E. Asymmetric relationships with symmetric suppliers: Strategic choice of supply chain price leadership in a competitive market [J]. European Journal of Operational Research, 2017, 259 (2): 564 – 575.

[48] Cohen M C. Big data and service operations [J]. Production and Operations Management, 2018, 27 (9): 1709 – 1723.

[49] Cohen M C, Zhang R. Competition and coopetition for two-sided platforms [J]. Production and Operations Management, 2022, 31 (5): 1997 – 2014.

[50] Cui Q. Quality investment, and the contract manufacturer's encroachment [J]. European Journal of Operational Research, 2019, 279 (2): 407 – 418.

[51] Dan B, Zhang S, Zhou M. Strategies for warranty service in a dual-channel supply chain with value-added service competition [J]. International Journal of Production Research, 2017, 56 (17): 5677 – 5699.

[52] Deng S, Guan X, Xu J. The coopetition effect of learning-by-doing in outsourcing [J]. International Journal of Production Research, 2021, 59 (2): 516 – 541.

[53] Dong B, Tang W, Zhou C, et al. Is dual sourcing a better choice? The impact of reliability improvement and contract manufacturer encroachment [J].

Transportation Research Part E：Logistics and Transportation Review，2021（149）：102275.

［54］ Dong C，Yang Y，Zhao M. Dynamic selling strategy for a firm under asymmetric information：Direct selling vs. Agent selling ［J］. International Journal of Production Economics，2018（204）：204 – 213.

［55］ Du P，Xu L，Chen Q，et al. Pricing competition on innovative product between innovator and entrant imitator facing strategic customers ［J］. International Journal of Production Research，2018，56（5）：1806 – 1824.

［56］ Forman C，Ghose A，Goldfarb A. Competition between local and electronic markets：How the benefit of buying online depends on where you live ［J］. Management Science，2009，55（1）：47 – 57.

［57］ Gu C，Wei J，Wei Y. Sourcing under competition：The implications of supplier capital constraint and supply chain co-opetition ［J］ . Transportation Research Part E：Logistics and Transportation Review，2021（149）：102262.

［58］ Ha A，Long X，Nasiry J. Quality in supply chain encroachment ［J］. Manufacturing & Service Operations Management，2016，18（2）：280 – 298.

［59］ Ha A Y，Tong S，Wang Y. Channel structures of online retail platforms ［J］. Manufacturing & Service Operations Management，2022，24（3）：1547 – 1561.

［60］ Hagspiel V，Huisman K J M，Kort P M，et al. Technology adoption in a declining market ［J］. European Journal of Operational Research，2020，285（1）：380 – 392.

［61］ Hsiao L，Chen Y-J. Strategic motive for introducing internet channels in a supply chain ［J］. Production and Operations Management，2014，23（1）：36 – 47.

［62］ Hu B，Mai Y，Pekeč S. Managing innovation spillover in outsourcing ［J］. Production and Operations Management，2020，29（10）：2252 – 2267.

［63］ Hu Q，Kouvelis P，Xiao G，et al. Horizontal outsourcing and price competition：The role of sole sourcing commitment ［J］. Production and Operations Management，2022，31（8）：3198 – 3216.

［64］ Hua Y，Yuan Q. The launch of new products：New technology driven firm-user interactions with key opinion leaders for single and multiple interactions

［J］. Electronic Commerce Research and Applications，2022（56）：101206.

［65］ Huang S，Chen S，Guan X. Retailer information sharing under endogenous channel structure with investment spillovers ［J］. Computers & Industrial Engineering，2020（142）：106346.

［66］ Huang S，Guan X，Chen Y J. Retailer information sharing with supplier encroachment ［J］. Production and Operations Management，2018，27（6）：1133 – 1147.

［67］ Ingene C A，Parry M E. Mathematical models of distribution channels ［M］. Springer Science & Business Media，2004.

［68］ Ingene C A，Parry M E. Channel coordination when retailers compete ［J］. Marketing Science，1995，14（4）：360 – 377.

［69］ Jain T，Hazra J. Vendor's strategic investments under it outsourcing competition ［J］. Service Science，2019，11（1）：16 – 39.

［70］ Jin Y，Hu Q，Kim S W，et al. Supplier development and integration in competitive supply chains ［J］. Production and Operations Management，2019，28（5）：1256 – 1271.

［71］ Jing F，Lin J，Zhang Q，et al. New technology introduction and product rollover strategies ［J］. European Journal of Operational Research，2022，302（1）：324 – 336.

［72］ Lai G，Liu Y，Xiao W. International taxation and production outsourcing ［J］. Production and Operations Management，2020，30（2）：402 – 418.

［73］ Lee E，Staelin R. Vertical strategic interaction：Implications for channel pricing strategy ［J］. Marketing Science，1997，16（3）：185 – 207.

［74］ Li G，Tian L，Zheng H. Information sharing in an online marketplace with co-opetitive sellers ［J］. Production and Operations Management，2021，30（10）：3713 – 3734.

［75］ Li G，Zhou Y. Strategically decentralise when encroaching on a dominant supplier ［J］. International Journal of Production Research，2016，54（10）：2989 – 3005.

［76］ Li J，Hu Z，Shi V，et al. Manufacturer's encroachment strategy with substitutable green products ［J］. International Journal of Production Economics，2021（235）：108102.

［77］ Li J, Yi L, Shi V, et al. Supplier encroachment strategy in the presence of retail strategic inventory: Centralization or decentralization? ［J］. Omega, 2021 (98): 102213.

［78］ Li P, Tan D, Wang G, et al. Retailer's vertical integration strategies under different business modes ［J］. European Journal of Operational Research, 2021, 294 (3): 965 – 975.

［79］ Li W, Zhao X. Competition or coopetition? Equilibrium analysis in the presence of process improvement ［J］. European Journal of Operational Research, 2022, 297 (1): 180 – 202.

［80］ Li X. Reducing channel costs by investing in smart supply chain technologies ［J］. Transportation Research Part E: Logistics and Transportation Review, 2020 (137): 101927.

［81］ Li Y, Zhang C, Li C, et al. Online channel configuration strategy considering contract manufacturer encroachment and green investment ［J］. Electronic Commerce Research, 2022: 1 – 48.

［82］ Li Z, Gilbert S M, Lai G. Supplier encroachment under asymmetric information ［J］. Management Science, 2014, 60 (2): 449 – 462.

［83］ Li Z, Gilbert S M, Lai G. Supplier encroachment as an enhancement or a hindrance to nonlinear pricing ［J］. Production and Operations Management, 2015, 24 (1): 89 – 109.

［84］ Liu B, Guan X, Wang H, et al. Channel configuration and pay-on-delivery service with the endogenous delivery lead time ［J］. Omega, 2019 (84): 175 – 188.

［85］ Liu B, Guo X, Yu Y, et al. Manufacturer's contract choice facing competing downstream online retail platforms ［J］. International Journal of Production Research, 2021, 59 (10): 3017 – 3041.

［86］ Liu G, Shao X, Lang X. On the interaction of technology upgrade and buyer entry in a supply chain ［J］. International Journal of Production Economics, 2020 (221): 107478.

［87］ Liu G, Wang H, Shao X. Technology investments into a supplier with upstream entry ［J］. European Journal of Operational Research, 2023, 305 (1): 240 – 259.

［88］ Liu W, Yan X, Li X, et al. The impacts of market size and data-driven marketing on the sales mode selection in an internet platform based supply chain ［J］. Transportation Research Part E: Logistics and Transportation Review, 2020 (136): 101914.

［89］ Liu Y, Gupta S, Zhang Z J. Note on self-restraint as an online entry-deterrence strategy ［J］. Management Science, 2006, 52 (11): 1799 – 1809.

［90］ Lou Y, Feng L, He S, et al. Logistics service outsourcing choices in a retailer-led supply chain ［J］. Transportation Research Part E: Logistics and Transportation Review, 2020 (141): 101944.

［91］ Menke M M. Managing R&D for competitive advantage ［J］. Research Technology Management, 1997, 40 (6): 40 – 42.

［92］ Mortimer J H, Nosko C, Sorensen A. Supply responses to digital distribution: Recorded music and live performances ［J］. Information Economics and Policy, 2012, 24 (1): 3 – 14.

［93］ Nelson P. Information and consumer behavior ［J］. Journal of Political Economy, 1970, 78 (2): 311 – 329.

［94］ Nie J, Wang Q, Shi C, et al. The dark side of bilateral encroachment within a supply chain ［J］. Journal of the Operational Research Society, 2022, 73 (4): 811 – 821.

［95］ Nie J, Zhong L, Yan H, et al. Retailers' distribution channel strategies with cross-channel effect in a competitive market ［J］. International Journal of Production Economics, 2019 (213): 32 – 45.

［96］ Niu B, Chen L, Xie F. Production outsourcing for limited-edition luxury goods with consideration of consumers' origin preferences ［J］. Transportation Research Part E: Logistics and Transportation Review, 2020 (140): 101975.

［97］ Niu B, Li J, Zhang J, et al. Strategic analysis of dual sourcing and dual channel with an unreliable alternative supplier ［J］. Production and Operations Management, 2019, 28 (3): 570 – 587.

［98］ Niu B, Xie F, Chen L, et al. Join logistics sharing alliance or not? Incentive analysis of competing e-commerce firms with promised-delivery-time ［J］. International Journal of Production Economics, 2020 (224): 107553.

［99］ Ow T T, Wood C A. Which online channel is right? Online auction channel choice for personal computers in the presence of demand decay [J]. Electronic Commerce Research and Applications, 2011, 10 (2): 203-213.

[100] Parast M M. The impact of R&D investment on mitigating supply chain disruptions: Empirical evidence from U. S. Firms [J]. International Journal of Production Economics, 2020 (227): 107671.

[101] Pi Z, Fang W, Zhang B. Service and pricing strategies with competition and cooperation in a dual-channel supply chain with demand disruption [J]. Computers & Industrial Engineering, 2019 (138): 106130.

[102] Pu X, Sun S, Shao J. Direct selling, reselling, or agency selling? Manufacturer's online distribution strategies and their impact [J]. International Journal of Electronic Commerce, 2020, 24 (2): 232-254.

[103] Qin X, Liu Z, Tian L. The strategic analysis of logistics service sharing in an e-commerce platform [J]. Omega, 2020 (92): 102153.

[104] Raza S A. An integrated approach to price differentiation and inventory decisions with demand leakage [J]. International Journal of Production Economics, 2015 (164): 105-117.

[105] Sarah Y. Gao, Wei Shi Lim, Tang C. The impact of the potential entry of copycats: Entry conditions, consumer welfare, and social welfare [J]. Decision Sciences, 2017, 48 (4): 594-624.

[106] Shang L, Aziz A M A. Stackelberg game theory-based optimization model for design of payment mechanism in performance-based ppps [J]. Journal of Construction Engineering and Management, 2020, 146 (4): 04020029.

[107] Shen B, Zhu C, Li Q, et al. Green technology adoption in textiles and apparel supply chains with environmental taxes [J]. International Journal of Production Research, 2020, 59 (14): 4157-4174.

[108] Shen Y, Willems S P, Dai Y. Channel selection and contracting in the presence of a retail platform [J]. Production and Operations Management, 2019, 28 (5): 1173-1185.

[109] Shi X, Shen B. Product upgrading or not: R&D tax credit, consumer switch and information updating [J]. International Journal of Production Economics, 2019 (213): 13-22.

[110] Siddiqui A W, Raza S A. Electronic supply chains: Status &

perspective [J]. Computers & Industrial Engineering, 2015 (88): 536 – 556.

[111] Singh N, Vives X. Price and quantity competition in a differentiated duopoly [J]. The Rand Journal of Economics, 1984, 15 (4): 546 – 554.

[112] Smith M D, Telang, Rahul. Piracy or promotion? The impact of broadband internet penetration on DVD sales [J]. Information Economics and Policy, 2010, 22 (4): 289 – 298.

[113] Sun C, Ji Y. For better or for worse: Impacts of Iot technology in e-commerce channel [J]. Production and Operations Management, 2022, 31 (3): 1353 – 1371.

[114] Sun X, Tang W, Zhang J, et al. The impact of quantity-based cost decline on supplier encroachment [J]. Transportation Research Part E: Logistics and Transportation Review, 2021 (147): 102245.

[115] Tan B, Feng Q, Chen W. Dual sourcing under random supply capacities: The role of the slow supplier [J]. Production and Operations Management, 2016, 25 (7): 1232 – 1244.

[116] Tong Y, Lu T, Li Y, et al. Encroachment by a better-informed manufacturer [J]. European Journal of Operational Research, 2023, 305 (3): 1113 – 1129.

[117] Tsay A A, Agrawal N. Channel conflict and coordination in the e-commerce age [J]. Production and Operations Management, 2004, 13 (1): 93 – 110.

[118] Ugray Z, Paper D, Johnson J. How business value is extracted from operational data: A case study [M]. Digital Business Models, 2019: 117 – 145.

[119] Wang C, Leng M, Liang L. Choosing an online retail channel for a manufacturer: Direct sales or consignment? [J]. International Journal of Production Economics, 2018 (195): 338 – 358.

[120] Wang D, Liu W, Liang Y, et al. Decision optimization in service supply chain: The impact of demand and supply-driven data value and altruistic behavior [J]. Annals of Operations Research, 2021: 1 – 22.

[121] Wang J, Zhuo W. Strategic information sharing in a supply chain under potential supplier encroachment [J]. Computers & Industrial Engineering, 2020 (150): 106880.

［122］ Wang Q, Zhao N, Ji X. Reselling or agency selling? The strategic role of live streaming commerce in distribution contract selection ［J］. Electronic Commerce Research, 2022: 1 – 34.

［123］ Wang W, Li G, Cheng T C E. Channel selection in a supply chain with a multi-channel retailer: The role of channel operating costs ［J］. International Journal of Production Economics, 2016 (173): 54 – 65.

［124］ Wang Y, Niu B, Guo P. On the advantage of quantity leadership when outsourcing production to a competitive contract manufacturer ［J］. Production and Operations Management, 2013, 22 (1): 104 – 119.

［125］ Wang Y, Niu B, Guo P, et al. Direct sourcing or agent sourcing? Contract negotiation in procurement outsourcing ［J］. Manufacturing & Service Operations Management, 2021, 23 (2): 294 – 310.

［126］ Wei J, Lu J, Zhao J. Interactions of competing manufacturers' leader-follower relationship and sales format on online platforms ［J］. European Journal of Operational Research, 2020, 280 (2): 508 – 522.

［127］ Wei Y, Ding C, Nan G, et al. Friends or foes? Strategic technology opening and adopting under competition between technological firms ［J］. Information & Management, 2022, 59 (3): 103624.

［128］ Xing W, Zhang Q, Zhao X, et al. Effects of downstream entry in a supply chain with a spot market ［J］. IISE Transactions, 2019, 51 (10): 1110 – 1127.

［129］ Xu P, Xiao T. Pricing and entry strategies for competitive firms with optimistic entrant ［J］. International Transactions in Operational Research, 2021, 29 (2): 1159 – 1187.

［130］ Xue W, Hu Y, Chen Z. The value of buyback contract under price competition ［J］. International Journal of Production Research, 2018, 57 (9): 2679 – 2694.

［131］ Yan Y, Zhao R, Liu Z. Strategic introduction of the marketplace channel under spillovers from online to offline sales ［J］. European Journal of Operational Research, 2018, 267 (1): 65 – 77.

［132］ Yang H, Luo J, Zhang Q. Supplier encroachment under nonlinear pricing with imperfect substitutes: Bargaining power versus revenue-sharing ［J］.

European Journal of Operational Research, 2018, 267 (3): 1089 – 1101.

［133］ Yang R, Tang W, Zhang J. Technology improvement strategy for green products under competition: The role of government subsidy ［J］. European Journal of Operational Research, 2021, 289 (2): 553 – 568.

［134］ Yang W, Wu Y, Gou Q, et al. Co-opetition strategies in supply chains with strategic customers ［J］. Production and Operations Management, 2023, 32 (1): 319 – 334.

［135］ Yenipazarli A. Downstream entry revisited: Economic effects of entry in vertically-related markets ［J］. Omega, 2021 (103): 102428.

［136］ Yoo W S, Lee E. Internet channel entry: A strategic analysis of mixed channel structures ［J］. Marketing Science, 2011, 30 (1): 29 – 41.

［137］ Yoon D-H. Supplier encroachment and investment spillovers ［J］. Production and Operations Management, 2016, 25 (11): 1839 – 1854.

［138］ Zhang C, Li Y, Ma Y. Direct selling, agent selling, or dual-format selling: Electronic channel configuration considering channel competition and platform service ［J］. Computers & Industrial Engineering, 2021 (157): 107368.

［139］ Zhang H, Li P, Zheng H, et al. Impact of carbon tax on enterprise operation and production strategy for low-carbon products in a co-opetition supply chain ［J］. Journal of Cleaner Production, 2021 (287): 125058.

［140］ Zhang J, Li S, Zhang S, et al. Manufacturer encroachment with quality decision under asymmetric demand information ［J］. European Journal of Operational Research, 2019, 273 (1): 217 – 236.

［141］ Zhang J, Wu D. How to design channel structures in the dual-channel supply chain with sequential entry of manufacturers? ［J］. Computers & Industrial Engineering, 2022 (169): 108234.

［142］ Zhang L H, Yao J, Xu L. Emission reduction and market encroachment: Whether the manufacturer opens a direct channel or not? ［J］. Journal of Cleaner Production, 2020 (269): 121932.

［143］ Zhang L H, Zhang C. Manufacturer encroachment with capital-constrained competitive retailers ［J］. European Journal of Operational Research, 2022, 296 (3): 1067 – 1083.

［144］ Zhang S, Zhang J. Agency selling or reselling: E-tailer information sharing with supplier offline entry [J]. European Journal of Operational Research, 2020, 280 (1): 134 – 151.

[145] Zhang S, Zhang J, Zhu G. Retail service investing: An anti-encroachment strategy in a retailer-led supply chain [J]. Omega, 2019 (84): 212 – 231.

[146] Zhang X, Jin Y, Shen C. Manufacturers' green investment in a competitive market with a common retailer [J]. Journal of Cleaner Production, 2020 (276): 123164.

[147] Zhang X, Li G, Liu M, et al. Online platform service investment: A bane or a boon for supplier encroachment [J]. International Journal of Production Economics, 2021 (235): 108079.

[148] Zhang Y, Hezarkhani B. Competition in dual-channel supply chains: The manufacturers' channel selection [J]. European Journal of Operational Research, 2021, 291 (1): 244 – 262.

[149] Zhang Z, Nan G, Li M, et al. Competitive entry of information goods under quality uncertainty [J]. Management Science, 2022, 68 (4): 2869 – 2888.

[150] Zhao D, Li Z. The impact of manufacturer's encroachment and nonlinear production cost on retailer's information sharing decisions [J]. Annals of Operations Research, 2018, 264 (1 – 2): 499 – 539.

[151] Zheng H, Li G, Guan X, et al. Downstream information sharing and sales channel selection in a platform economy [J]. Transportation Research Part E: Logistics and Transportation Review, 2021 (156): 102512.

[152] Zhong B, Shen H, Zhang J, et al. Agency or wholesale? Retail selling format in the presence of new manufacturer introduction [J]. Electronic Commerce Research, 2022: 1 – 35.